Gedankensplitter 2022

Nachdenkliches
für
achtsame Menschen

anregend – konstruktiv – hilfreich

2. Auflage

Aribert Böhme

Impressum

© 2021, Aribert Böhme

Alle Rechte liegen beim Autor
Düsseldorf, im Herbst 2021
E-Mail: Psychologische_Beratung_Boehme@gmx.de
Herstellung und Verlag: BoD - Books on Demand,
Norderstedt
ISBN: 9783754372609
2. Auflage

Danksagung

Die schön gestalteten Steine, die hier für das Buchcover
verwendet worden sind, stammen von der künstlerisch .
sehr begabten 13-jährigen Schülerin, Hannah-Lea Bonk.
Herzlichen Dank, liebe Hannah-Lea, für deine wertvolle
und sehr schöne Gestaltung der Steine, die sehr gut zum
Titel dieses Buches - „Gedankensplitter – 2022" passen.

Bibliografische Information der Deutschen
Nationalbibliothek

Die Deutsche Nationalbibliothek verzeichnet diese
Publikation in der Deutschen Nationalbibliografie;
detaillierte bibliografische Daten sind im Internet über
http://dnb.d-nb.de abrufbar.

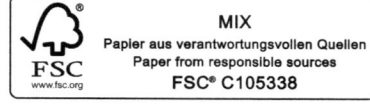

Seminare und Vorträge zu den Themen Motivationscoaching, Lernpsychologie, Lerntechniken, bietet der Autor sowohl als Firmenschulungen, wie auch als Privatseminare vor Ort an. Anfragen bitte grundsätzlich per E-Mail an:

Psychologische_Beratung_Boehme@gmx.de

Im Rahmen der Implementierung des vom Autor entwickelten NEURONET 2.0, mit dessen Hilfe Prognosen für Sportwetten erstellt werden können, erfolgte in den Jahren 2001 und 2002 eine ehrenvolle Aufnahme in die Who-is-Who-Lexika, Deutschland & Europa.

Düsseldorf, im Herbst 2021

Der Autor:

Aribert Böhme, Freiberufler seit 1988, bietet Dienstleistungen in folgenden Bereichen:

- Psychologische Beratung (Lernpsychologie, Familienpsychologie, Lebensberatung)
- Lerncoaching (Fernlehrgänge z. B.: SGD, ILS in den Fachbereichen Psychologische Beratung, Psychotherapie für Heilpraktiker usw.)
- Implementierung von Texten für Sachbücher in den Bereichen: Lernpsychologie, Psychologie, Pädagogik, EDV, Gesellschaft, Lebensweisheiten
- Coaching für Seniorinnen & Senioren (z. B. Gedächtnistraining)

Im Rahmen seiner freiberuflichen Dozententätigkeit hat der Autor bis dato (2021) ca. 9000 TeilnehmerInnen im Fachbereich EDV bei diversen, namhaften Instituten unterrichtet.

In seiner Funktion als Psychologischer Berater (SGD-Dipl.) bietet der Autor regelmäßig Klientensitzungen vor Ort für hilfesuchende Menschen in den Bereichen: Lebensberatung, Konfliktberatung, Familien-psychologie, Schulpsychologie sowie Lernpsychologie, an.

Bis dato (2021) hat der Autor 30 Sachbücher im thematischen Umfeld der EDV, der Lernpsychologie, der Pädagogik, der Gesellschaftskritik sowie der Lebensweisheiten, publiziert (inkl. einiger Auslandslizenzen für Frankreich, Polen und Russland).

Vorwort

Mit Blick auf die große Resonanz diverser Buchtitel der Buchreihe „Denkanstöße" aus den zurückliegenden Jahren sowie vor dem Hintergrund, dass viele Leser*innen es sehr schätzen, kluge und richtungsweisende Gedanken in Kombination mit begleitenden Interpretationen angeboten zu bekommen, bietet der vorliegende Band „*Gedankensplitter*" eine umfangreiche Auswahl hilfreicher „Denkanstöße", die auf der Basis bisheriger Bücher dieser Buchreihe zusammengetragen worden sind.

Für viele der hier gesammelten Gedankensplitter gilt, dass sich daraus problemlos vollständige Bücher entwickeln ließen, denn die Tiefe und Komplexität der in vielen Gedankensplittern enthaltenen Ideen ist mitunter sehr groß.

Gedankensplitter verstehen sich im Regelfall als ein Extrakt, der sich aus unterschiedlichen Quellen speist: Gelebtes Leben, gezieltes Nachdenken sowie nicht zuletzt aus Ahnungen, die sich manchen Menschen zuweilen in unterschiedlicher Art und Weise präsentieren; z. B. auch in eigenen Träumen.

Die in diesem Buch zusammengestellten Gedankensplitter basieren auf Ideen diverser Philosoph*innen und Zeitgenoss*innen aus unterschiedlichen Epochen. Allen gemeinsam ist, dass sie zum eigenen Nachdenken anregen.

Zentrales Merkmal dieses Sammelbandes ist, dass alle Gedankensplitter erklärt bzw. interpretiert werden; teils theoretisch, teils anhand konkreter Lebenssituationen aus unserer Alltagswelt.

Wichtig zu wissen ist, dass sich alle hier dargebotenen Interpretationen lediglich als „Angebote" verstehen, selbst nachzudenken. Keinesfalls erheben die hier vorgestellten Interpretationen einen Anspruch auf „der Weisheit letzter Schluss zu sein". Vielmehr sollen interessierte und engagierte Leser*innen dazu angeregt werden, die hier angebotenen Gedankensplitter anhand eigener Lebenserfahrungen zu reflektieren, um somit ein tieferes Verständnis von den Dingen zu erlangen.

Es liegt in der Natur der Sache, dass vermutlich einige der hier vorgestellten Interpretationen auf Zustimmung, andere auf Widerspruch treffen. Dies mag u. a. daran liegen, dass jeder Mensch – aus verständlichen Gründen – über eine unterschiedliche Biographie verfügt, die dazu führen kann, ein und denselben Gedankensplitter ggf. sehr unterschiedlich auszulegen. Daran ist nichts falsch; im Gegenteil, eine intensive Auseinandersetzung mit den hier angebotenen Interpretationen schärft das eigene Denkvermögen, und trägt nicht zuletzt zu einer differenzierteren Sichtweise bei. Provokationen – im positiven Sinn – sind durchaus gewollt.

Soweit es möglich ist werden die Quellen der vorgestellten Gedankensplitter namentlich aufgeführt. Zuweilen ist es aber auch so, dass sich einige Zitate nicht zweifelsfrei zuordnen lassen, sodass diese dann unter der Rubrik „unbekannt" aufgeführt werden. Schlussendlich ist es eher zweitrangig, zu wissen, ob ein Zitat aus einer Quelle x oder y stammt; entscheidend ist vielmehr sich mit den transportierten Inhalten zu befassen.

In diesem Sinne wünsche ich allen Leser*innen vergnügliche und erhellende Stunden beim aufmerksamen Studium der hier vorgestellten Gedankensplitter.

Düsseldorf, im Herbst 2021

Aribert Böhme

Nr.	Gedankensplitter
1	Fürchte dich nicht vor Veränderung eher vor dem Stillstand. *(Laotse)*
2	Das Geben verwandelt den Drang eines Menschen, grausam zu sein, in herzliche Güte. Dies ist der wichtigste Dienst des Gebens. *(Nachman von Braclaw 1772-1810, Rabbiner und Erzähler)*
3	Wer absolute Klarheit will, bevor er einen Entschluss fasst, wird sich nie entschließen. *(Henri Fréderic Amiel 1821-1881, Schweizer Philosoph, Schriftsteller)*
4	Ein Herz, das seine Worte nicht sorgfältig abwägt, lässt dich etwas aussprechen, was dein Nachbar niemals vergessen wird. *(Afrikanische Weisheit, Volk der Ganda)*
5	Wenn du es eilig hast, gehe langsam. *(Buddhistische Weisheit)*
6	Wenn die Achtsamkeit etwas Schönes berührt, offenbart sie dessen Schönheit. Wenn sie etwas Schmerzvolles berührt, wandelt sie es um und heilt es. *(Zen Buddhismus)*
7	Die Weisheit des Lebens besteht im Ausschalten der unwesentlichen Dinge. *(aus China)*
8	Wer einen Fehler begangen hat und ihn nicht korrigiert, begeht einen weiteren Fehler. *(Konfuzius 551-479, chinesischer Philosoph)*
9	Ist man in kleinen Dingen nicht geduldig, bringt man die großen Vorhaben zum Scheitern. *(Konfuzius 551- 479, chinesischer Philosoph)*

10	Wer keine Zukunft hat, redet über die Vergangenheit! *(Indische Weisheit)*
11	Nur die allergescheitesten Leute benützen ihren Scharfsinn zur Beurteilung nicht bloß anderer, sondern auch ihrer selbst. *(Lebensweisheit)*
12	Vorstellungskraft ist wichtiger als Wissen. *(Albert Einstein 1879-1955, deutsch-schweiz. Physiker)*
13	Verantwortlich ist man nicht nur für das, was man tut, sondern auch für das, was man nicht tut. *(Chinesische Weisheit)*
14	Besser auf neuen Wegen etwas stolpern als in alten Pfaden auf der Stelle zu treten. *(Chinesische Weisheit)*
15	Willst du die Welt verändern, gehe dreimal durch dein eigenes Haus. *(Chinesische Weisheit)*
16	Wer ein schlechtes Gedächtnis hat, wird nicht darum herum kommen, seine Fehler zu wiederholen. *(Indische Weisheit)*
17	Nur der Unwissende wird böse. Der Weise versteht. *(Indische Sprichwörter)*
18	Es gibt Leute, die machen dich glücklich, wenn sie kommen und solche, die machen dich glücklich, wenn sie gehen. *(Bretonisch)*
19	Man muss das Leben den Jahren hinzufügen und nicht die Jahre dem Leben. *(Französisches Sprichwort)*
20	Bildung macht frei, ja! Aber nur die gleichzeitige Bildung von Kopf und Herz. Es scheint an der Zeit, diese alte Wahrheit immer wieder aufs

	Neue zu predigen, bis sie die Spatzen von den Dächern zwitschern. *(Gerhard von Amyntor 1831-1910, deutscher Schriftsteller)*
21	Wir sind ein einziges mal geboren. Zweimal geboren zu werden ist nicht möglich. Die ganze Ewigkeit werden wir nicht mehr sein. du aber bist nicht Herr des morgigen Tages und verschiebst immerzu das Erfreuende. Das LEBEN geht mit Aufschieben dahin, und jeder von uns stirbt, ohne Muße gefunden zu haben. *(Epikur ca. 341-271 v. Chr., griechischer Philosoph)*
22	Du kannst die Wellen nicht anhalten, aber du kannst lernen, auf ihnen zu reiten. *(Joseph Goldstein)*
23	Wahre Freunde kann man nicht kaufen, denn sie kommen von selbst und sind unbezahlbar.
24	Ignoranz ist die Kunst, mit offenen Augen nicht sehen zu wollen.
25	Lieber ein bis zwei wahre Freunde, statt zehn falsche.
26	Zeit ist kostbar, also verbringe sie mit den richtigen Menschen.
27	Die einzige Möglichkeit, etwas vom Leben zu haben, ist, sich mit aller Macht hineinzustürzen! *(Angelina Jolie)*
28	Kein Mensch war ohne Grund in deinem Leben. Der eine war ein Geschenk. Der andere eine Lektion.

29	Mit jeder Minute, in der du wütend bist, verlierst du 60 Sekunden Fröhlichkeit!
30	Wenn man etwas nicht einfach erklären kann, hat man es nicht verstanden. *(Albert Einstein)*
31	Den richtigen Weg gehst du erst dann, wenn du den Anderen nicht mehr hinterher läufst.
32	Und was machst du mit deinem geregelten Leben, wenn du feststellst, dass du zu viel regelst, statt lebst?
33	Die Körpersprache ist die deutlichste Sprache!
34	Du musst die Vergangenheit loslassen, damit die Zukunft eine Chance hat.
35	Es sind nicht die Glücklichen, die dankbar sind, sondern die Dankbaren, die glücklich sind.
36	Das beste Geschenk, das du jemandem machen kannst, ist deine Zeit, deine Aufmerksamkeit und deine Liebe.
37	Wer anfängt zu schweigen, spricht härter mit einem Menschen, als es Worte je tun könnten.
38	Das Leben hat mir viele Lektionen erteilt. Die wichtigste, die ich niemals vergessen werde, ist die Dankbarkeit! *(Önder Demir)*
39	Das Vertrauen ist eine zarte Pflanze. Ist es zerstört, so kommt es so bald nicht wieder.
40	Im Alter bereust du vor allem die Sünden, die du nie begangen hast.
41	Man meistert seine Zukunft mit den Erfahrungen der Vergangenheit.

42	Hoffnung ist eine Flamme, die ständig flackert, aber nie erlischt.
43	Genieße den Moment, bevor er zur Erinnerung wird.
44	Man sollte nie im Streit auseinandergehen, denn man weiß nicht, was morgen passiert.
45	Lerne zu schätzen, was du hast, bevor du es verlierst.
46	Kleine Dinge im Leben sind die größten Geschenke, auch wenn es nur das Lachen eines Kindes ist, denn man kann sicher sein, dass es echt ist.
47	Menschen ersetzen dich, und tun so, als wäre nichts geschehen.
48	Der brüllende Mensch möchte gefährlich wirken, doch der schweigende Mensch kann gefährlich sein.
49	Leben ist das, was passiert, während du eifrig dabei bist, andere Pläne zu machen. *(John Lennon)*
50	Du siehst die Welt nicht so wie sie ist, du siehst die Welt so wie du bist. *(Mooji)*
51	Das Leben ist wie eine Ballonfahrt. Manchmal muss man erst Ballast abwerfen, um wieder steigen zu können.
52	Das Leben ist nicht zu Ende, nur weil ein Traum nicht in Erfüllung geht. Es hat nur einen Weg versperrt, damit man einen anderen wählt.

53	Wenn Menschen sich untereinander verstehen, ist's im Grunde ganz gleichgültig, über welchen Gegenstand sie miteinander reden, weil alles nur die Strahlungen ihres innersten Seins vermittelt. *(Heinrich Lhotzky, 1859-1930, deutscher Theologe, Publizist)*
54	Die verlorene Ganzheit, das Transzendente, Umgreifende, wieder zurückgewinnen, uns wieder ergreifen lassen und damit ankommen in der Antwort auf die Frage, welchen Sinn hat es "zu sein". *(Monika Minder)*
55	Würde Konsum glücklich machen, müssten wir ihn nicht andauernd wiederholen. *(Monika Minder)*
56	Es sind gerade die halben Wahrheiten die schlimmsten Lügen, weil sie durch den kleinen Bestandteil von Vernunft täuschen und durch den andern Bestandteil von Wahn berauschen. *(Johann Gottlob von Quandt, 1787-1859), deutscher Kunsthistoriker)*

57	Tu etwas Gutes, wo immer du bist. Es sind all die Kleinigkeiten, die zusammen die Welt verändern. *(Desmond Tutu 1931, südafrikanischer Theologe)*
58	Jeder Mensch hat die Chance mindestens einen Teil der Welt zu verbessern, nämlich sich selbst. *(Paul de Lagarde, 1827-1891, deutscher Kulturphilosoph, Orientalist)*
59	Wer demütig ist, der ist duldsam, weil er weiß, wie sehr er selbst der Duldsamkeit bedarf; wer demütig ist, der sieht die Scheidewände fallen und erblickt den Menschen im Menschen. *(Theodor Fontane, 1819-1898, deutscher Schriftsteller)*
60	Immer deutlicher wurde mir in den letzten Jahren, dass die eine Welt, in der wir leben, nur dann eine Chance zum Überleben hat, wenn in ihr nicht länger Räume unterschiedlicher, widersprüchlicher oder gar sich bekämpfender Ethiken existieren. Diese eine Welt braucht ein Ethos; diese eine Weltgesellschaft braucht keine Einheitsreligion und Einheitsideologie, wohl aber einige verbindende und verbindliche Normen, Werte, Ideale und Ziele. (Hans Küng 1928 - 2021, Schweizer Theologe; Projekt Weltethos)
61	Die Freiheit des Menschen liegt nicht darin,

	dass er tun kann, was er will, sondern, dass er nicht tun muss, was er nicht will. *(Jean-Jacques Rousseau, 1712-1778, franz.-schweiz. Philosoph)*
62	Wo es keine Liebe und kein Wohlwollen gibt, da fehlt dem Leben alle Wärme. *(Samuel Friedländer, 1872-1942)*
63	Ganz gleich, wie beschwerlich das Gestern war, stets kannst du im Heute von Neuem beginnen. *(Buddhistische Lebensweisheit)*
64	Es ist egal, wie alt ein Individuum sein mag, ob es jung ist oder alt, wenn es in Übereinstimmung mit der Gegenwart denkt, ist es unsterblich. *(Afrikanische Weisheit, Nnamdi Azikiwe)*
65	Solange die Technik den Menschen nur dazu (ver)führt, ständig zu konsumieren, hat sie ihren Sinn verfehlt. *(Monika Minder)*
66	Der Reichtum, der keine Wünsche mehr offen lässt, kann sich selbst an der Sonne nicht mehr freuen. *(Wilhelm Vogel, 19./20. Jh.)*
67	Die Quelle des Glücks liegt dort, wo ich nicht nur ein Segen für mich, sondern einer für die Welt werde. Glück heißt, ich übernehme

	Verantwortung und sorge dafür, dass ich meine Stärken und Talente, die ich als Geschenk mitbekommen habe, fördere und in die Welt hinaus trage. *(Beat Jan)*
68	Wenn das Gute eine Ursache hat, ist es nicht mehr gut; wenn es eine Folge hat - den Lohn - ist es auch nicht mehr gut. Also steht das Gute außerhalb der Reihe von Ursachen und Folgen. *(Leo Tolstoi, 1828-1910, russischer Schriftsteller)*
69	Wie sinnlos die Welt dir erscheinen mag, vergiss nie, dass du durch dein Handeln, wie durch dein Unterlassen, dein redlich Teil zu dieser Sinnlosigkeit beiträgst. *(Arthur Schnitzler, 1862-1931, österreichischer Erzähler, Dramatiker)*
70	Der Mensch hat drei Möglichkeiten klug zu handeln: Erstens durch Nachdenken. Das ist die edelste. Zweitens durch Nachahmung. Das ist die leichteste. Drittens durch Erfahrung. Das ist die bitterste. *(Konfuzius, 551-479 v. Chr., chinesischer Philosoph)*
71	Solange wir zum Wohl der anderen handeln, sollten wir darum weder arrogant sein, noch uns für wunderbar halten, sondern einzig am Nützlichsein für andere unsere Freude haben, ohne Hoffnung darauf, dass ein Resultat reift.

	(Buddhistische Weisheit)
72	Ohne Zugang zum eigenen Ich kann man keinen Zugang zu anderen finden. *(Anne Morrow Lindbergh, 1906-2001, US-amerikanische Schriftstellerin)*
73	Bist du geduldig in einem Augenblick des Zorns, wirst du dir hundert Tage Kummer sparen. *(Chinesisches Sprichwort)*
74	Der Respekt für andere entsteht aus der Anerkennung unserer Verbindung zu ihnen. Er erleichtert die zwischenmenschlichen Beziehungen und verbessert die Kommunikation. *(Sogyal Rinpoche, tibetischer Buddhist)*
75	Nur die Menschen, die für die Weisheit Zeit haben, sind frei von Unruhe. Sie allein leben. *(Seneca ca. 1-65 n. Chr.)*
76	Die Betrachtung der Zeit ist der Schlüssel für das menschliche Leben. *(Simone Weil, 1909-1943, französische Philosophin)*
77	Meistens belehrt uns erst der Verlust über den Wert der Dinge.

	(Arthur Schopenhauer, 1788-1860, deutscher Philosoph)
78	Auf die Beschaffenheit des Tages selbst einzuwirken, das ist die höchste aller Künste. *(Henry David Thoreau, 1817-1862, US-amerik. Schriftsteller)*
79	Sich selbst zu betrügen, ohne es zu merken, ist ebenso leicht, wie es schwer ist, andere zu betrügen, ohne dass sie es merken. *(François de La Rochefoucauld, 1613-1680, franz. Schriftsteller)*
80	Das Ich ist das Subjekt des Handelns, die Welt ist das Objekt des Handelns. Wer unterscheiden kann, worauf es beim Handeln ankommt, der erkennt das Wichtigere und das Unwichtigere. *(Lü Bü We, ca. 300-235. v. Chr., chinesischer Kaufmann, Politiker, Philosoph)*
81	Böses darf man nicht nur denen zur Last legen, die es tun, sondern auch denen, die es nicht verhindern, obwohl sie dazu in der Lage wären. *(Thukydides, ca. 454-396, griechischer Historiker)*
82	Die Normalität ist eine gepflasterte Straße; man kann gut darauf gehen, doch es wachsen keine Blumen auf ihr. *(Vincent van Gogh, 1853-1890, niederländischer Maler)*

83	Die Beständigkeit ist oft nur eine Form der Ohnmacht. *(Theodore Simon Jouffroy, 1796-1842, französischer Philosoph; das grüne Heft)*
84	Nicht der hat Religion, der an eine heilige Schrift glaubt, sondern der, welcher keiner bedarf und wohl selbst eine machen könnte. *(Friedrich Schleiermacher, 1768-1834, deutscher Philosoph; über die Religion)*
85	Die Seele ist das Zentrum der Person, der "Ort", wo sie bei sich selbst ist. *(Edith Stein, 1891-1942, deutsche Philosophin)*
86	Steht dir ein Schmerz bevor oder hat er dich bereits ergriffen, so bedenke, dass du ihn nicht vernichtest, indem du dich von ihm abwendest! Sieh' ihm fest ins Auge! *(Ernst Freiherr v. Feuchtersleben, 1806-1849, österr. Philosoph)*
87	Dankbarkeit als Charaktereigenschaft ist wie der Duft der Blumen. Mag ein Mensch noch so gelehrt oder tüchtig in seiner Arbeit sein, er ist ohne jene Schönheit des Charakters, die eine Persönlichkeit auszeichnet, wenn ihm die Dankbarkeit fehlt. Wenn wir jede kleine Tat der Freundlichkeit wahrnehmen, sie in Dankbarkeit würdigen, entwickeln wir in uns mehr und mehr den Geist der Dankbarkeit. *(Hazrat Inayat Khan, 1882-1927)*

88	Für das Maß seiner Begabung ist der Mensch nicht verantwortlich, wohl aber dafür, wie er die ihm verliehenen Gaben ausgebildet und benutzt hat. *(Daniel Sanders, 1819-1897, deutscher Autor)*
89	Die meisten Menschen haben Angst vor der Wahrheit. Wahrheit ist unbequem, deshalb wird sie gerne verdrängt. *(Monika Minder)*
90	Den meisten Menschen vergeht das Leben in der ständigen Erwartung des Zeitpunktes, an dem sie nun eigentlich zu leben anfangen. *(Autor unbekannt)*
91	Deine Einstellung verwandelt die Atmosphäre. Achte auf Deine Einstellung, und du wirst große Veränderung erfahren. Deine guten sanften Gedanken lösen sie aus. *(Chankara)*
92	Die Grausamkeit der meisten Menschen ist Fantasielosigkeit und ihre Brutalität Ignoranz. *(Kurt Tucholsky, 1890-1935)*
93	Sind die Kinder klein, müssen wir ihnen helfen Wurzeln zu fassen. Sind sie aber groß, müssen wir ihnen Flügel schenken. *(Indisches Sprichwort)*
94	Obwohl sie nicht hundert Jahre alt werden,

	bereiten sich die Menschen Sorgen für tausend Jahre. *(Fernöstliches Sprichwort)*
95	Wer sich nicht bewegt, spürt auch seine Fesseln nicht. *(Deutsches Sprichwort)*
96	Fünf Minuten Hilfe sind besser als zehn Minuten Mitleid. *(Armenisches Sprichwort)*
97	Die Sklaven von heute werden nicht mit Peitschen, sondern mit Terminkalendern angetrieben. *(John Steinbeck, 1902-1968, US-amerikanischer Schriftsteller, Literaturnobelpreis 1962)*
98	Ja sagen und Nein denken = Stress! *(Anonym)*
99	Wunder kommen zu denen, die an sie glauben. *(Französisches Sprichwort)*
100	Es ist leichter zu reden, als etwas zu sagen. *(Ukrainisches Sprichwort)*
101	So wie man die Strahlen der Sonne nicht zudecken kann, so kann man auch das Licht der Wahrheit nicht auslöschen.

	(Arabisches Sprichwort)
102	Wer dir von andern schlecht spricht, spricht auch vor andern schlecht von dir. *(Deutsches Sprichwort)*
103	Wer verstehen kann, kann auch verzeihen. *(Anonym)*
104	Genies beherrschen das Chaos, nur Dumme halten Ordnung. *(Albert Einstein)*

01. Fürchte dich nicht vor Veränderung, eher vor dem Stillstand.
(Laotse)

Vielleicht hast du auch schon einmal folgende Spruchweisheit gelesen oder gehört:

„Das einzig Beständige auf dieser Welt ist die Veränderung."

Mag diese Aussage auf den ersten Blick zunächst widersinnig erscheinen, so ist sie dennoch unbestreitbar wahr. Warum?

Nun, nichts in dem bisher bekannten Universum ist von unbegrenzter Dauer. Beginnend bei den kleinsten Strukturen im Mikrokosmos, die nur mittels technischer Hilfsmittel für Menschen sichtbar gemacht werden können, über makroskopische Objekte – z. B. Lebewesen jeglicher Art – bis hin zu den größten bisher entdeckten Strukturen astronomischen Ausmaßes – z. B. Galaxienhaufen – allen gemeinsam ist, dass sie einer permanenten Veränderung ausgesetzt sind.

Warum haben viele Menschen oftmals den Eindruck, es gebe so etwas wie eine zeitlose Beständigkeit? Im Kern dürfte es wohl daran liegen, dass die menschliche Perspektive – sowohl inhaltlich, wie auch zeitlich – arg begrenzt ist.

Aus menschlicher Perspektive betrachtet mag der Zeitraum eines menschlichen Lebens von vielleicht 70, 80, 90 oder gar 100 Jahren ein langer Zeitraum sein. Gemessen an der Gesamtkonstruktion schrumpft ein solcher Zeitraum zu einem mikroskopischen Nichts zusammen. Was sind schon 100 Jahre im Verhältnis zu den schon bisher etwa 13,7 Milliarden Jahren Lebensdauer des bisher bekannten Universums?

Entscheidend ist, zu verstehen, dass sich Veränderungen auf allen Ebenen oftmals in Zeiträumen abspielen, die sich menschlichen Empfindungen vollständig entziehen. Faktisch ändert das jedoch nichts daran, dass auch das menschliche

Leben permanenten Veränderungen unterworfen ist, die sich durch keine noch so trickreichen Manipulationen verhindern lassen.

Von daher ist es klug und hilfreich, anzuerkennen, dass auch jeder Mensch fortwährenden Veränderungen unterliegt. Anstatt sich einer solchen elementaren Erkenntnis mit allerlei Mitteln und Methoden zu widersetzen, ist es klüger und hilfreicher, im Strom der Zeit mitzuschwimmen. Jeder Versuch, sich dieser fundamentalen Erkenntnis zu widersetzen, ist schon im Ansatz zum Scheitern verurteilt.

Wie albern und hilflos zugleich wirken beispielsweise vielfach angepriesene Methoden einer Anti-Aging-Industrie, die leichtgläubigen Menschen zu suggerieren versucht, der „Zahn der Zeit" ließe sich aufhalten? Klüger und zielführender ist es, zu erkennen, dass auch jeder Mensch eingebunden ist in „das große Ganze", und somit zwangsläufig auch den Spielregeln des Universums unterliegt.

Gäbe es keine Veränderungen, gäbe es auch kein Leben. Das Eine ist ohne das Andere nicht zu haben. Fürchten solltest du dich also nicht vor Veränderungen in deinem Leben, sondern vielmehr vor einem Stillstand, der letztlich nichts anderes bedeutet als Erstarrung und Tod.

Bedenke, wie schrecklich wäre es, müsstest du in einem Zustand verharren, der sich schlecht für dich anfühlt, und es gäbe keine Chance auf Veränderung? Möchtest du das?

Sei froh, dass Veränderungen auch zu deinem Leben gehören, denn sie bieten dir die Chance, festgefahrene Strukturen aufzubrechen, um somit perspektivisch einen besseren und schöneren Weg gehen zu können.

02. Das Geben verwandelt den Drang eines Menschen, grausam zu sein, in herzliche Güte. Dies ist der wichtigste Dienst des Gebens.

(Nachman von Braclaw 1772-1810, Rabbiner und Erzähler)

In leicht abgewandelter Form ließe sich auch sagen: „Geben ist seliger, denn nehmen."

Wie heißt es doch gleich: „Glück gehört zu den wenigen Dingen, die sich vermehren, wenn du sie teilst.".

Ein Mensch, der den Drang in sich verspürt, anderen Menschen etwas geben zu wollen, wird zumeist von der Erkenntnis geleitet, dass diese Welt sehr viel schöner und friedlicher sein könnte, gäbe es mehr Menschen, die die ihnen geschenkten Gaben mit anderen Menschen teilen möchten.

Ist es nicht ein wunderbares Gefühl, zu erleben, welche Freude du schon mit vergleichsweise kleinen Gaben bei anderen Menschen auslösen kannst? Dabei muss es sich keineswegs immer und automatisch um materielle Dinge handeln. Vielmehr sind es oftmals vermeintlich unscheinbare Gesten, die eine heilsame Wirkung haben können.

Ein liebes Wort, geschenkte Zeit, ein freundlicher Blick, ein achtsames und wertschätzendes Zuhören sind Geschenke, die du deinen Mitmenschen machen kannst. Die Konsequenzen solcher vermeintlich „kleinen Geschenke" solltest du niemals unterschätzen, da deren Wirkung oftmals sehr viel intensiver und nachhaltiger sein können, als vordergründig „materiell wertvolle" Geschenke, denen jedoch ein menschlicher Tiefgang fehlt.

Prüfe sorgsam und selbstkritisch, ob deine Motivation beim Schenken nicht vielleicht im Kern daraus resultiert, hintergründige Ziele erreichen zu wollen? Es wäre ebenso unsinnig wie scheinheilig, wollte man ernsthaft bestreiten, dass es nicht sehr wohl auch unehrenhafte Motive des

Schenkens gibt. Jedoch darf und sollte dich das nicht davon abhalten, Ausschau danach zu halten, wie du anderen Menschen auf unterschiedlichste Art und Weise eine Freude bereiten kannst.

Nicht zuletzt die psychologische Forschung hat klar nachgewiesen, dass sowohl die Beschenkten, als auch diejenigen, die schenken, davon profitieren, wechselseitig Geschenke zu machen.

Wenn du anderen Menschen etwas schenkst, beschenkst du dich somit auch selbst, da der Prozess des Schenkens automatisch auch gute Gefühle erzeugt.

Ja, nicht jedes Schenken ist automatisch altruistisch motiviert. Das muss es auch nicht sein. Entscheidend ist, zu erkennen, dass wir alle miteinander diese Welt ein Stück weit freundlicher und menschlicher gestalten können, indem wir die Kraft des Schenkens nicht unterschätzen.

Entscheidend ist in diesem Zusammenhang weniger der materielle Wert eines Geschenks, als vielmehr die Geste als solche.

Getreu dem Motto „Steter Tropfen höhlt den Stein", lässt sich feststellen: An jedem Tag ein freundliches Wort, eine hilfreiche Geste, ein wertschätzendes Gespräch sind letztlich sehr viel wertvoller, als beispielsweise ein materiell teures Geschenk zu einem „besonderen" Anlass, der vielleicht nur einmal im Leben vorkommen mag.

Erkenne, dass du dir selbst etwas Gutes tust, indem du andere Menschen im Rahmen deiner Möglichkeiten beschenkst. Sei froh und dankbar dafür, dass du mit dazu beitragen kannst, diese oftmals menschlich so unterkühlte Welt ein wenig freundlicher zu gestalten. Jetzt!

03. Wer absolute Klarheit will, bevor er einen Entschluss fasst, wird sich nie entschließen.

(Henri Fréderic Amiel 1821-1881, Schweizer Philosoph, Schriftsteller)

Ausgangspunkt dieser Überlegung könnte eine Erkenntnis sein, die zwar zunächst desillusionierend ist, die jedoch oftmals einen hohen Wahrheitsgehalt transportiert, der da lautet:

„Das Einzige, was sicher ist, ist, dass nichts sicher ist."

Es ist menschlich verständlich, wichtige Entscheidungen, vor allem solche, die eine perspektivisch umfangreiche Tragweite haben, sorgsam und vollständig abwägen zu wollen. Allerdings wird dabei leider oftmals übersehen, dass letztlich jede Entscheidung durch eine nicht zu überschauende Anzahl von „Störfaktoren" beeinflusst wird, die kein Mensch – auch du nicht – auch nur annähernd vollständig überblicken kann.

Achte darauf, dass es dir nicht so geht wie einem oftmals zitierten Esel, der vor einem vollen Kühlschrank verhungert ist, da er sich infolge der großen Auswahl an Lebensmitteln nicht entscheiden konnte, was er nun fressen sollte?!

Im übertragenen Sinn bedeutet das: Bedenke, dass es in den meisten Fällen klüger und effektiver ist, eine Entscheidung zu treffen, die vielleicht nur 90 Prozent der wünschenswerten Randbedingungen erfüllt, als gar keine Entscheidung zu treffen.

Menschen, allen voran Perfektionisten, verschwenden nicht selten unverhältnismäßig viel Zeit und Energie darauf, Entscheidungen zu treffen, von denen sie denken, sie erfüllten 100 Prozent der wünschenswerten Randbedingungen. Allerdings ist das in den allermeisten Fällen ein Trugschluss ernsthaft zu glauben, dies sei möglich.

Warum denken und handeln manche Menschen gemäß einer solchen Maxime, bei der schon im Ansatz klar ist, dass sie scheitern wird? Nun, die psychologische Forschung hat gezeigt, dass sich hinter einem letztlich unerfüllbaren Wunsch von Perfektionisten, jede Entscheidung nur dann treffen zu können, wenn 100 Prozent der Zielvorstellung erfüllt werden, tiefe Ängste verbergen.

Das Leben, und insbesondere auch das menschliche Leben ist grundsätzlich und sprichwörtlich „lebensgefährlich". Wie immer du auch deine Entscheidungen triffst, schlussendlich wirst du nicht um die Erkenntnis umhin kommen, dass auch du sterblich bist. Dies zu akzeptieren bedeutet zunächst einmal für jeden Menschen eine bittere Erkenntnis.

Das entscheidende Manko, dem sich vor allem Perfektionisten ausgesetzt sehen, besteht im Kern darin, diese ebenso unbestreitbare wie unausweichliche Tatsache nicht akzeptieren zu können. Anstatt zu begreifen, dass es erheblich klüger ist, zuweilen auch solche Entscheidungen zu treffen, die „nur" als zweite Wahl verstanden werden können, investieren Perfektionisten immer wieder unverhältnismäßig viel Energie in ein hoffnungsloses Unterfangen, auf der Suche nach einer stets perfekten Entscheidung, die es jedoch nur in den allerwenigsten Fällen geben wird.

Nicht zuletzt im Umfeld der Schachprogrammierung hat sich gezeigt, dass heuristische Suchverfahren zumeist erheblich effektiver sind, als solche Algorithmen, die grundsätzlich hundertprozentige Lösungen anstreben.

Bedenke, nahezu immer ist es besser, du triffst überhaupt eine Entscheidung in dem Wissen, dass sie nicht allen denkbaren Randbedingungen entspricht, anstatt schier endlos zwischen Verzweiflung und Nichtstun hin und her zu schwanken. Genau das ist nämlich massiv kräftezehrend und frustrierend.

04. Ein Herz, das seine Worte nicht sorgfältig abwägt, lässt dich etwas aussprechen, was dein Nachbar niemals vergessen wird.

(Afrikanische Weisheit, Volk der Ganda)

Wie heißt es doch gleich: „Zwei Dinge lassen sich nicht mehr zurückholen, sobald sie dich verlassen haben: Ein abgeschossener Pfeil, und unachtsam ausgestoßene Worte."

Bedenke, dass die Sprache – im Guten, wie im Schlechten – eine enorme Macht hat.

Einerseits können achtsam gewählte Worte eine sehr heilsame Wirkung bei deinen Mitmenschen auslösen. Andererseits haben unachtsam gewählte Worte nicht selten eine destruktive Kraft, mit denen du andere Menschen sehr verletzen kannst.

Leider wird viel zu oft vergessen, dass Menschen nicht nur durch Waffen im klassischen Sinn (z. B. Schusswaffen) verletzt bzw. getötet werden, sondern oftmals auch durch eine der mächtigsten Waffen überhaupt: die Sprache.

Dass es sich hierbei keineswegs um einen marginalen Nebenschauplatz handelt, der sich leichtfertig ignorieren lässt, zeigen auch und vor allem unzählige Beispiele aus der Lebenswirklichkeit vieler Menschen, die durch unachtsame sowie oftmals bewusst verletzend eingesetzte Sprache empfindlich in ihrer Seele geschädigt werden.

Nicht ohne Grund steigen die Fallzahlen typischer psychischer Störungen seit geraumer Zeit nachweislich rapide an, in deren Rahmen viele Menschen dem nicht selten verrohten und destruktiven Druck heutiger Sprache nicht mehr standhalten.

Schlussendlich ist es irrelevant, ob destruktive Sprachmuster primär aus Unachtsamkeit oder mehr auf der Grundlage bösartiger Motive verwendet werden. So oder so ist eine destruktive Sprache ein schleichendes Gift, das unaufhaltsam das Denken und Handeln von Menschen zersetzt.

Bedenke, dass du durch die Wahl deiner Worte über ein mächtiges Werkzeug der Kommunikation verfügst, das entweder Gutes und Heilsames bewirken kann, oder leider auch viel Leid über deine Mitmenschen bringen kann. Wähle deine Worte sorgsam, und achte bewusst darauf, destruktive Impulse wahrzunehmen, die dir zuflüstern wollen, es sei schon nicht so schlimm, wenn du anderen Menschen gegenüber eine wenig achtsame Sprache verwendest. Doch, es ist schlimm, da die Sprache entscheidend dein Denken prägt – und umgekehrt.

Sei klug, und erkenne, wie dumm und perspektivisch unverantwortlich es ist, Sprache achtlos und destruktiv zu verwenden.

Die psychologische Forschung sowie unzählige Beispiele aus der täglichen Praxis belegen klar, dass auch und vor allem destruktive Sprachmuster, denen Kinder und Jugendliche ausgesetzt werden, nicht selten lebenslange Konsequenzen nach sich ziehen, mit denen Menschen nicht selten empfindlich überfordert werden. Ist eine destruktive Saat erst einmal gesät, lassen sich die zerstörerischen Folgen oftmals entweder gar nicht mehr, oder nur unter erschwerten Bedingungen korrigieren.

Immer wieder ist zu beobachten, dass Menschen dann im weiteren Verlauf ihres Lebens vernebelnde Rationalisierungen bemühen, um damit traumatische Erfahrungen aus der Kindheit und Jugendzeit kompensieren zu können. Objektiv destruktive Erfahrungen werden dabei aus Gründen eines vermeintlichen Selbstschutzes „schöngeredet", auf der Grundlage des zumeist unbewussten Motivs, erlittenen Schmerz nicht mehr spüren zu müssen. Wehret den Anfängen!

05. Wenn du es eilig hast, gehe langsam.

(Buddhistische Weisheit)

So widersinnig dieser Spruch auf den ersten Blick auch erscheinen mag, so wahr ist er dennoch.

Beobachte Menschen in deinem Umfeld, und du wirst feststellen, dass heutzutage sehr viele Menschen von einer auffälligen Hektik angetrieben werden, die nicht selten dazu führt, dass sich schleichend und konsequent diverse Krankheitssymptome zeigen, die oftmals darauf zurückzuführen sind, dass sich viele Menschen nur noch als Getriebene erleben.

Entscheidungen, die du auf der Grundlage einer latent vorhandenen Hektik triffst, werden oftmals alles andere als klug und gut für dich sein.

Hilfreicher ist es, wenn du in Situationen, die von Hektik und Ungeduld geprägt sind, bewusst Distanz schaffst. Das kann einerseits bedeuten, dass du bewusst räumlichen Abstand suchst. Andererseits jedoch auch emotionalen Abstand.

Solange dein Denken und Handeln von Hektik geprägt ist, wirst du zumeist nicht das in dir grundsätzlich vorhandene Potenzial ausschöpfen können. Hektik irritiert und lähmt dein Denken, sodass du darauf achten solltest, dich von Hektik fernzuhalten.

Sehr oft entwickeln hektische Situationen eine unheilvolle Eigendynamik, der du dich dann nicht mehr entziehen kannst.

Sei klug, und setz' bewusst achtsame und beruhigende Gegenakzente in unserer oftmals hektischen und krankmachenden Zeit. Oftmals wirst du dann die wohltuende Erfahrung machen können, dass sich die von dir ausstrahlende Ruhe und Gelassenheit auf dein Umfeld übertragen wird.

Lass' dich nicht von Berufshektikern anstecken, die nicht selten – zuweilen unbewusst – durch eine zur Schau getragene Hektik signalisieren möchten, wie wichtig sie angeblich sind. Eine solche Motivation ist nicht nur albern, sondern sie ist in der Konsequenz für die Betreffenden oftmals nachweislich schädlich.

In diesem Zusammenhang sei auf das Modewort „Burnout" hingewiesen, das seit geraumer Zeit geradezu inflationär verwendet wird. Entgegen einer oftmals geäußerten Vermutung, dass ein Burnout die Konsequenz von zu viel Arbeit sei, ist es vielmehr so, dass in den meisten Fällen weniger ein Zuviel an Arbeit, als vielmehr ein Zuwenig an Sinn konstatiert werden muss. Burnout entsteht häufig nicht zuletzt dadurch, dass sich viele Menschen nur noch als Getriebene in einem Hamsterrad erleben, und kein konstruktiver Lebenssinn mehr spürbar wird. Bedenklicherweise sperren sich viele Menschen gegen diese schon längst nicht mehr ernsthaft zu bestreitende Erkenntnis, dass es sehr viel klüger und gesundheitsförderlicher ist, zu hinterfragen, ob die Arbeit, die sie leisten, ihrem wahren Selbst entspricht, oder ob sie nicht vielmehr schon längst in einer krankmachenden Tretmühle aufgerieben werden?! Viele Menschen leben offenbar nach dem Motto: Ich lebe, um zu arbeiten. Besser und perspektivisch klüger ist es, zu erkennen, dass wir arbeiten, um zu leben. Entscheidend ist nicht zuletzt der Hinweis darauf, dass es sich bei dem Thema „Arbeit" keineswegs und automatisch um klassische Erwerbsarbeit handeln muss. Vielmehr wäre es klug, zu erkennen, dass der überwiegende Teil geleisteter Arbeit nicht in dieses Raster „klassischer Erwerbsarbeit" fällt, sondern vielmehr Bereiche des alltäglichen Lebens betrifft, die nicht selten deutlich wichtiger sind, als so manche klassisch entlohnte Tätigkeit.

Sei klug, und gönn' dir regelmäßig „Inseln der Ruhe", um zu verhindern, dass du vor lauter Arbeit nicht mehr zum Nachdenken kommst, und gar nicht merkst, dass dich ein krankmachendes System schon längst vereinnahmt hat. Merke: In der Ruhe liegt die Kraft.

06. Wenn die Achtsamkeit etwas Schönes berührt, offenbart sie dessen Schönheit. Wenn sie etwas Schmerzvolles berührt, wandelt sie es um und heilt es.

(Zen Buddhismus)

Ist dir vielleicht auch schon aufgefallen, dass viele Menschen infolge einer permanenten Reizüberflutung den Blick für das Wesentliche verloren zu haben scheinen?

In einer Zeit, wie der unsrigen, in der oftmals nur noch die Devise gilt: höher – schneller – weiter – aufregender – spektakulärer, fehlt vielen Menschen zunehmend der Blick für die wahren Wunder, die uns tagtäglich in unterschiedlichsten Momenten begegnen.

Viele Menschen haben verlernt das Wunderbare im vermeintlich Einfachen zu erkennen.

Oftmals sind es nicht die spektakulären und lautstark daherkommenden Dinge, die wahrhaft wundervoll sind, sondern vielmehr die leisen, vermeintlich gewöhnlichen Dinge des Lebens, die das Leben als das erscheinen lassen, was es im Kern ist: ein Wunder.

Achtsamkeit gegenüber unbelebten Dingen sowie gegenüber Lebewesen zeigt sich entscheidend darin, bewusst wahrzunehmen, wie wundervoll vielfältigste Ausprägungen dieser Welt gestaltet sind.

Leider nehmen viele Menschen viel zu viele Aspekte des Lebens für selbstverständlich, sodass sie deren wahren Wert nicht zu erkennen vermögen.

Achtsamkeit gegenüber unbelebten Dingen drückt sich beispielsweise dadurch aus, wertzuschätzen, was dir diese Erde an so überaus reichhaltigen Gütern geschenkt hat. Sobald du ernsthaft darüber nachdenkst, dass es keineswegs selbstverständlich ist, dass du – unverdient – an einem Ort geboren wurdest, der dich hinsichtlich deiner Lebensperspektiven gegenüber weiten Teilen der Weltbevölkerung privilegiert, wirst du demütig und bescheiden erkennen müssen, dass du mit vielen dir geschenkten Dingen deutlich achtsamer umgehen solltest, als du es möglicherweise bisher getan hast.

Achtsamkeit gegenüber Menschen zeigst du beispielsweise dadurch, indem du Menschen bewusst etwas von deiner wertvollen Zeit schenkst. Viele Menschen sind froh und dankbar, Menschen zu treffen, die ihnen aufmerksam zuhören, und sich nicht von einer nicht selten künstlich erzeugten Hektik anstecken lassen.

Falls du schon einmal ein offenes und freundliches Gespräch mit Obdachlosen geführt hast, wirst du die Erfahrung gemacht haben, dass der überwiegende Teil dieser Menschen tiefe Dankbarkeit empfindet, in dir einen Menschen getroffen zu haben, der sich bewusst ein wenig Zeit für die Sorgen und Nöte dieser gesellschaftlichen Randgruppe genommen hat. Zudem wirst du oftmals erfahren, dass es sich bei solchen Menschen oftmals keineswegs um faule, dumme, nichtsnutzige Personen handelt, sondern vielmehr um Menschen, denen das Leben aus unterschiedlichsten Gründen übel mitgespielt hat.

Sei achtsam, und urteile nicht – wie leider viele Zeitgenossen – vorschnell und abwertend über Menschen, deren Lebensgeschichte du gar nicht kennst. Wertvoller, menschlicher und hilfreicher ist es, wenn du dich bewusst darum bemühst, achtsam mit solchen Menschen umzugehen, die in den meisten Fällen vermutlich sehr gern mit dir tauschen würden.

Bedenke, dass ein achtsamer Umgang mit Lebewesen und Dingen sowohl dir als Mensch, wie auch der Welt als Ganzes hilfreich sein wird. Es ist deine Entscheidung; nutze sie.

07. Die Weisheit des Lebens besteht im Ausschalten der unwesentlichen Dinge.

(aus China)

Hast auch du schon einmal beobachtet, dass viele Menschen nicht zu unterscheiden vermögen zwischen wesentlichen und unwesentlichen Dingen des Lebens?

Sofern du sorgsam analysierst, wirst du feststellen, dass immer wieder viel zu viel Zeit und Energie auf vermeintlich wichtige Dinge verschwendet wird, die dann für wahrhaft wichtige Aspekte des Lebens an anderer Stelle fehlen.

Oftmals haben Menschen erkennbar Probleme damit, zu unterscheiden zwischen dringlichen und wichtigen Dingen des Lebens. Die Konsequenzen sind nicht selten bedenklich.

Dinge, die dringlich sind, zeichnen sich vor allem dadurch aus, dass der Faktor Zeit eine besondere Bedeutung hat. So wäre es beispielsweise dringlich, ein Feuer in einer Wohnung schnellstmöglich zu löschen.

Dinge, die wichtig sind, beziehen sich primär auf solche Aspekte, denen eine besondere inhaltliche Bedeutung zugemessen wird. So ist es beispielsweise wichtig, dass Menschen für sich einen Sinn in ihrem Leben finden. Der Faktor Zeit spielt dabei eher nur eine nachrangige Rolle.

Sobald du achtsam dein eigenes Denken und Handeln selbstkritisch reflektierst, wirst du die hoffentlich erhellende Erfahrung machen, dass du bisher viel zu oft Zeit und Energie für Dinge verschwendet hast, die bei genauerer Betrachtung keineswegs wichtig sind.

Unterschätze nicht die schleichende Destruktivität, die sich darin zeigt, nicht wahrnehmen zu können / zu wollen, wie viel unnütze Energie du für Dinge vergeudest, die vermeintlich wichtig sind.

Sei klug, und konzentriere deine Kraft primär auf solche Aspekte des Lebens, die wahrhaft wichtig sind. Lass' dich nicht von einem in so vielerlei Hinsicht irreführenden Mainstream einnebeln, der dir zu suggerieren versucht, dies und das sei elementar wichtig für dich und dein Leben. Halte Ausschau nach den Themen, die schlussendlich dazu führen, dein wahres Selbst zu entdecken.

Schau' dich aufmerksam um, und du wirst erschreckt feststellen, dass viele Menschen primär nur als Abziehbilder des eigenen Selbst durch dieses Leben gehen. Lass' nicht zu, dass dich vielfältigste Ablenkungen davon abhalten, dich und deine wahre Bestimmung zu erkennen. Stell' dir vor allem auch die Frage: Wem nützt es, wenn du dich durch allerlei Ablenkungen von deiner wahren Bestimmung entfernst? Ein Schelm, der Böses denkt.

Unterscheide bewusst, welche Aspekte in deinem Leben wirklich wesentlich sind, und halte dich bewusst von solchen Dingen fern, die dich – oftmals gewollt – davon abhalten, deinen wahren Wesenskern zu erkennen bzw. zu leben.

Nutze deine wertvolle Zeit und deine Energie vor allem für solche Aspekte des Lebens, die dich entscheidend deiner wahren Bestimmung näher bringen. Du wirst feststellen, dass dies mehrheitlich ganz sicher nicht solche Dinge sind, die ein vernebelnder Mainstream dir und deinen Mitmenschen als wesentlich zu verkaufen versucht. Hinterfrage stets die zugrundeliegenden Motive, und du wirst erkennen, dass eben diese oftmals alles andere als ehrenwert sind.

Getreu dem klugen Lebensmotto von Udo Lindenberg, dem es immer wieder gelingt, tiefe Wahrheiten in einfache Worte zu kleiden, sei gesagt: „Mach' dein Ding, und lass' die Schwachmaten doch reden...".

08. Wer einen Fehler begangen hat und ihn nicht korrigiert, begeht einen weiteren Fehler.

(Konfuzius 551-479, chinesischer Philosoph)

Fehler zu machen ist im besten Sinne des Wortes menschlich.

Dies ernsthaft bestreiten zu wollen, hieße, zu leugnen, dass kein Mensch ohne Fehler ist.

Insbesondere solche Menschen, die Perfektionismus anstreben, empfinden es zumeist als eine persönliche Kränkung, wenn man ihnen Fehler nachweist.

Wie kommt es, dass so viele Menschen einen ebenso unsinnigen, wie schädlichen Umgang mit Fehlern pflegen? Nun, auch hier gilt: Keine Wirkung ohne vorausgehende Ursache.

Schon während der Kindheit müssen viele Menschen die Erfahrung machen, dass Fehler grundsätzlich als etwas Schlechtes anzusehen seien, die man tunlichst vermeiden müsse. Schon früh entwickelt sich eine Kultur des Leugnens und Verheimlichens, in der Kinder dazu erzogen werden, nicht mehr ernsthaft zu leugnende Fehler mit allen gebotenen Mitteln zu rechtfertigen.

Vor allem elementare Erziehungsfehler sind es, die dann im weiteren Verlauf des Lebens dazu führen, Menschen zu einer fehlerintoleranten Verhaltensweise zu verleiten, die ebenso dumm wie unnötig ist.

Wie sollen Menschen lernen, dass es völlig normal ist, Fehler zu machen, wenn schon in der Schulzeit Kinder nicht selten dazu angeleitet werden, Fehler penetrant zu leugnen? Wie geisteskrank und destruktiv ein solcher Denkansatz ist, zeigt sich u. a. darin, dass schon seit geraumer Zeit oftmals Schulnoten durch Anwälte eingeklagt werden, weil vor allem manche Eltern schlichtweg nicht akzeptieren können, dass manche Schulleistungen eigener Kinder zuweilen eben nicht den Erwartungshaltungen einiger überengagierter Eltern entsprechen.

Sehr viel klüger, ehrlicher und perspektivisch sinnvoller ist es, Menschen dazu zu motivieren, Fehler als etwas völlig Natürliches zu akzeptieren, verbunden mit der Chance, daraus für zukünftiges Verhalten lernen zu können. Ein oftmals zu beobachtendes Vertuschen gemachter Fehler ist nicht nur feige, sondern vor allem dumm, weil es Menschen daran hindert, aus gemachten Fehlern konstruktive Schlüsse ziehen zu können. Nicht zuletzt mit Blick darauf, dass vor allem ein Vertuschen von Fehlern in sicherheitsrelevanten Bereichen (z. B. in Krankenhäusern, in Flugzeugen usw.) oftmals dramatische Folgen haben kann, wäre es ebenso klug wie wünschenswert, ließe sich ein deutlich ehrlicherer und offenerer Umgang mit menschlich verständlichen Fehlern in unserer Gesellschaft implementieren, sodass schlussendlich alle Beteiligten davon profitieren könnten.

Fehler zu machen, ist menschlich. Fehler zu vertuschen, ist feige und in der Konsequenz dumm.

Sei mutig, und ermuntere deine Mitmenschen dazu, Fehler als das zu erkennen, was sie sind: unvermeidliche, menschlich nachvollziehbare Begleiterscheinungen des Lebens, die uns die Chance geben, eigenes Denken und Handeln zukünftig optimieren zu können.

Löse dich bewusst von den vermutlich auch dir schon in der Kindheit eingepflanzten Glaubenssätzen, die sinngemäß besagen: „Fehler sind schlecht. Fehler dürfen auf keinen Fall aufgedeckt werden. Fehler müssen bestraft werden."

Du darfst Fehler machen, du darfst dich zu deinen Fehlern bekennen. Dadurch zeigst du persönliche Stärke. Fehler zu leugnen, oder sie gar gänzlich vermeiden zu wollen, zeugt eher davon, nicht verstanden zu haben, dass kein Mensch grundsätzlich fehlerlos sein kann bzw. fehlerlos ist.

09. Ist man in kleinen Dingen nicht geduldig, bringt man die großen Vorhaben zum Scheitern.

(Konfuzius 551-479, chinesischer Philosoph)

Hast du dich vielleicht auch schon dabei ertappt, zu viel auf einmal erreichen zu wollen?

Kennst du auch Situationen aus deinem Leben, bei denen du nicht die nötige Geduld aufgebracht hast, um bestimmte Ziele zu erreichen?

Nun, falls du dich in solchen Beschreibungen wiedererkennst, lass' dir versichern, dass du mit einem solchen Verhalten nicht allein bist. Nahezu jeder Mensch wird wohl Situationen kennen, bei denen er ungeduldig reagiert hat, um dann mit einem gebührenden zeitlichen Abstand festzustellen, dass die gezeigte Ungeduld weder sinnvoll, noch notwendig gewesen ist. Soweit ist das menschlich verständlich, und auch nicht weiter tragisch.

Bedenklich wird es dann, wenn Ungeduld zu deinem – zumeist unbewusst praktizierten – Lebensmotto geworden ist. Dann nämlich sabotierst du dich und deine Möglichkeiten.

Ungeduld zeugt zumeist von mangelnder Disziplin. Ungeduld führt oftmals dazu, dass unnötig ein Klima der Hektik erzeugt wird, in dem sich Menschen unwohl fühlen. Ungeduld führt nicht selten auch zu Fehlern, die vermeidbar wären, würden die Menschen gelassener agieren.

Menschen, die schon in vergleichsweise banalen Alltagssituationen ungeduldig reagieren, sollte man keine wirklich wichtigen Aufgaben übertragen. Ungeduld speist sich oftmals aus der Befürchtung etwas Wichtiges zu verpassen. Ursächlich verantwortlich für eine vor allem als pathologisch zu bezeichnende Ungeduld sind oftmals Erziehungsfehler in der Kindheit und während der Jugendzeit.

In einer Zeit, in der die Handlungsmaxime lautet, jedes noch so abwegige Bedürfnis immer und sogleich erfüllt zu bekommen, überrascht es nicht, dass weite Teile unserer Gesellschaft immer ungeduldiger agieren. Nicht zuletzt so manche technische Neuerung trägt entscheidend dazu bei, dass Menschen oftmals pathologisch ungeduldig agieren.

Im Zeitalter von Smartphones, Facebook, Internet, E-Mail usw. sind die technischen Voraussetzungen für eine immer schnellere, oftmals hektische Kommunikation immer umfangreicher geworden, sodass es nicht wirklich überrascht, dass auch und vor allem die nachwachsende Generation den Virus pathologischer Ungeduld schon in sehr jungen Jahren eingepflanzt bekommt.

Auf der Strecke bleibt vor allem nicht selten die Qualität menschlicher Kommunikation.

Es wäre absurd und weltfremd, wollte man pauschal gegen so allerlei technische Kommunikationsmöglichkeiten zu Felde ziehen. Doch wird leider sehr oft übersehen, dass sich die Qualität einer Kommunikation eben im Kern weniger an der Art der verwendeten Medien ablesen lässt, als vielmehr an den transportierten Inhalten. Und genau diese sind oftmals geradezu inflationär minderwertig und unsinnig, sodass hier mit Blick auf die gesamtgesellschaftliche Entwicklung ein dringender Korrekturbedarf besteht.

Geduldig zu sein zeugt nicht nur von einer ausgeprägten Disziplin, sondern es bedeutet oftmals, überhaupt die Chance zu bekommen, komplexere Sachverhalte inhaltlich zu durchdringen, um somit klug handeln zu können. Gilt diese Erkenntnis schon für vergleichsweise gewöhnliche Aspekte des Alltags, so gilt sie erst recht für wahrhaft wichtige Dinge des Lebens.

10. Wer keine Zukunft hat, redet über die Vergangenheit!

(Indische Weisheit)

Je nachdem, ob du ein jüngerer Mensch oder vielleicht ein Mensch in höherem Lebensalter bist, wirst du dich durch eine mögliche Konsequenz dieser Erkenntnis provoziert fühlen.

Warum?

Nun, zunächst einmal entspricht es einem natürlichen Verlauf, dass ältere Menschen – ob sie wollen oder nicht – schon eine zeitlich umfangreichere Wegstrecke des Lebens hinter sich gebracht haben, als dies bei jüngeren Menschen der Fall ist. Völlig klar. Von daher überrascht es nicht, dass die Menge dessen, was ältere Menschen womöglich schon erlebt haben, zumeist größer ist als bei deutlich jüngeren Menschen.

Vordergründig mag man diese Erkenntnis als persönlichen Angriff wahrnehmen, suggeriert sie doch womöglich einen Vorwurf, ältere Menschen hätten keine Zukunft mehr, sodass sie von daher nur noch in Erinnerungen schwelgen.

Eine andere Interpretation, die in der Aussage deutlich konstruktiver ist, möchte dich zu folgender Überlegung führen:

Nimm' nur Kenntnis, dass du Vergangenes – sei es nun schön oder schlimm – mit keinen dir zur Verfügung stehenden Mitteln mehr ungeschehen machen kannst. Vorbei ist vorbei. Dass dies mitunter zunächst einmal eine frustrierende Erkenntnis sein kann, ist selbstredend klar. Von daher verschwendest du unnötig deine Kraft und Zeit, wenn du gedanklich an deiner Vergangenheit klebst.

Übe dich im Loslassen, denn genau das wird dir perspektivisch den Weg zu wahrer Freiheit ebnen. Ja, Loslassen ist schwieriger als Festhalten. Doch es gibt unzählige Beispiele dafür, dass ein Loslassen fesselnder Gedanken, vor allem dann, wenn es sich um Gedanken des Grübelns und Haderns handelt, enorm befreiend wirkt.

Fokussiere dich und deine Gedanken auf das Hier und Jetzt, denn nur im Hier und Jetzt kannst du etwas bewirken, das sich dann auf deine zu erwartende Zukunft auswirken kann.

Ein nicht selten krampfhaftes Festhalten an der Vergangenheit lähmt dich und deine Gedanken, und sabotiert somit oftmals objektiv vorhandene Möglichkeiten zur Verbesserung deiner Situation im Hier und Jetzt.

Insbesondere dann, wenn dich traumatische Erlebnisse gedanklich an deine Vergangenheit ketten, solltest du unbedingt professionelle Hilfe in Anspruch nehmen. Andernfalls zeigen unzählige Studien und konkrete Fallgeschichten von Menschen, die psychologische Hilfe in Anspruch nehmen, dass gedankliche Fesseln über ein gesamtes Leben hinweg destruktive Kräfte entfalten, unter denen viele Menschen massiv zu leiden haben.

Du zeigst persönliche Stärke, wenn du dich den Schatten deiner Vergangenheit aktiv und offen stellst. Lass' nicht zu, dass dich Erlebnisse deiner Biografie über weite Strecken deines Lebens empfindlich in deinem grundsätzlich möglichen Entwicklungspotenzial destruktiv hemmen.

Merke: Aus deiner Vergangenheit zu lernen, ist klug. An belastenden Ereignissen aus deiner Vergangenheit zu kleben, ist unnötig und perspektivisch destruktiv. Richte deinen Blick auf das Hier und Jetzt, denn nur im Hier und Jetzt legst du den Grundstein für deine Zukunft.

11. Nur die allergescheitesten Leute benützen ihren Scharfsinn zur Beurteilung nicht bloß anderer, sondern auch ihrer selbst.

(Lebensweisheit)

Hast du dich auch schon dabei ertappt, andere Menschen in einer Art und Weise zu kritisieren, die bei näherer Betrachtung zeigt, dass du womöglich „auf einem Auge blind gewesen bist...“?

Bedenke, sehr oft ist es so, dass eine geäußerte Kritik mehr über den Menschen aussagt, der sie kommuniziert, als über den denjenigen, dem sie gilt.

Sei vorsichtig mit vorschnellen und undifferenzierten Beurteilungen, denn sie sind oftmals in der Sache falsch.

Fokussiere deinen Blick lieber auf deine eigenen „Baustellen“, denn deren gibt es vermutlich mehr als genug.

Möchtest du dir und deinen Mitmenschen wirklich einen guten Dienst erweisen, dann prüfe selbstkritisch, was du selbst anders und besser machen kannst. Das ist zumeist sehr viel sinnvoller und ergiebiger, als ein nicht selten zum Scheitern verurteilter Versuch, andere Menschen verändern zu wollen.

Zwar ist es gut und richtig anderen Menschen hilfreiche Impulse zu vermitteln, doch solltest du das bitte grundsätzlich niemals mit dem Anspruch tun, dass deine vermeintlich guten Ratschläge zeitnah und vollständig umgesetzt werden.

Bedenke: Jeder Mensch muss seinen eigenen Rhythmus finden, und der wird sich naturgemäß nahezu immer von deinem eigenen Rhythmus unterscheiden. Alles zu seiner Zeit.

12. Vorstellungskraft ist wichtiger als Wissen.

(Albert Einstein 1879-1955, deutsch-schweiz. Physiker)

Wie sagte schon Isaac Newton? „Was wir wissen, ist ein Tropfen. Was wir nicht wissen, ist ein Ozean."

Diese ebenso richtige wie von demütiger Bescheidenheit gekennzeichnete Erkenntnis sollten vor allem diejenigen beherzigen, die sich nicht zuletzt infolge unzähliger Quizshows offenbar als besonders wissend wahrnehmen, weil sie beispielsweise dazu in der Lage sind, unnützes Wissen reproduzieren zu können.

Bildung, die diesen Namen auch verdient, entsteht erst dann, wenn es gelingt, sinnvolle Zusammenhänge zwischen unzähligen Wissensbausteinen herstellen zu können. Genau dieser zentrale Aspekt wird leider in weiten Teilen des heutigen Bildungswesens kaum noch angemessen berücksichtigt.

Vorstellungskraft und Kreativität, die nicht selten ebenso vorschnell wie unsinnig mit zumeist negativ besetzten Begriffen wie z. B. „Spinner" oder „Träumer" assoziiert werden, sind oftmals erheblich wertvoller und sinnvoller, als eine zuweilen gigantische Menge zusammenhanglosen Wissens.

Es täte unserer Welt insgesamt gut, gäbe es deutlich mehr „Spinner" und „Träumer", die erkannt haben, wie manipulativ und einengend ein sog. Bildungssystem ist, das Menschen oftmals nur noch zu marionettenhaften Fachidioten erzieht, denen zumeist der Blick für das große Ganze fehlt. Wach' auf, und löse dich von einer dumpfen Bulimie des Wissens.

13. Verantwortlich ist man nicht nur für das, was man tut, sondern auch für das, was man nicht tut.

(Chinesische Weisheit)

Hast du dich vielleicht auch schon dabei ertappt, im Nachhinein zu denken, dass du in der einer oder anderen Situation entschlossener hättest handeln sollen?

Prüfe, was dich davon abhält, mutig und entschlossen zu handeln?

Oftmals ist es weniger Feigheit, als vielmehr eine zuweilen sträfliche Bequemlichkeit, die Menschen davon abhält, dort einzugreifen, wo es offensichtlich Missstände gibt.

Ein klassisches Beispiel, das sich nahezu täglich beobachten lässt, erlebst du vor diversen Supermärkten. Dort findest du nicht selten bedauerliche Menschen, die durch den Verkauf einer Obdachlosenzeitung den eigenen Lebensunterhalt ein wenig finanzieren möchten.

Stell' dir bitte vor, wie es sich wohl für dich anfühlte, du müsstest dich dort Tag für Tag den Blicken ignoranter Menschen aussetzen, die nicht selten mit vollen Einkaufswagen achtlos an dir vorbei fahren?!

Glaubst du ernsthaft, dass es menschlich akzeptabel ist, solche Menschen vorschnell als Penner zu diskreditieren, ohne deren konkrete Lebensgeschichte zu kennen?

Bedenke, dass wir alle – so auch du – durch unser kollektives Denken und Handeln in Teilen mitverantwortlich dafür sind, dass es solche bedauerlichen Zustände in einem so reichen Land wie dem unsrigen überhaupt gibt.

14. Besser auf neuen Wegen etwas stolpern als in alten Pfaden auf der Stelle zu treten.

(Chinesische Weisheit)

Nicht zuletzt die psychologische Forschung hat bewiesen, dass ein großer Teil der Menschen „lieber" in einem objektiv schlechten Zustand verharrt, anstatt sich aufzuraffen, und aktiv zu handeln.

Schaut man aus einer sog. Metaposition auf das Leben vieler Menschen, die oftmals in Lebenssituationen verharren, die ihnen objektiv empfindlich schaden, so kann man nur staunen, wie Menschen geistig gelähmt und affektiv erstarrt einen Zustand konservieren, der in den allermeisten Fällen deutlich verbessert werden könnte.

Was hält Menschen davon ab, aktiv dafür zu sorgen, objektive schädliche und krankmachende Lebenssituationen positiv zu verändern?

Nun, in aller Regel heißt der entscheidende Bremsklotz: Angst.

Warum ist das so? Dazu musst du wissen, dass das Phänomen der Angst tief in entwicklungsgeschichtlich älteren Strukturen des Gehirns, im limbischen System, verankert ist. Von daher laufen Angstprozesse prinzipiell automatisiert ab, sodass sich viele Menschen zumeist gar nicht genau im Klaren darüber sind, wie genau die eigene Angst in konkreten Situationen entsteht?

Wichtig für ein klares Verständnis der Angst ist es, zu bedenken, dass sich die Funktion der Angst entwicklungsgeschichtlich signifikant verändert hat. Zu Zeiten des Säbelzahntigers war es sicher überlebensnotwendig, Angst vor diesem gefährlichen Tier zu entwickeln. Allerdings speisen sich typische Ängste unserer Zeit nicht mehr aus solchen Urängsten, sondern vielmehr aus diversen Situationen unserer modernen Lebenswirklichkeit.

Tragisch dabei ist, dass das limbische System heutzutage auch mit Angst reagiert in vielfältigsten Situationen, denen objektiv gar keine Bedrohungslage zugrunde liegt. Kurz: Ängste haben eine oftmals krankmachende Eigendynamik entwickelt, mit der Konsequenz, dass viele Menschen unverhältnismäßig viel Energie dafür verschwenden, gegen vermeintliche Ängste anzukämpfen, die objektiv so gar keine verifizierbare Ursache haben.

Die Folge davon ist, dass diffuse Ängste oftmals pathologischen Charakter entwickeln, sodass immer mehr Menschen aufgrund von Angststörungen psychologisch bzw. psychiatrisch behandelt werden müssen.

Ein Blick in aktuelle Statistiken zeigt deutlich, dass die Fallzahlen bei psychischen Erkrankungen, so auch bei Angststörungen, seit einigen Jahren signifikant ansteigen. Diese nicht zu leugnenden Fakten sollten vor allem unserer Gesellschaft insgesamt zu denken geben, denn eine solche Entwicklung, mit nicht selten dramatischen Auswirkungen, ist nicht über Nacht aus dem Nichts entstanden.

Sei mutig, und lass' nicht zu, dass deine Angst dich lähmt, und dich somit in einer destruktiven Art und Weise davon abhält, neue Wege zu gehen, die dir nicht selten völlig neue, positive Perspektiven eröffnen.

Bedenke, es zeugt von persönlicher Stärke, wenn du professionelle Hilfe in Anspruch nimmst. Die beste Zeit zum Handeln ist jetzt! Auf geht's!

15. Willst du die Welt verändern, gehe dreimal durch dein eigenes Haus.

(Chinesische Weisheit)

Verspürst auch du zuweilen das Bedürfnis, andere Menschen umzuerziehen in dem Sinn, dass sie deinen Vorstellungen entsprechend handeln?

Möchtest auch du so vieles in dieser Welt verändern, das dich stört, aufregt oder traurig stimmt?

Dann sieh dich in deinem unmittelbaren Umfeld sorgsam um, und beginne bei dir selbst. Sofern du selbstkritisch prüfst, wirst du feststellen, dass es in deinem eigenen Denken und Handeln so manches gibt, das du anders bzw. besser machen könntest.

Ja, es ist einfacher und bequemer, andere Menschen auf deren vermeintliche oder tatsächliche Defizite aufmerksam zu machen. Doch wird das nur in den allerwenigsten Fällen von Erfolg gekrönt sein. Erfahrungsgemäß zeigen die meisten Menschen reflexhaft eine mehr oder weniger stark ausgeprägte Abwehrhaltung, sobald sie spüren, dass du sie auf deren Fehler aufmerksam machst.

Klüger und effektiver ist es, wenn jeder zunächst einmal „vor seiner eigenen Haustüre kehrt". Man könnte auch folgenden Spruch zitieren: „Was siehst du den Splitter in deines Nächsten Auge, und übersiehst dabei den Balken vor deinem eigenen Kopf?".

Diese Welt könnte sehr viel friedlicher und freundlicher sein, fokussierten mehr Menschen einen kritischen Blick primär auf das eigene, teils fehlgeleitete Denken und Handeln, anstatt sich in oftmals kräftezehrenden Diskussionen mit anderen Menschen aufzureiben, um sie zu einem vermeintlich besseren Verhalten bekehren zu wollen.

16. Wer ein schlechtes Gedächtnis hat, wird nicht darum herum kommen, seine Fehler zu wiederholen.

(Indische Weisheit)

Fehler zu machen gehört zum Menschsein ebenso dazu, wie die Luft zum Atmen. Es wäre töricht, möchte man dies ernsthaft leugnen.

Entscheidend ist weniger die unbestreitbare Tatsache, dass Menschen Fehler machen, sondern vielmehr die Art und Weise, wie Menschen mit gemachten Fehlern umzugehen pflegen.

In einer Gesellschaft, wie der unsrigen, herrscht bedenklicherweise eine wenig fehlertolerante Kultur vor, in der schon Kinder nicht selten mit Angst vor Fehlern erzogen – man sollte besser sagen „verzogen" - werden.

Anstatt zu erkennen, dass Fehler im wahrsten Sinne des Wortes etwas ganz Natürliches sind, werden Menschen oftmals von klein auf dahingehend fehlgeleitet, gemachte Fehler zu leugnen. Somit wird schon im Keim die so wichtige Chance genommen, aus gemachten Fehlern konstruktiv lernen zu dürfen.

Sie klug, und erkenne das Potenzial, das in gemachten Fehlern steckt. Ganz gleich, ob es sich um vergleichsweise harmlose Verfehlungen deines Alltags handelt, oder um Fehlentscheidungen, die womöglich vollständig neue „Weichen" in deinem Leben stellen, kein Fehler ist letztlich vollkommen unnütz.

Sofern du dich und dein Denken und Handeln angstfrei und selbstkritisch analysierst, wirst zu feststellen, dass im Kern jede wie auch immer geartete Entscheidung in deinem Leben grundsätzlich und ausnahmslos vor dem Hintergrund deiner höchst subjektiven Biografie getroffen wird. Das ist ebenso elementar, wie unbestreitbar. Daran ist auch nichts falsch.

Bedenklich wird es zumeist dann, wenn du die Möglichkeiten sabotierst, aus gemachten Fehlern für zukünftiges Denken und Handeln etwas Konstruktives lernen zu wollen. In nahezu allen Fällen trägt der oftmals höchst destruktiv im Hintergrund agierende Saboteur den Namen „Angst".

Genau das ist der entscheidende Ansatzpunkt. So sinnvoll und in Teilen überlebensnotwendig elementare Formen menschlicher Angst in eng umgrenzten Lebenssituationen unbestreitbar auch sind, so schädlich sind sie immer dann, wenn vor allem unsinnige und in der Konsequenz schädliche Glaubenssätze dein Denken und Handeln torpedieren. Situationen, bei denen genau solche destruktiven Denk- und Verhaltensweisen existieren, werden sich mit an Sicherheit grenzende Wahrscheinlichkeit auch in deinem Leben finden.

Gib dir selbst die Chance, und löse dich bewusst von negativen Glaubenssätzen, die erfahrungsgemäß in den allermeisten Fällen aus der dir zuteil gewordenen Erziehung resultieren. In diesem Zusammenhang geht es definitiv nicht darum, Eltern oder sonstigen Erziehungsberechtigten vorschnell und undifferenziert eine „Schuld" bei der Entstehung von Erziehungsfehlern anzukreiden. Vielmehr geht es darum, selbstkritisch zu erkennen, dass in den allermeisten Fällen Erziehungsfehler sicher nicht in böser Absicht gemacht werden, sehr wohl aber oftmals schlichtweg deshalb, weil es viele Menschen selbst nicht besser kennengelernt haben.

Wichtig ist, dass „die Kette destruktiv wirkender Erziehungsfehler" zunächst einmal im Kern erkannt wird, um diese dann konstruktiv und perspektivisch positiver gestalten zu können.

Unzählige Beispiele aus der psychologischen Praxis belegen immer wieder ganz klar, dass viele Menschen ihr Leben lang unter solchen Glaubenssätzen leiden, die in der eigenen Erziehungsphase induziert worden waren, deren Sinnhaftigkeit oftmals ernsthaft angezweifelt werden darf.

Du selbst hast es in deiner Hand, zu entscheiden, ob du es

zulassen möchtest, dass dich verstaubte Glaubenssätze in deinem Entwicklungspotenzial immer wieder empfindlich einschränken, oder ob du dich davon befreien möchtest.

Tragisch bei unsinnigen Glaubenssätzen ist, dass sie bei vielen Menschen – vor allem bei solchen, die nur über ein schwach ausgeprägtes Selbstbewusstsein verfügen – eine mitunter lebenslang einschnürende Kraft entwickeln, aus denen sich die Betroffenen oftmals nicht mehr aus eigener Kraft befreien können.

Ebenso unnötig wie bedenklich ist auch, dass sich viele Menschen in einer objektiv lähmenden Lebenssituation eingeigelt haben, und mittels leicht zu entlarvender Rationalisierungen versuchen, unsinniges und destruktives Denken und Verhalten mit so allerlei fadenscheinigen „Begründungen" zu rechtfertigen.

Das ist nicht nur für die unmittelbar Betroffenen traurig, sondern destruktive Glaubenssätze sabotieren nicht selten auch das Umfeld solcher Menschen. Hab' Mut, und gib dir bitte selbst die Chance, lähmende Glaubenssätze zu entlarven, und befördere sie dort hin, wo sie hingehören: in die „seelische Abfalltonne".

Wie sagte schon Albert Einstein:

„Nur Dummköpfe handeln bei Fehlern immer wieder auf die gleiche Art und Weise, und wundern sich, dass sich nichts verbessert.

17. Nur der Unwissende wird böse. Der Weise versteht.

(Indische Sprichwörter)

Hast du dich auch schon dabei ertappt, in so mancher Situation böse zu reagieren? Kennst du das Gefühl, wenn sich in deinem Inneren ein Vulkan des Zorns aufzubauen droht, der sich dann in einem verbalen oder physischen Ausbruch Luft zu verschaffen droht?

Das ist zunächst einmal menschlich verständlich, und auch nicht wirklich ungewöhnlich. Vor allem dann, wenn es sich um Situationen handelt, die auch objektiv schädlich, destruktiv, unmenschlich o. ä. sind.

Entscheidend ist aber – und das gilt grundsätzlich – lähmen Boshaftigkeit und Zorn dein Denken. Von daher ist es klug, in emotional „aufgeladenen" Situationen prinzipiell niemals vorschnell Äußerungen oder Handlungen zu vollziehen, die sich bei entspannterer Betrachtung oftmals als dann völlig überzogen herausstellen werden. Äußerungen oder Handlungen, die du aus einem Klima der Boshaftigkeit und des Zorns tätigst, haben nicht selten sehr zerstörerische Kraft, sodass es mitunter schwierig, zuweilen sogar unmöglich ist, „verbranntes Land" wieder zu restaurieren.

Klüger und effektiver ist es, wenn du in Situationen, die spontan ein Gefühl von Boshaftigkeit oder Zorn in dir aufsteigen lassen, innehältst.

Ein Grundprinzip, das im gesamten bisher bekannten Universum Gültigkeit hat, lautet: Keine Wirkung ohne Ursache. Das will bedeuten: Für jede wie auch immer geartete Äußerung oder Handlung eines Menschen gibt es mehr oder weniger komplexe Ursachen. Und genau die gilt es zu verstehen. Dann, und nur dann lässt sich die „Kette des Wahnsinns" durchbrechen, die sich in schier unendlich vielen Situationen des Lebens auf dieser Welt beobachten bzw. beklagen lässt.

Ja, das mag in so manchen Fällen aufwändig und schwierig sein, doch es ist der einzig erfolgversprechende Weg – im Kleinen, wie im Großen – diese Welt schon im Ansatz friedlicher gestalten zu können.

Sobald du diese fundamentale Erkenntnis tatsächlich in deren immens großer Bedeutung erkannt hast, wird sich dein Denken und Handeln im Umgang mit dir selbst, und in der Kommunikation mit anderen Menschen von Grund auf verändern.

Jeder einzelne hat grundsätzlich die Möglichkeit, diese in weiten Teile so kranke Welt ein Stück weiter menschlicher und freundlicher zu gestalten, vorausgesetzt, du bringst die offene und ehrliche Bereitschaft dazu auf, selbstkritisch zu reflektieren. Sobald du dich ernsthaft darum bemühst, trägst du im Rahmen deiner Möglichkeiten dazu bei, Vorbild für andere, dich umgebende Menschen zu werden, die dir nicht selten nacheifern werden.

Es gibt wohl kaum eine unsinnigere bzw. destruktivere Aussage, die auch du in deinem Leben vermutlich schon unzählige Male so gehört hast, die da lautet:

„Was soll ich da schon machen? Das war schon immer so. Das ist eben so. Damit muss man leben...".

Nein, du kannst sehr wohl etwas dazu beitragen, dass entscheidende Ursachen für Boshaftigkeit und Zorn Stück für Stück abgebaut werden. du musst es nur ernsthaft wollen, und dann auch konkret in die Tat umsetzen. Das beginnt schon bei vermeintlich kleinen Situationen in deinem Alltag. Handle – jetzt!

18. Es gibt Leute, die machen dich glücklich, wenn sie kommen und solche, die machen dich glücklich, wenn sie gehen.

(Bretonisch)

Bestimmt kennst auch du das Gefühl, dass es Menschen gibt, in deren Anwesenheit du dich wohlfühlst, und solche, bei denen du froh bist, wenn du nichts oder möglichst wenig mit ihnen zu tun haben musst?!

Das ist ebenso menschlich wie leicht verständlich. Nicht ohne guten Grund spricht man davon, dass „die Chemie stimmt / nicht stimmt".

Wichtig für dich und dein Leben ist, dass du sog. Psychovampire als solche erkennst, die dir – zuweilen kaum merklich – Energie entziehen. Menschen, in deren Gegenwart du dich wohlfühlst, schenken dir neue Energie für deine Kraftreserven. Menschen, deren Anwesenheit du als kräfteraubend wahrnimmst, solltest du nach Möglichkeit bewusst meiden.

Nicht selten ist es so, dass Menschen aufgrund mangelnden Selbstbewusstseins nicht Nein sagen können, wenn Menschen zuweilen aufdringlich Kontakt suchen. Bedenke: Es ist nichts falsch daran, wenn du den Kontakt zu solchen Menschen unterbindest, bei denen du spürst, dass sie dir Kraft rauben. Prozesse dieser Art sind oftmals schleichend, und in der Konsequenz mitunter verhängnisvoll.

Klüger und besser ist es, du suchst bewusst Kontakt zu Menschen, in deren Gegenwart du deine Kräftereservoirs auftanken kannst. Sei gut zu dir selbst, und entledige dich solcher Kontakte, die dich und deine Kräfte nur aussaugen.

19. Man muss das Leben den Jahren hinzufügen und nicht die Jahre dem Leben.

(Französisches Sprichwort)

Hast du auch schon einmal beobachtet, dass es Menschen gibt, die sich einerseits ein möglichst langes Leben wünschen, die zugleich jedoch eher in einer mentalen und emotionalen Einöde leben?

Nicht die absolute Anzahl an Lebensjahren ist entscheidend dafür, ob du ein erfülltes Leben hast, sondern vielmehr die Tatsache, ob bzw. wie es dir gelingt deine Lebensjahre mit möglichst lebenswerten Eindrücken und Erlebnissen zu füllen.

Wie armselig kann beispielsweise ein 90-jähriges Leben sein, in dessen Rahmen ein Mensch mehr oder weniger nur noch einsam vor sich dahin vegetiert, im Vergleich zu einem vielleicht „nur" 50-jährigen Leben, das angefüllt war mit vielen erlebnis- und erkenntnisreichen Momenten?

Aus menschlicher Perspektive betrachtet mag es ein großer Unterschied sein, ob ein Mensch beispielsweise eine vergleichsweise lange Zeit von vielleicht 90 Jahren auf dieser Erde lebt, oder möglicherweise schon sehr viel früher diese „Bühne" hier verlassen muss. Gemessen am großen Ganzen verlieren sich solche Unterschiede praktisch im Nichts.

Bedenke, dass es auch für dich sehr hilfreich sein kann, dir zu verdeutlichen, dass sämtliche Lebensspannen mit Blick auf das Große Ganze sich im „Strom der schier unendlichen Zeiträume" im Nichts verlieren.

Was sind schon beispielsweise 80 Jahre eines Menschenlebens im Verhältnis zu den bisher schon etwa 13,7 Milliarden Jahren, während denen das bisher bekannte Universum existiert?

Je intensiver du dir eine solche Relation ernsthaft vorzustellen versuchst, umso eher wird es dir gelingen, menschliche Zeiträume als das einzuordnen, was sie faktisch sind: nicht mehr als ein winziger Zeitpartikel im schier unendlichen Meer der Zeit.

Warum ist es hilfreich, dass du dir solche Vergleiche vergegenwärtigst? Nun, eine solche Reflektion kann dir dabei helfen, Ereignisse in deinem Leben entscheidend zu relativieren.

Du kennst weder den Tag, noch die Stunde, zu der du diese Lebensbühne wieder verlassen wirst.

Bedenke, dass keine noch so intensiv betriebene Vorsorge dich davor bewahren wird, diese Weltbühne nach einer vergleichsweise sehr kurzen Zeit wieder verlassen zu müssen.

Anstatt wie ein ängstliches Kaninchen vor der Schlange unverhältnismäßig viel Zeit und Energie darauf zu ver(sch)wenden, vermeintliche Sicherheit kaufen zu wollen, solltest du lieber danach trachten, dein Leben mit möglichst vielen und erlebnisreichen Momenten anzureichern, die dein Leben letztlich wahrhaft lebenswert machen.

Kein noch so vermeintlich toller Job, keine wie auch immer geartete Lebensversicherung wird letztlich verhindern, dass auch deine Tage hier auf dieser Erde gezählt sind.

Schau' dich aufmerksam um, und du wirst unzählige Beispiele dafür finden, dass viele Menschen ihr Leben lang wie in einem Hamsterrad strampeln auf der Suche nach einer vermeintlichen Sicherheit, die sie jedoch aus grundsätzlicher Erwägung letztlich niemals hier auf dieser Erde finden werden bzw. finden können.

Gib dir selbst die Chance, und fokussiere dich bewusst vor allem darauf, dein Leben mit dem anzureichern, was dich in deiner persönlichen Entwicklung entscheidend voran bringt. Und das ist ganz sicher nicht eine oftmals aufreibende und zermürbende Jagd nach einer vermeintlichen Sicherheit, sondern vielmehr sind es genau solche Momente und Erlebnisse, die dich als Mensch reifen lassen.

Sieh dich achtsam um, und du wirst schier endlos viele Beispiele dafür finden, dass Menschen über sehr lange Zeiträume auf ein fiktives Ziel hin gearbeitet haben, indem sie tagein, tagaus einer vermuteten Sicherheit nachgejagt sind, um dann nicht selten feststellen zu müssen, dass ihr Leben an ihnen vorbeigezogen ist, ohne sich als Mensch auf das wahrhaft Wesentliche konzentriert zu haben. Möchtest du ernsthaft auch zum Heer derer gehören, die über viele Jahre und Jahrzehnte hinweg einer Illusion nachjagen, um dann feststellen zu müssen, dass diese wie eine Seifenblase zerplatzt?

Wach' auf, und erkenne, dass schlussendlich nicht die Anzahl gelebter Jahre entscheidend ist, sondern vielmehr die Frage, ob bzw. wie es dir gelungen ist, die dir geschenkte Zeit sinnvoll für dich und deine eigene Entwicklung genutzt zu haben.

Sobald du diese Erkenntnis in deren voller Tiefe erfasst hast, wirst du geradezu zwangsläufig eine enorme Erleichterung spüren, und dich aus einem ebenso unsinnigen wie unnötigen Hamsterrad lösen können, das dir zu suggerieren versucht, du könntest ernsthaft dein Leben absichern. Nein, das kannst du definitiv nicht. Je früher du das verstehst, umso eher wirst du die wahre Schönheit dieses Lebens genießen können. Jetzt.

20. Bildung macht frei, ja! Aber nur die gleichzeitige Bildung von Kopf und Herz. Es scheint an der Zeit, diese alte Wahrheit immer wieder aufs Neue zu predigen, bis sie die Spatzen von den Dächern zwitschern.

(Gerhard von Amyntor 1831-1910, deutscher Schriftsteller)

In unserem Zeitalter kaum mehr zu zählender Quizshows muss der Begriff Bildung kritisch reflektiert werden.

Warum? Nun, nicht eine schier endlose Sammlung zusammenhanglosen Faktenwissens zeichnet das aus, was den Namen Bildung zu recht trägt. Vielmehr ist entscheidend, ob ein Mensch gelernt hat, auf der Grundlage einer soliden und umfassenden Wissensbasis sinnvolle Zusammenhänge herstellen zu können?!

Genau dieser Aspekt wird jedoch seit geraumer Zeit im sog. Bildungswesen oftmals sträflich vernachlässigt. Vielmehr ist zu beobachten, dass es inzwischen oftmals primär nur noch darum geht, Wissen in dem Sinn anzuhäufen, dass es jeweils möglichst kurzfristig für anstehende Prüfungen präsent ist, um es dann kurze Zeit später wieder vergessen zu können. Nicht ohne Grund spricht man in diesem Zusammenhang vom sog. Bulimie-Lernen.

Fragt man nach den Gründen, warum das Erkennen und bewusste Reflektieren wichtiger Zusammenhänge oftmals sträflich vernachlässigt wird, stößt man schnell auf solche unsinnigen Konstruktionen wie beispielsweise das Thema G8.

Mit Blick darauf, dass vor dem Hintergrund eines im Kern geisteskranken Kapitalistischen Wirtschaftssystems junge Menschen als willfährige Roboter zu Wirtschaftssklaven herangezüchtet werden, die erst gar nicht mehr darüber nachdenken, dass sie in einem schändlichen „Spiel" aufgerieben werden, erfüllt das Thema G8 eine willkommene Rolle für diejenigen, die nicht mehr das Menschsein in den Vordergrund konstruktiver Bildung stellen, sondern vielmehr nur noch danach trachten, ein beliebig austauschbares Heer derer zu züchten, die ein im Prinzip krankes, und dem Untergang geweihtes System am Leben zu erhalten.

Schaut man sich die Lehrpläne an, fällt auf, dass es im Kern oftmals nur noch darum geht, Faktenwissen anzuhäufen. Zeit für das Erkennen und Verstehen komplexer Zusammenhänge fehlt an vielen Stellen gänzlich.

Wirklich überraschend ist das keineswegs, wenn man bedenkt, dass gigantische Wissensmengen in immer kürzerer Zeit „eingetrichtert" werden sollen.

Abgesehen davon, dass allein schon unter lernpsychologischen Gesichtspunkten eine solche Vorgehensweise unsinnig ist, ignoriert das Prinzip G8 nicht zuletzt auch die unbestreitbare Tatsache, dass jungen Menschen eine so immens wichtige Reifezeit beschnitten wird. Im statistischen Mittel sind aus sprichwörtlich natürlichen Gründen 17-jährige Abiturientinnen & Abiturienten wesentlich unreifer, als 18-jährige Schulabgänger*innen, die dann beispielsweise zu einer Universität gehen.

Bildung zeichnet sich nicht allein und schon erst recht nicht ausschließlich dadurch aus, dass Menschen eine große Wissensbasis abrufbereit haben, sondern entscheidend dadurch, dass sie auch über eine hinreichend umfassende Herzensbildung verfügen. Und genau die bleibt leider unübersehbar oftmals auf der Strecke; schlichtweg deshalb, weil in unserem sog. Bildungssystem nahezu alles und jedes nur noch einem Bulimie-Lernen untergeordnet wird. Was für ein Irrsinn!

21. Wir sind ein einziges mal geboren. Zweimal geboren zu werden ist nicht möglich. Die ganze Ewigkeit werden wir nicht mehr sein. du aber bist nicht Herr des morgigen Tages und verschiebst immerzu das Erfreuende. Das LEBEN geht mit Aufschieben dahin, und jeder von uns stirbt, ohne Muße gefunden zu haben.

(Epikur ca. 341-271 v. Chr., griechischer Philosoph)

Hast du dir auch schon die wahrhaft zentralen Fragen gestellt, die da lauten:

Was ist Leben? Was zeichnet dein Leben aus? Warum bist du hier auf dieser Erde? Wer bist du wirklich? Wird dein Ich in aller Ewigkeit existieren? Falls ja, in welcher Form?

Irritieren dich solche Fragen? Möchtest du ihnen am liebsten ausweichen?

Falls ja, wäre das sehr traurig. Traurig vor allem für dich selbst. Warum? Nun, bedenke, dass auch du und dein Leben eingebunden ist in das Große Ganze; ob du das nun zur Kenntnis nehmen möchtest, oder nicht. Es ist schlichtweg Fakt.

Nutze die dir geschenkte Lebenszeit, um dich und deine Bestimmung besser verstehen zu können. Lass' nicht zu, dass dich ein von fremden Kräften aufgezwungenes Hamsterrad von den wahrhaft wichtigen und entscheidenden Fragen deines Lebens ablenkt.

Sobald du dich ernsthaft mit den hier beispielhaft aufgeführten Fragen befasst, wirst du verstehen, in welche gigantische Maschinerie auch du eingebunden bist. Du hast die freie Wahl: Entweder, du lässt zu, dass du gelebt wirst, oder du entscheidest dich dazu, den Dingen auf den Grund zu gehen. Sofern du dich achtsam umschaust, wirst du die Feststellung machen, dass die meisten Menschen „gelebt werden", und nicht Regisseur*in des eigenen Lebens sind. Möchtest auch du zu dem Heer willenloser Menschen gehören, die sich zeitlebens nicht die wahrlich wichtigen Fragen gestellt haben?

Was ist Leben? Was zeichnet Leben im Kern aus?

Wenn du eine solche Frage ernsthaft stellst, wirst du – wenn überhaupt – von den meisten Menschen sinngemäß eine Antwort erhalten, die in etwa lautet:

Leben ist das, was Menschen und Tiere ausmacht. Typische Eigenschaften sind beispielsweise die Fähigkeit zur Reproduktion, die Fähigkeit des Denkens, ein freier Wille usw.

Der entscheidende Denkfehler, den sehr viele Menschen bei der Beantwortung einer derart zentralen Frage machen, besteht vor allem darin, dass der Begriff „Leben" auf biologisches Leben beschränkt wird, oder – noch extremer – auf menschliches Leben.

Warum ist das so? Nun, es liegt wohl entscheidend daran, dass nur vergleichsweise wenig Menschen ernsthaft über solche zentralen Fragen nachdenken. Täten sie das nämlich, müssten sie erkennen, dass der Begriff „Leben" keineswegs auf biologisches, und schon erst recht nicht auf menschliches Leben beschränkt ist.

Für viele Menschen wirkt eine solche Erkenntnis spontan sehr befremdlich. Warum? Entscheidend wohl vor allem deshalb, weil auch solche zentralen Begriffe zumeist gedankenlos verwendet werden, ohne ernsthaft zu hinterfragen, ob das, was da kommuniziert wird, überhaupt stimmt?

Spätestens seit den 90er Jahren des 20. Jahrhunderts wissen wir im Rahmen der Erforschung „Künstlichen Lebens", dass sämtliche Kerneigenschaften, von denen Menschen denken, sie zeichneten exklusiv menschliches Leben aus, eben keineswegs ausschließlich auf eben dieses beschränkt werden können.

Alle Kerneigenschaften, wie beispielsweise die Fähigkeit zur Reproduktion, die Möglichkeit des Denkens usw. lassen sich schon längst in künstlichen Systemen nachbilden.

Dass dies auf viele Menschen zunächst einmal befremdlich oder sogar erschreckend wirkt, ist einerseits menschlich nachvollziehbar, ändert aber faktisch nichts daran, *dass* es so ist.

Warum haben so viele Menschen eine so auffällige Angst vor solchen Gedanken? Nun, entscheidend dürfte es wohl im Kern daran liegen, dass ein vermeintlicher Alleinvertretungsanspruch des Menschen in seinen Grundfesten erschüttert wird.

Viele Menschen reagieren diesbezüglich wie Kleinkinder, die auch ernsthaft glauben, dass jemand Drittes sie nicht sieht, wenn sie nur die Hände vor das eigene Gesicht halten. Mag ein solches Verhalten bei Kleinkindern verständlich sein, so ist es für erwachsene Menschen in der Konsequenz eher hinderlich. Warum? Nun, Tatsachen zu leugnen, und das nur, weil sie zunächst unbequem erscheinen mögen, ist weder klug noch sachdienlich. Klüger ist es, zu erkennen, dass es genau solche zentralen Fragen sind, die dich in deiner Entwicklung als Mensch entscheidend voran bringen.

Hab' keine Angst, und du wirst das Wunder des Lebens umso mehr zu schätzen wissen, je tiefer du in dessen Geheimnisse eindringst.

Bedenke: Erkenntnisse großer Tragweite verschwinden nicht etwa deshalb, indem du dich ihnen gegenüber verschließt. Gib dir selbst die Chance, zu begreifen, dass du Teil eines unermesslich großen Ganzes bist, das von einer Intelligenz erschaffen worden ist, die jede menschliche Vorstellung um nicht ernsthaft zu beziffernde Größenordnungen übersteigt.

Auch die Frage nach dem Ich ist ebenso faszinierend wie

zentral.

Hast du schon einmal ernsthaft darüber nachgedacht, was dein Ich ausmacht? Hast du schon einmal ernsthaft überlegt, wo genau dein Ich verortet werden kann? Denkst du, dein Ich könnte ein irdisches Zeitmaß überleben bzw. womöglich zeitlos in aller Ewigkeit existieren? Falls ja, wie genau stellst du dir das vor?

Sobald du dich ernsthaft und ohne falsche Scheu mit solchen Fragen beschäftigst, wirst du die ebenso erhellende wie wohltuende Erfahrung machen, dass du nahezu alle Erscheinungen des Alltags in einem gänzlich neuen Licht betrachten kannst.

Sei klug, und reihe dich nicht in das Heer marionettenhaft agierender Lemminge ein, die offenbar gar nicht merken, dass ein in vielerlei Hinsicht krankmachendes System sie systematisch von den wahrhaft entscheidenden Fragen abhält.

Werde du selbst Regisseur*in deines Lebens, und nutze die dir geschenkte Zeit, um dein wahres Selbst zu entdecken. Das ist ungleich sinnvoller und wertvoller, als deine Lebenszeit in einem oftmals zermürbenden Hamsterrad zu verschwenden – ohne klares Ziel und Verstand. Es ist deine Entscheidung. Jetzt!

22. Du kannst die Wellen nicht anhalten, aber du kannst lernen, auf ihnen zu reiten.

(Joseph Goldstein)

Kennst du auch das Gefühl, das dich umgibt, wenn du gegen so allerlei widrige Umstände in deinem Leben anzukämpfen versuchst?

Hast du auch schon die Erfahrung gemacht, dass du oftmals Kraft und Zeit investiert hast in Ideen und Projekte, bei denen sich im weiteren Verlauf herausgestellt hat, dass all' deine Bemühungen vergeblich waren?

Falls dem so ist, stell' dir die Frage, ob du nicht womöglich gegen Dinge und Menschen angekämpft hast, wobei schon im Vorfeld klar war, dass all' deine Bemühungen ein „Kampf gegen Windmühlen" sein würden.

Fokussiere deine Kraft und dein Denken auf solche Aspekte deines Lebens, die du im Rahmen deiner Möglichkeiten verändern kannst. Nimm Abstand von solchen Ideen und Vorhaben, bei denen dir schon dein Bauchgefühl sagt, dass jegliche Bemühungen zum Scheitern verurteilt sein werden.

Klüger und effektiver ist es, wenn du im Strom des Lebens mitschwimmst, und dich nicht gegen solche Vorkommnisse auflehnst, die du mit deinen Möglichkeiten ohnehin nicht konstruktiv ändern kannst. Somit verschwendest du nur wertvolle Kräfte, die du an anderen Stellen gut gebrauchen könntest.

Richte den Fokus deines Handelns auf solche Ereignisse, die du mit den dir geschenkten Möglichkeiten beeinflussen kannst, und lass' solche Gedanken und Dinge los, die unnötig Kraft kosten.

23. Wahre Freunde kann man nicht kaufen, denn sie kommen von selbst und sind unbezahlbar.

Im Zeitalter sozialer Netzwerke, wie beispielsweise Facebook & Co. hat längst eine ebenso bedenkliche wie schleichende Entwertung wichtiger Begriffe eingesetzt, die kaum mehr von vielen Menschen wahrgenommen wird.

Ein so wertvoller Begriff wie „Freund*in" wird nicht selten durch eine virtuelle Un-Kultur sog. „sozialer Netzwerke" entwertet, indem ernsthaft suggeriert wird, so etwas Wertvolles wie Freundschaft ließe sich durch einen schnellen Mausklick in einem Facebook-Profil begründen?!

Was hat es mit Freundschaft zu tun, wenn nicht selten geradezu inflationär ein nichtssagender Button in einem Facebook-Profil angeklickt wird, um somit vorzutäuschen, ein anderer Mensch sei von nun an als Freundin oder Freund anzusehen?

Welch' ein absurder Gedanke, der tagtäglich millionenfach zu beobachten ist, ein kranker Gedanke, über dessen Tragweite nur wenige Menschen ernsthaft nachdenken.

Bedenke: Sprache prägt dein Denken und Handeln – im Guten, wie im Schlechten.

Eine vernebelnde Sprache, die – so steht zu befürchten - nicht selten bewusst irreführend verwendet wird, verzerrt schleichend aber zielstrebig das Denken von dir und deinen Mitmenschen. Erkenne, dass es sich dabei um ein schleichendes Gift handelt, unter dessen Folgen letztlich wir alle zu leiden haben. Wahre Freund*innen gewinnst du nicht dadurch, indem du beispielsweise inflationär nichtssagende Freundschafts-Buttons anklickst, sondern vielmehr indem du dich mit leibhaftigen Menschen triffst und auf persönlicher Ebene austauschst.

Keine noch so vielseitig gestalteten Emoticons ersetzen letztlich eine reale Begegnung von Mensch zu Mensch. Lass' dich nicht blenden von falschen Versprechungen, die zu suggerieren versuchen, Emoticons könnten echte Gefühle vermitteln, wie sie in physisch realen Begegnungen zwischen Menschen vorkommen. Nein, das können sie definitiv nicht!

Was ist das für eine geisteskranke Welt, in der Menschen in schier gigantischer Zahl virtuelle Monster jagen, wie beispielsweise der hirnlose Pokemon-Hype gezeigt hat? Gibt es nicht wahrlich ungleich wichtigere Themen, bei denen es sich lohnte, Zeit und Kraft zu investieren? Wie intellektuell und emotional abgestumpft müssen Menschen sein, sich freiwillig einem solchen Irrsinn hinzugeben?

Wie sagte schon der kluge Prof. Weizenbaum: „Wir leben hier in einem Irrenhaus. Doch, doch...". Recht hat der Mann.

Wahre Freund*innen sind ein kostbares Geschenk, die mit keinem Geld dieser Welt auch nur ansatzweise gekauft werden können. Und das ist auch gut so!

Sei wachsam, und überlege sorgsam, wer eigentlich davon profitiert, dass mehr und mehr Menschen in eine virtuelle Welt abgleiten? Wer hat wohl ein Interesse daran, dass Menschen sich systematisch aus dem realen Leben verabschieden, um schlussendlich nur noch als digitale Datensätze in den schier unendlichen Tiefen gigantischer Computer zu verschwinden? Möchtest du das? Also, kehr' um, bevor es zu spät sein wird!

24. Ignoranz ist die Kunst, mit offenen Augen nicht sehen zu wollen.

Zu den schlimmsten Dingen, die du dir selbst, deinen Mitmenschen und somit der gesamten Welt antun kannst, gehört Ignoranz.

Hast du dich auch schon dabei ertappt, offensichtliche Missstände nicht zur Kenntnis nehmen zu wollen, obwohl diese nicht selten unübersehbar sind?

Verhältst du dich den Sorgen und Nöten deiner Mitmenschen gegenüber ignorant, obwohl deren Beschwernisse unübersehbar sind?

Ignorierst du bewusst Aspekte bei deinem täglichen Konsumverhalten, in dem klaren Wissen, dass auch du und dein Lebensstil in so mancherlei Hinsicht sehr schädlich für andere Menschen ist?

Falls du solche oder ähnliche Fragen mit Ja beantworten musst, frag' dich ernsthaft, was dazu führt, dass du oftmals bewusst ignorant agierst, obwohl das objektiv in den allermeisten Fällen nicht so sein müsste?

Oftmals ist es schlichtweg Bequemlichkeit, dass sich Menschen nicht mit Aspekten schädlichen Verhaltens auseinandersetzen möchten, weil sie genau dann nämlich selbstkritisch reflektieren müssten, dass sie selbst oftmals dazu beitragen, dass sich bestimmte Dinge so misslich darstellen, wie sie es eben tun.

Nicht ohne guten Grund heißt es: "Einsicht ist der erste Schritt zur Besserung." Doch genau dieser erste Schritt fällt vielen Menschen erkennbar sehr schwer. Warum? Nun, oftmals sind verdeckt agierende Ängste ursächlich dafür verantwortlich. Zudem spielt häufig auch die Unfähigkeit, Fehler offen eingestehen zu können, eine zentrale Rolle. Nicht selten verhindert ein übermäßig ausgeprägtes Ego die Erkenntnis, dass man selbst oftmals ursächlich mitverantwortlich dafür ist, dass sich so viele Dinge und Situationen auf dieser Welt so schlimm gestalten.

Möchtest du ernsthaft zu den Menschen gehören, die selbstherrlich, gefühlskalt und ignorant am Leid so vieler Mitmenschen achtlos vorbei gehen, obwohl du bei sorgsamer Betrachtung oftmals sehr wohl die Chance hättest, im Rahmen deiner Möglichkeiten zu helfen?

Hältst du es ernsthaft für verantwortbar, nicht auch selbstkritisch zu reflektieren, ob bzw. inwieweit so manche zumeist gedankenlos praktizierte Lebensweise entscheidend mit dafür verantwortlich ist, dass es so viele Missstände gibt, die du nicht selten selbst beklagst?

Insbesondere Ignoranz deinen Mitmenschen gegenüber gehört zu den schlimmsten Verfehlungen. Eine bewusst praktizierte Ignoranz wird von den meisten Menschen als seelische Grausamkeit wahrgenommen, und führt in vielen Fällen dazu, dass Menschen krank werden, oder sich ab einem gewissen Schwergrad sogar suizidieren.

Sei auch du ein Licht für diese Welt, und prüfe, inwieweit du in deinem Umfeld mit dazu beitragen kannst, diese in weiten Teilen so gefühlskalte und unmenschliche Welt ein wenig freundlicher zu gestalten.

Dabei muss es sich gar nicht immer und grundsätzlich um große, weltbewegende Projekte handeln. Vielmehr hilft es schon, in vergleichsweise banalen Alltagssituationen Ausschau nach Menschen zu halten, die sich über deine ehrliche und offene Anteilnahme freuen. Es ist deine Entscheidung. Jetzt!

25. Lieber ein bis zwei wahre Freunde, statt zehn falsche.

Zählst auch du zu den Menschen, die über ein ausgeprägtes Netzwerk menschlicher Kontakte verfügen?

Dann darfst du dich grundsätzlich glücklich schätzen, denn wissenschaftliche Studien haben klar belegt, dass wahre Freundschaften einen nicht zu unterschätzenden Effekt auf die Gesundheit von Menschen haben.

Der Mensch ist grundsätzlich ein soziales Wesen, und von daher grundsätzlich auf menschliche Kontakte angewiesen. Fehlen diese, wird der betreffende Mensch mit an Sicherheit grenzende Wahrscheinlichkeit auf die Dauer krank.

Entscheidend ist allerdings, sorgsam zu unterscheiden zwischen "wahren Freund*innen" und "Schönwetter-Freund*innen".

Ob du einen Menschen als wahre(n) Freund*in oder als wahre(n) Freund*in einstufen kannst, wirst du zumeist erst dann merken, wenn sich in deinem Leben Situationen ergeben, die einen vollen Einsatz der betreffenden Menschen fordern.

Oftmals trennt sich vor allem in schwierigen Lebenssituationen die Spreu vom Weizen.

Wahre Freundinnen oder wahre Freunde zeichnen sich vor allem dadurch aus, dass sie dich – auch, und obwohl sie dich sehr gut kennen – stets nach bestem Wissen und besten Kräften unterstützen werden. Zudem darfst du sicher sein, dass nicht diejenigen deine besten Freund*innen sind, die dir stets "nach dem Mund reden", sondern vor allem solche Menschen, die dir zuweilen auch unbequem erscheinende Dinge kommunizieren; nicht etwa, um dich zu belasten, sondern ganz im Gegenteil, um dir "die Augen zu öffnen" für Aspekte in deinem Leben, die du bisher offenbar selbst so noch nicht wahrgenommen hast.

Sei klug, und betrachte eine konstruktive Kritik nicht – wie leider viel zu viele Menschen – als einen persönlichen Angriff, sondern vielmehr als eine willkommene Chance, eigenes Denken und Handeln selbstkritisch zu reflektieren, mit dem klaren Ziel, besser zu werden.

Schönwetterfreund*innen sind eher solche, die dich in guten Zeiten wie die Motten das Licht umschwärmen, dann jedoch, sobald es ernst wird, schnell einen Rückzieher machen. Menschen, die so agieren, solltest du in deinem eigenen Interesse nicht mit einem so wertvollen Begriff wie Freund*in titulieren. Das wäre selbstgewählter und schädlicher Etikettenschwindel.

Freundschaften wollen gepflegt werden. Das bedeutet nicht zwingend, dass es eine übermäßig hohe Frequenz persönlicher Kontakte geben muss, denn die Qualität einer Freundschaft bemisst sich vor allem nach deren menschlicher Tiefe.

Wie enorm wichtig und wertvoll echte Freundschaften sind, merken viele Menschen leider oftmals erst dann, wenn es zu spät ist. Wahre Freundschaft kann und wird nur dann gelingen, wenn alle Beteiligten willentlich und aktiv etwas zu deren Gelingen beitragen. Ansonsten entsteht ein Ungleichgewicht, an dem auf die Dauer nahezu jede Freundschaft zerbricht.

26. Zeit ist kostbar, also verbringe sie mit den richtigen Menschen.

Zeit gehört zu den rätselhaftesten Phänomenen dieses Universums. Schon seit unzähligen Generationen versuchen Menschen diesem geheimnisvollen Phänomen auf die Spur zu kommen.

Neben vielen höchst interessanten Aspekten der Zeit, die vor allem in den Fachbereichen der Physik und der Astrophysik beleuchtet werden, gibt es vor allem eine sehr wesentliche Eigenschaft, die für jeden Menschen von besonderer Bedeutung ist.

Zeit ist ein höchst wertvolles Gut, dessen unwiederbringlicher Wert leider von vielen Menschen überhaupt nicht zur Kenntnis genommen wird. Erst dann, wenn sich die irdische Zeit eines Menschen erkennbar ihrem Ende entgegen neigt, wachen manche Menschen plötzlich auf, und merken, wie verschwenderisch sie mit diesem so immens wertvollen Gut zeitlebens umgegangen sind.

Gerade weil Zeit ein unwiederbringliches Gut ist, solltest du bewusst darauf achten, sie entscheidend für solche Aspekte deines Lebens zu nutzen, denen ein besonderer Wert beigemessen werden kann.

Von besonderem Wert sind vor allem menschliche Begegnungen, ohne die auf die Dauer kaum ein Mensch sinnvoll und glücklich leben kann. Achte darauf, dass du vor allem genügend Zeit mit solchen Menschen verbringst, die dich und deine persönliche Entwicklung konstruktiv begleiten.

Meide bewusst alle Aktivitäten und Kontakte, die sich nur als Zeit-Vampire herausstellen, und die somit immer wieder wertvolle Anteile deiner kostbaren Lebenszeit vernichten.

Bedenke: Kein noch so großes Vermögen kann und wird dir dabei helfen, verschwendete Zeit wieder einzufangen. Vorbei ist vorbei. Insofern sorgt das Phänomen Zeit in diesem Teilbereich für eine weltumfassende Gerechtigkeit, bei der beispielsweise auch ein Milliardär einem Bettler gegenüber nicht bevorzugt wird. Auch ein Milliardär wird sich keine verschwendete Zeit zurückkaufen können.

Dass Zeit – wie schon Albert Einstein erkannte – eine relative Größe ist, kann jeder Mensch in höchst konkreten Alltagssituationen erleben. So wirst du beispielsweise eine Minute auf einem Zahnarztstuhl relativ als länger empfinden, als beispielsweise eine Minute des Zusammenseins mit einem lieben Menschen. In diesem Fall bezieht sich die Relativität der Zeit auf das emotionale Erleben.

Zudem ist auch nachgewiesen, dass Zeit tatsächlich auch objektiv unterschiedlich schnell oder langsam vergeht. So hat die Astrophysik beispielsweise gezeigt, dass die Zeit in der Nähe massereicher Objekte deutlich langsamer vergeht. Ganz besonders extrem ist das Phänomen der Schwarzen Löcher im All, in deren Innerem die Zeit gänzlich eingefroren wird. Ein höchst faszinierendes Phänomen, das jedoch hier im Rahmen dieses kleinen Büchleins aus verständlichen Gründen nicht weiter ausgeführt werden soll. Interessierte Leser*innen seien hier auf die einschlägige Fachliteratur verwiesen, die es in großer Zahl gibt.

Bedenke: Deine Zeit ist höchst kostbar. Nutze sie klug, und vermeide jede Art eines verschwenderischen Umgangs mit ihr. Es wird der Tag kommen, an dem du ansonsten bereust, achtlos mit diesem hohen Gut umgegangen zu sein.

27. Die einzige Möglichkeit, etwas vom Leben zu haben, ist, sich mit aller Macht hineinzustürzen!

(Angelina Jolie)

Hast du schon einmal ernsthaft darüber nachgedacht, was das Wunder des Lebens im Kern auszeichnet?

Erlebst du dich als ein zwar winziges, aber dennoch bedeutsames Teilchen des Großen Ganzen, oder lebst du eher unreflektiert in deinen Tag hinein?

Begreifst du das Wunder des Lebens als ein Geschenk von unschätzbarem Wert, oder "wirst du gelebt" von einem vermeintlich unverzichtbaren und wichtigen Hamsterrad, das dir gar keine Zeit mehr lässt, über die wahrhaft elementaren und wichtigen Fragen nachzudenken?

Bedenke: Wie wichtig mögen wohl die vermeintlich ach so wichtigen Fragen deines Alltags sein im Vergleich zu den Fragen, die den Ursprung des Ganzen beleuchten?

Glaubst du ernsthaft, dass es klug und richtig ist, unverhältnismäßig viel Zeit und Energie auf schier unendlich viele Banalitäten des Alltags zu verschwenden, anstatt die dir geschenkte Zeit entscheidend dafür aufzuwänden, verstehen zu wollen, in welch' gigantische Maschinerie auch du eingebunden bist?

Das Leben ist nicht nur ein Wunder, sondern es ist ein Geschenk von unermesslichem Wert.

Willst du das Leben in seiner Fülle erfahren, dann lass' dich nicht durch irrationale Ängste davon abhalten, es in allen dir möglichen Facetten auszukosten. Bedenke: Eine zweite Chance wirst du vermutlich – zumindest "in diesem Kino hier" – nicht bekommen. Lebe. Jetzt!

28. Kein Mensch war ohne Grund in deinem Leben. Der eine war ein Geschenk. Der andere eine Lektion.

Hast du dir auch schon einmal die Frage gestellt, warum bestimmte Menschen in dein Leben getreten sind?

Kennst du das auch, dass es Begegnungen in deinem Leben gegeben hat, von denen eine besondere Faszination ausgegangen ist? Im Gegenzug kennst du vermutlich auch Begegnungen, die du als lästig oder belastend wahrgenommen hast...?!

Bedenke: Nichts auf dieser Welt geschieht "zufällig" in dem Sinn, wie wohl die meisten Menschen den Begriff "Zufall" fälschlich verstehen. Zufall, in dem Sinn, wie er in der Alltagssprache zumeist verwendet wird, gibt es de facto so nicht.

Warum? Keine Wirkung ohne Ursache, und für jede Ursache gibt es auslösende Gründe. Die Tatsache, dass Menschen mehrheitlich zu einem letztlich unsinnigen Zufallsbegriff neigen, begründet dadurch, dass sie die oftmals hohe Komplexität einer Situation nicht durchschauen, beweist keineswegs, dass eine solche Situation "zufällig", eben in einer nicht nachvollziehbaren Art und Weise zustande gekommen ist. Es zeigt allenfalls die beschränkte Denkfähigkeit oder den oftmals mangelnden Willen, den Dingen auf den Grund gehen zu wollen.

Menschen, die in dein Leben getreten sind, sind das eben nicht auf der Grundlage eines "zufälligen", nicht verstehbaren Zusammenhangs, sondern vielmehr deshalb, weil sie für dich und sich eine Aufgabe zu erfüllen haben.

In Fällen, bei denen du aus deiner Sicht angenehme Begegnungen gemacht hast, wirst du eine solche Überlegung ggf. gern akzeptieren. Handelt es sich jedoch um

Begegnungen, die du als unangenehm oder schwierig erlebst, wirst du womöglich zunächst anzweifeln, dass auch solche Begegnungen sehr wohl gewollt und sinnvoll für dich und dein Leben sein werden.

Sei achtsam, und erkenne, dass du aus jeder Begegnung etwas Sinnvolles für dich und dein weiteres Leben lernen kannst. Dass es sich dabei nicht automatisch und ausschließlich um angenehme Aspekte handelt, liegt in der Natur des Lebens begründet. Das solltest du akzeptieren, und dich nicht dagegen auflehnen. Es wäre ohnehin zwecklos. Das, was geschehen soll, wird auch geschehen; ob du magst, oder nicht.

Sei dankbar für Begegnungen mit Menschen, die dir schöne Momente und wertvolle Denkanstöße vermitteln, ebenso sei dankbar, dass es Menschen gibt, die du womöglich zunächst als unangenehm wahrgenommen hast, die dich aber dennoch – vor allem rückblickend – konstruktiv in deiner Persönlichkeit gestärkt haben.

Merke: Gut oder schlecht sind weniger die Menschen und Umstände als solche, sondern vielmehr deine Betrachtungsweise. Probleme unterschiedlichster Art – im Kleinen, wie im Großen – resultieren häufig weniger aus den Umständen als solchen, als vielmehr aus der Art und Weise, wie du mit echten oder oftmals vermeintlichen Problemen umzugehen gelernt hast.

Sei dankbar für alles das, was du aus unterschiedlichsten Begegnungen mit Menschen lernen kannst. Das gilt sowohl für positive, wie auch für negative Aspekte. Nicht selten verkehren sich vermeintlich negative Aspekte im weiteren Verlauf in positive Entwicklungen, mit denen du nicht rechnest.

29. Mit jeder Minute, in der du wütend bist, verlierst du 60 Sekunden Fröhlichkeit!

Vielleicht hast du auch schon einmal folgenden Leitsatz gehört oder gelesen:

„Über zwei Dinge solltest du dich nicht aufregen. Über solche, die du ändern kannst. Und über solche, die du nicht ändern kannst."

So trivial diese Aussage auch klingt, so wahr ist sie im Kern. Warum? Nun, wenn du es mit einer Situation zu tun hast, die womöglich objektiv schlecht oder aus deiner Sicht ungünstig ist, dann prüfe, ob du mit den dir zur Verfügung stehenden Mitteln eine positive Veränderung herbeiführen kannst?

Falls ja, so gibt es keinen Grund dafür, dass du dich unnötig aufregst oder wütend wirst. Falls nein, gibt es erst recht keinen Grund, wütend zu werden. Dadurch trägst du nicht einmal ansatzweise zur Verbesserung einer misslichen Lage bei, sondern vielmehr schadest du dir selbst.

Warum? Nun, nicht zuletzt medizinisch-psychologische Forschungsergebnisse belegen zweifelsfrei, dass sich Wut – vor allem dann, wenn sie immer wieder unkontrolliert zu einem Kernbestandteil deines Verhaltensrepertoires gehört – massiv gesundheitsschädlich ist. Warum möchtest du dir das freiwillig und zudem völlig unnötig antun?

Wut löst keine Probleme, sondern Wut schafft neue Probleme. Deine Lebenszeit ist viel zu kostbar, als dass du sie mit unnötiger Wut anreichern solltest.

30. Wenn man etwas nicht einfach erklären kann, hat man es nicht verstanden.

(Albert Einstein)

Ein wahrer Wissenschaftler ist ein Mensch, dem es gelingt, komplexe Zusammenhänge in eine Sprache zu kleiden, die ein jeder normal gebildete Mensch verstehen kann.

Wie wahr.

Ein Mensch, dem dies auf eine ganz besondere Art und Weise gelungen ist, war der leider viel zu früh verstorbene Wissenschaftsjournalist, Prof. Dr. Hoimar von Ditfurth.

Unvergessen sind seine schon in den 70er Jahren des 20. Jahrhunderts im Fernsehen ausgestrahlten Wissenschaftsmagazine aus der Reihe „Querschnitte".

In vorbildlicher Art und Weise war es Prof. Dr. Hoimar von Ditfurth gelungen, komplexe Zusammenhänge aus unterschiedlichsten Bereichen der Naturwissenschaften so zu präsentieren, dass sie für ein breites Publikum verständlich wurden.

Schaut man sich den heutigen Wissenschaftsbetrieb an, fällt leider oftmals auf, dass sich manche der sog. Wissenschaftler*innen nicht selten in vernebelnden Wortkonstruktionen verlieren, die oftmals mit einer undurchschaubaren Menge spezifischer Fachausdrücke überladen werden. Warum? Nun, vermutlich oftmals wohl deshalb, um somit den Anschein herausragender Bildung vorzutäuschen. Eine solche Vorgehensweise, wie sie leider häufig anzutreffen ist, speist sich zumeist auf einem übermäßig ausgeprägten Ego. Hilfreich ist sie keineswegs; weder für diejenigen, die durch einen inflationären Gebrauch spezifischer Fremdwörter auffallen, noch für die jeweiligen Adressaten.

Die wahre Kunst besteht gerade darin, komplexe Sachverhalte zunächst einmal selbst vollständig durchdrungen zu haben, um sie dann anschließend in eine Kommunikationsform – zumeist in Sprache – zu transformieren, die nicht nur für ein sehr eng begrenztes Fachpublikum nachvollziehbar ist, sondern für eine deutlich umfangreichere Gruppe interessierter Menschen, die grundsätzlich gern etwas Neues und Interessantes lernen möchten.

Nicht selten verbirgt sich hinter nebulösen Wortungeheuern eine ans Tageslicht tretende Unfähigkeit, komplexe Zusammenhänge wirklich verstanden zu haben.

Ein inflationärer Gebrauch von Fachwörtern deutet oftmals eher darauf hin, dass der betreffende Mensch entweder entscheidende Aspekte eines Thema selbst nicht richtig verstanden hat, oder dass er nach dem Motto agiert: Mehr Schein als Sein.

Nicht ohne guten Grund heißt es:

Wenn du wissen möchtest, ob du etwas wirklich umfänglich verstanden hast, dann erkläre es einem anderen Menschen, der von dem betreffenden Thema bisher so nichts gehört oder gelesen hat.

Falls es dir gelingt, so zu erklären, dass der andere Mensch anschließend den betreffenden Sachverhalt seinerseits korrekt erklären kann, darfst du davon ausgehen, dass du gute Arbeit geleistet hat, und dass du das Thema tatsächlich verstanden hast.

Merke: Wer lehrt, der lernt.

31. Den richtigen Weg gehst du erst dann, wenn du den Anderen nicht mehr hinterher läufst.

Wie heißt es doch gleich: „Wer zur Quelle will, muss gegen den Strom schwimmen."

Ist dir auch schon aufgefallen, dass viele deiner Mitmenschen wie ferngesteuerte Roboter durchs Leben gehen?

Kennst du auch Menschen, die nahezu jedem noch so unsinnigen Hype hinterher laufen? Menschen, bei denen du den Eindruck gewinnst, dass sie keinerlei eigene Meinung mehr vertreten, sondern nur einem oftmals absurden und destruktiv motivierten Mainstream nachjagen; und das alles nur, um nicht aufzufallen?

Sieh dir die unzähligen, hirnlosen TV-Formate an, bei denen geskriptete Texte einem dumpfen und naiven Publikum vorgaukeln, es handele sich um Ausschnitte aus unserer Realität: Gerichtsshows, Prekariats-TV, niveaulose Talkshows, orientierungslose Teenager, Castingshows in immer absurderen Formaten usw. Diese Liste des Irrsinns ließe sich problemlos deutlich erweitern.

All diesen Formaten ist gemeinsam, dass sie die Menschen systematisch und mit einer geradezu teuflischen Konsequenz immer mehr vom realen Leben, und vor allem von sich selbst entfremden. Die Grenzen zwischen Realität und Virtualität werden systematisch und mit immer erschreckenderer Geschwindigkeit verwischt. Die Konsequenz, die sich längst beobachten lässt, ist u. a. darin zu sehen, dass sich immer mehr Menschen in virtuellen Welten verlieren, und darüber den kommunikativen Austausch mit der realen Welt, mit ihren Mitmenschen mehr und mehr verlieren.

Auch hier muss unbedingt die Frage gestellt werden: Wem nützt das? Wer hat wohl ein Interesse daran, dass immer mehr

Menschen wie willenlose und hirnlose Konsumsklaven durchs Leben gehen, ohne dabei zu merken, dass sie von einer vergleichsweise lächerlich kleinen, aber unfassbar mächtigen Clique skrupelloser und korrupter Machtmenschen für finstere Zwecke missbraucht werden?

Symptomatisch für diesen Irrsinn, der sich mittlerweile an unzähligen Beispielen nachweisen lässt, ist beispielsweise die ebenso alberne wie irre Pokemon-Jagd, in deren Rahmen ein unüberschaubar gigantisches Heer willenloser und hirnloser Schwachmaten – nahezu quer durch alle Altersgruppen – wie ferngesteuert mit ihren Smartphones auf Monsterjagd geht, um virtuelle Tierchen, die letztlich nichts anderes sind als digitale Daten, einzufangen.

Wenn man dann sieht, dass komplette Straßen für das Heer solcher Schwachmaten gesperrt werden, muss man doch arg am Geisteszustand derer zweifeln, die solch irre Hypes auch noch befeuern? Hilfe, wir sind von Schwachmaten umzingelt.

Wach' auf, und lass' nicht zu, dass du zum Spielball solcher Mächte wirst, die längst von deiner Naivität profitieren, indem sie dich und dein wahres Selbst systematisch für höchst zweifelhafte Zwecke aussaugen.

Hab' Mut, und bilde dir deine eigene Meinung. Informiere dich in unabhängigen Medien, abseits der Mainstream-Medien, die nachweislich in entscheidenden Fragen nicht selten einen inhaltlich gleichen „Müll" verbreiten, und das unter dem Deckmantel eines vermeintlich seriösen Journalismus.

Längst gibt es gute und vor allem verifizierbare Alternativen, die mehr als deutlich aufzeigen, dass die klassische Medienlandschaft in weiten Teilen einem Mainstream folgt, dessen wahre Motive in vielen Bereichen alles andere als seriös sind.

Dabei handelt es sich auch keineswegs um sog. Verschwörungstheorien, sondern vielmehr immer wieder um

Themen, die für das Leben von uns allen elementar wichtig sind.

Ist dir vielleicht auch schon aufgefallen, dass seit geraumer Zeit der Begriff „Verschwörungstheorie" geradezu inflationär verwendet wird? Frag' dich bitte mal, warum das wohl so ist? Nun, es liegt der begründete Verdacht nahe, dass dieses Totschlag-Pseudoargument immer dann bemüht wird, wenn unabhängige Medien mal wieder eine unbequeme Wahrheit enthüllt haben, die finstere Mächte nur zu gern im Verborgenen lassen möchten.

Wach' auf, und informiere dich in unabhängigen Medien – allen voran im Internet. Dort findest du nicht nur eine große Auswahl höchst wichtiger Themen, sondern vor allem auch verifizierbare Quellen, sodass du dir auf der Grundlage deines eigenen Verstandes ein umfassendes Bild verschaffen kannst.

Sei so klug, und löse dich aus der Herde willenloser Lemminge, die nicht selten gebetsmühlenartig Sätze der Art nachplappern, die sinngemäß lauten: „Was soll ich da als einzelner Mensch schon dagegen machen? Das war schon immer so. Ich muss mich um meine Arbeit kümmern, und habe keine Zeit für so etwas...".

Wach' auf, und du wirst begreifen, dass auch du längst zum Spielball einiger weniger geworden bist, die ganz sicher nicht dein Wohl im Fokus der Betrachtung haben, sondern ausschließlich ihr eigenes Wohl. Bedenke, wie absurd es ist, einerseits über so viele Dinge des Lebens zu klagen – z. B. die sich unübersehbar massiv verschlechternden Rahmenbedingungen in der klassischen Arbeitswelt – andererseits aber so ignorant zu sein, nicht zu erkennen, dass letztlich nahezu jeder Mensch durch das eigene Denken und Handeln ursächlich dazu beiträgt, dass sich so viele Dinge des Lebens mit nicht selten beängstigender Geschwindigkeit verschlechtern?

Doch, jeder einzelne, so auch du, kann sehr wohl entscheidend dazu beitragen, dass viele unheilvolle und perspektivisch zerstörerische Entwicklungen so erst gar nicht entstehen. Allerdings muss du dich dann auch bewusst aus deiner Komfortzone herausbewegen.

Das bedeutet, dass du Verantwortung für dein Denken und Handeln übernehmen musst, und dich bewusst aus der Herde willenloser, mainstreamhöriger Lemminge lösen musst. Sobald du erkannt hast, welch' destruktiven Denk- und Verhaltensmustern vermutlich auch du seit langer Zeit kritiklos gefolgt bist, wirst du ein Hallo-wach-Erlebnis spüren, und dich fragen, wie es sein konnte, dass du so lange wie blind durchs Leben gegangen bist.

Bedenke: Auch wenn z. B. 100.000 Menschen – oder mehr – etwas Unsinniges behaupten, dann bleibt es dennoch Unsinn. Lass' dich bitte nicht blenden von einem systematisch vernebelnden Meinungsdiktat herkömmlicher Medien. Du hast deinen eigenen Verstand; nutze ihn. Jetzt!

32. Und was machst du mit deinem geregelten Leben, wenn du feststellst, dass du zu viel regelst, statt lebst?

Zählst du dich auch zu den Menschen, die ernsthaft versuchen, sich gegen jede echte oder vermeintliche Unsicherheit des Lebens absichern zu wollen?

Stellst du bei einer selbstkritischen Überprüfung deiner Lebenseinstellung fest, dass wesentliche Teile deines Denkens um so allerlei Sorgen kreisen, und ver(sch)wendest du vergleichsweise große Energien (Zeit, Kraft, Geld) darauf, jedes Risiko in deinem Leben irgendwie absichern zu wollen?

Falls ja, darfst du dich einreihen in die große Zahl der Menschen, die ebenso wie du dem Trugschluss unterliegen, es sei möglich, sich gegen jedes Risiko im Leben absichern zu können. Nein, das ist aus grundsätzlicher Erwägung heraus prinzipiell nicht möglich.

Damit ist nicht gemeint, dass es in eng umgrenzten Bereichen klug und sinnvoll ist, Vorsorge zu betreiben. Schon klar. Sehr wohl aber gilt es zu erkennen, dass allein schon der Gedanke, du könntest dich gegen alle Unwägbarkeiten deines Lebens durch sog. „Versicherungen" absichern, absurd ist. Nein, das kannst du definitiv nicht.

Die einzigen, die ausnahmslos vom Abschluss unzähliger Versicherungen profitieren, sind die Anbieter. Hast du dir vielleicht schon einmal ernsthaft die Frage gestellt, wie es wohl kommt, dass der Beruf des Versicherungsvertreters nahezu durchweg einen unterirdisch schlechten Ruf hat? Nun, es dürfte wohl entscheidend daran liegen – von wenigen Ausnahmen einmal abgesehen – dass Versicherungsvertreter*innen zumeist eben nicht das persönliche Interesse ihrer Kunden im Fokus der Betrachtung haben, sondern vielmehr und oftmals ausschließlich den Gedanken an eine mehr oder weniger üppige Provision, die sie kassieren, wenn es ihnen gelingt, mal wieder einen leichtgläubigen Menschen zum Abschluss einer oftmals überflüssigen Versicherung überredet zu haben.

Scherzhaft könnte man fragen: Gibt es auch eine Versicherung, mit der man sich gegen das Abschließen unsinniger Versicherungen absichern kann?!

Bedenke: Ja, es ist bedingt klug, notwendig und hilfreich, entscheidende Aspekte deines Lebens zu regeln. Keine Frage.

Allerdings – und genau das vergessen viele Menschen – lässt sich dein Leben auch überregulieren in dem Sinn, dass jegliche Spontaneität schon im Keim erstickt wird. Somit werden Grundaspekte des Lebens unnötig und nicht selten auch mutwillig ignoriert, mit der Konsequenz, dass du über weite Strecken deines Lebens in einem Zustand verharrst, den du als „dauerhaft-unter-Strom-stehen" erlebst. Nicht ohne nachvollziehbare Gründe steigt in weiten Teilen der Bevölkerung das Risiko an einem sog. Burnout zu erkranken. Ein erheblicher Teil dessen, was immer mehr Menschen als belastenden Stress erleben, ist selbstinduziert.

Dies zu erkennen erfordert zunächst eine kritische Selbstreflexion sowie den klaren Willen, unnötige und unsinnige Entscheidungen nicht mehr länger kritiklos für sich und sein Leben zu akzeptieren, sondern Schritte zur Veränderung einzuleiten, die in der Konsequenz dazu führen, dass dein Leben in weiten Teilen erheblich stressärmer und somit auch gesundheitsförderlicher verlaufen kann.

Die Entscheidung liegt bei dir. Hier und Jetzt!

Neben der gesprochenen Sprache stellt die Körpersprache das wichtigste Kommunikationsmittel zwischen Menschen dar.

Gegenüber der gesprochenen Sprache, deren Struktur und Güte sich auch und vor allem durch eine professionelle Rhetorik aufwerten lässt, hat die Körpersprache einen entscheidenden Vorteil.

Welchen? Nun, es gibt entscheidende Aspekte der Körpersprache, die sich entweder gar nicht oder nur äußerst schwierig verstellen lassen, sodass ein Mensch, der das Repertoire diverser Körpersignale zu deuten gelernt hat, sehr viel mehr über einen anderen Menschen erfährt als nur das, was der betreffende Mensch mittels gesprochener Sprache preisgibt.

Die Körpersprache, die vor allem nonverbale Signale vermittelt, ist für geübte Decodierer eine wahre Fundgrube menschlicher Befindlichkeiten. Über die Körpersprache wird nicht selten sehr viel mehr an Information übertragen, als dies mittels gesprochener Sprache allein möglich ist.

Sowohl im Privatleben, wie auch im beruflichen Alltag ist es von nicht zu unterschätzender Bedeutung, wesentliche Aspekte der Körpersprache zu kennen bzw. diese ggf. auch selbst aktiv einzusetzen. Es lohnt sich, dass du dich intensiv mit diesem Thema befasst, denn schon bald wirst du in der Kommunikation mit anderen Menschen sehr viel mehr erfahren, als das bisher allein aufgrund gesprochener Sprache möglich gewesen ist. Lass' dich mal überraschen, und studiere entsprechende Fachliteratur; das ist sehr spannend!

34. Du musst die Vergangenheit loslassen, damit die Zukunft eine Chance hat.

So sehr es menschlich verständlich ist, so sehr ist es lähmend, wenn du dich über Gebühr damit grämst, dass sich bestimmte Dinge in deinem Leben bisher nicht so zugetragen haben, wie du dir das vielleicht gewünscht hast.

Zugegeben, es ist sicher erheblich schwieriger, sich von Ereignissen deines Lebens zu lösen, die eine besondere Bedeutung für dich hatten, als von solchen Situationen, die sich vielfach in unterschiedlichster Art und Weise in deinem Alltag ereignen, die dir – aus welchen Gründen auch immer – nicht gefallen haben.

Dennoch ändert das faktisch nichts daran, dass du einzig und allein im Hier und Jetzt neue Weichen für dein Leben stellen kannst. Das, was in deiner Vergangenheit geschah, ist definitiv und unwiderruflich vorbei.

Das magst du – teils sicher auch aus verständlichen Gründen – bedauern, aber es ändert nichts daran, dass es so ist!

Von daher ist der vor allem auch aus dem Kreis östlicher Philosophien bekannte Rat des Loslassens ein ebenso kluger wie hilfreicher Denkansatz.

Zugegeben, insbesondere dann, wenn du beispielsweise emotional stark belastende Situationen in deinem Leben zu verarbeiten hast, mag die Empfehlung des Loslassens erschreckend banal bzw. sogar unmöglich erscheinen. Dennoch wird allein das Loslassen belastender Erfahrungen dazu führen, dass du wieder einen freien Blick auf dein Leben bekommst.

Durch ein endloses Kleben an deiner Vergangenheit beraubst du dich unnötig wertvoller Kräfte, die du mit Blick auf das

Hier und Jetzt erheblich sinnvoller und zielführender einsetzen könntest.

Loslassen bedeutet nicht, dass du negativ belastende Ereignisse komplett vergessen sollst, oder gar leugnest, dass es sie jemals gegeben hat. Wohl aber bedeutet es, dass du dich bewusst gedanklich und emotional von belastenden Ereignissen lösen solltest, da sie dein Leben schleichend aber unerbittlich auf eine Lebensschiene bringen, die alles andere als gut und schön sein wird.

Ja, es ist mitunter sehr schwierig, belastende Ereignisse deines Lebens neu zu justieren; aber es ist eine unverzichtbare Voraussetzung dafür, dass du aktiv und zielsicher dafür sorgst, dein Leben auf das neu auszurichten, was im Hier und Jetzt sowie in deiner Zukunft liegt. Die Vergangenheit kannst du definitiv nicht mehr korrigieren. Sehr wohl aber kannst du dafür sorgen, dass „störende Geister aus deiner Vergangenheit" dich nicht mehr länger daran hindern, einen für dich neuen, erfreulicheren Weg zu wählen. Insbesondere bei traumatischen Erlebnissen ist es nahezu immer unverzichtbar, dass du dir eine neutrale, professionelle Unterstützung an deine Seite holst. Niemand verlangt, dass du massiv belastende Ereignisse deiner Vergangenheit allein im stillen Kämmerlein lösen musst.

Bedenke: Im Gegensatz zu einer leider weitläufig verbreiteten Irrmeinung ist es nämlich ein Zeichen deiner persönlichen Stärke, wenn du erkennst, *dass* du Hilfe brauchst, und nicht etwa ein Zeichen persönlicher Schwäche. Indem du einen dir vertrauenswürdig erscheinenden, empathischen, kompetenten und zuverlässigen Menschen zur Hilfe holst, zeigst du persönliche Stärke, die dir im weiteren Verlauf zu neuer Lebensfreude verhelfen wird. Nutze deine Chance!

35. Es sind nicht die Glücklichen, die dankbar sind, sondern die Dankbaren, die glücklich sind.

Hast du vielleicht auch schon einmal darüber nachgedacht, dass so viele Menschen keine Dankbarkeit gegenüber vermeintlich selbstverständlich erscheinenden Ereignissen und Menschen empfinden?

Sauberes Wasser, saubere Luft, wertvolles Essen, ein Dach über dem Kopf, honorierte Arbeit, liebe Menschen und so vieles mehr.

Bedenke, dass alles das keineswegs selbstverständlich ist, und sei froh und dankbar dafür, dass du in einem Teil dieser Welt geboren wurdest, dessen Lebensqualität für sehr weite Teile der Menschheit nicht einmal ansatzweise erreichbar erscheint.

Mache dir bewusst, dass es nicht etwa dein Verdienst ist, unter vergleichsweise glücklichen Lebensumständen geboren worden zu sein, sondern vielmehr ein unverdientes Geschenk, dessen Kostbarkeit du dir immer wieder bewusst machen solltest.

Eine der besten Methoden, mit denen du dir selbst etwas Gutes tun kannst, ist es, bewusst Dankbarkeit zu empfinden und Dankbarkeit praktisch in deinem Alltag zu leben.

Eine bewusst wahrgenommene und praktizierte Dankbarkeit Menschen und wertvollen Geschenken des Lebens gegenüber, erzeugt in dir automatisch ein Wohlgefühl.

Sieh dich bitte bewusst um in deinem Leben, und du wirst eine Fülle von Dingen entdecken, die du bisher vielleicht eher achtlos in Anspruch genommen hast, ohne zu merken, wie außerordentlich wertvoll sie für dich und dein Leben sind.

Oftmals sind es die vermeintlich einfachen Dinge, die dein

Leben erst lebenswert machen, oder die dir dein Leben überhaupt erst ermöglichen.

Bedenke: Wie lange könntest du wohl überleben, hättest du kein sauberes Wasser? Wie lange könntest du ohne saubere Luft leben? Diese und viele weitere vermeintliche Selbstverständlichkeiten sind es, die es ermöglichen, dass du überhaupt dein Leben genießen kannst.

Wie lange könntest du ohne zuverlässige Sozialkontakte, wie beispielsweise deine Familie, deine Freunde usw. überleben? Auch du bist als ein soziales Lebewesen dringend auf tragfähige Sozialkontakte angewiesen. Bedenke, dass diese sprichwörtlich überlebensnotwendig sind.

Sobald du dir diesen ebenso trivialen wie unbestreitbaren Tatbestand verdeutlichst, sollte dir bewusst werden, wie wichtig und wertvoll es ist, dass du Dankbarkeit gegenüber den Menschen empfinden solltest, die dich und dein Leben auf so vielerlei Art und Weise bereichern.

Ohne die Existenz anderer Menschen könntest du auf dieser Erde keine nennenswerte Zeit überleben. Ist dir das bewusst? Sei achtsam, und spüre, dass eine bewusst praktizierte Dankbarkeit dich und dein Leben auf eine wunderbare Weise bereichert.

Du bist nicht allein.

36. Das beste Geschenk, das du jemandem machen kannst, ist deine Zeit, deine Aufmerksamkeit und deine Liebe.

Ist dir auch schon aufgefallen, dass viele Menschen den Begriff „Geschenk" zumeist automatisch mit etwas Materiellen in Verbindung bringen?

Leider wird dabei oftmals übersehen, dass sich die wahrhaft wertvollsten Geschenke mit keinem Geld dieser Welt kaufen lassen.

Zeit, Aufmerksamkeit und vor allem Liebe sind die wertvollsten Geschenke, die du anderen Menschen machen kannst.

Das höchst wertvolle Gut „Zeit" wird leider von vielen Menschen völlig achtlos behandelt. Sieh dich bitte mal um, und werde dir bewusst, wie viel deiner wertvollen Zeit vermutlich auch du immer wieder gedankenlos verschwendest. Kein noch so großes finanzielles Vermögen wird dir oder einem anderen Menschen auch nur eine Sekunde Lebenszeit zurückgeben.

Auch das Geschenk der „Aufmerksamkeit" wird leider von vielen Menschen gar nicht bewusst zur Kenntnis genommen. Bedenke: Schlimmer als so manches physische Leid, das Menschen erleiden, ist eine fortgesetzte Ignoranz. Menschen, denen über längere Zeiträume keine Aufmerksamkeit geschenkt wird, verkümmern. Die langfristige Folge sind dann nicht selten Depressionen, bis hin zum Suizid. Wusstest du, dass mehr als doppelt so viele Menschen in jedem Jahr durch Suizid ums Leben kommen, als durch Verkehrsunfälle? Nicht selten geht einem Suizid ein jahrelanges, stilles Leiden der Betreffenden voraus, das oftmals auch dadurch verursacht worden ist, diesen Menschen keine oder nicht genügend

Aufmerksamkeit geschenkt zu haben.

Jeder, so auch du, bekommt nahezu täglich neue Möglichkeiten geschenkt, achtsam mit deinen Mitmenschen zu kommunizieren. Es müssen nicht immer die vermeintlich großen Ereignisse sein, die Menschen als sehr wertvoll erleben. Oftmals sind es die eher kleinen Gesten der Aufmerksamkeit, wie ein freundlicher Blick, ein nettes Wort, eine persönliche Anteilnahme an so mancher Widrigkeit, die deinen Mitmenschen zustößt, die Menschen als wertvoll und heilsam wahrnehmen.

Die größte, umfassendste und zugleich mächtigste Kraft, die das ganze Universum durchzieht, ist die Liebe. Nichts auf dieser Welt, schon erst recht nicht die Menschen, werden ohne Liebe überleben können.

Bedauerlicherweise gibt es kaum einen anderen Begriff, der so oft und in einer so unverantwortlichen Art und Weise missbraucht wird, wie eben der Begriff Liebe.

Wahre Liebe, die diesen Namen verdient, ist sehr weit entfernt von einem Verständnis, wie es leider in weiten Teilen der Bevölkerung verbreitet zu sein scheint.

Es ist schändlich und dumm zugleich, so etwas Wertvolles wie Liebe immer wieder – sei es gedankenlos oder gar bewusst – in Verbindung mit Verhaltensweisen zu bringen, die um Lichtjahre von dem wahren Kern des Begriffs Liebe entfernt sind.

Zwei Begriffe, die erkennbar auch immer wieder verwechselt werden, sind die Begriffe Verliebtheit und Liebe. Viele Menschen sind sich offenbar der fundamentalen Unterschiede nicht wirklich bewusst.

Das Gefühl der Verliebtheit entsteht vor allem auf der Grundlage neurophysiologischer Prozesse im Gehirn, die durch diverse Botenstoffe, wie beispielsweise Serotonin und Dopamin reguliert werden. Die Evolution hat nicht ohne gute

Gründe dafür gesorgt, dass solche chemischen Prozesse entscheidend und fundamental dafür sorgen, dass sich Menschen zueinander hingezogen fühlen.

Allerdings – und das vergessen viele Menschen – lässt das Gefühl der Verliebtheit aus sprichwörtlich „natürlichen" Gründen nach spätestens etwa zwei Jahren signifikant nach. Warum ist das so?

Nun, zunächst mag man das als bedauerlich wahrnehmen, doch es gibt gute Gründe dafür, dass die Natur das genau so eingerichtet hat. Spätestens dann nämlich, wenn aufgrund eines geänderten chemischen Cocktails im Gehirn die typischen Begleiterscheinungen einer Verliebtheit sich verändern, kann das Gefühl der Verliebtheit in wahre und dauerhafte Liebe umgewandelt werden. Spätestens dann wird sich zeigen – was evolutionsbiologisch völlig normal ist – ob es sich bei einer bis dahin wahrgenommenen Verliebtheit tatsächlich um Liebe handelt, oder ob primär eher ein lustvoller Hormoncocktail dafür gesorgt hat, dass sich Menschen zueinander hingezogen gefühlt haben.

Wahre Liebe ist ein viel tieferes und wertvolleres Gefühl als das Gefühl der Verliebtheit, das aus biologischen Gründen eine deutlich kürzere Halbwertszeit hat als eben wahre Liebe, die diesen Namen auch tatsächlich verdient.

Von daher solltest du bitte niemals Verliebtheit mit Liebe verwechseln, denn es sind zwei fundamental unterschiedliche Aspekte des Lebens. Nicht zuletzt die Forschung belegt, dass wahre Liebe sehr wohl auch ohne eine vorhergehende Verliebtheit entsteht, und diese ist – wie sich immer wieder nachweisen lässt – in den meisten Fällen dann auch von einer höheren Beständigkeit geprägt, als eine solche Liebe, der eine perspektivisch tragfähige Basis fehlt.

Ein Mensch, der verliebt ist, liebt vor allem den emotionalen Rausch, der aus sprichwörtlichen natürlichen Gründen durch chemische Prozesse im Gehirn ausgelöst wird. Mit wahrer Liebe hat ein solches Gefühl, das zwar sehr schön sein kann, wenig bis gar nichts zu tun.

Wahre Liebe zeichnet sich vor allem dadurch aus, dass sie – auch nach dem Abklingen des chemischen Rausches – den geliebten Menschen in seiner Ganzheit wahrnimmt, und alles versuchen wird ein stabiles Gefühl von dauerhafter Gemeinsamkeit zu entwickeln.

Genau dieses ehrliche Bestreben ist es, die wahre Liebe von dem unterscheidet, was Verliebtheit oftmals auszeichnet. Ob ein Mensch deiner Liebe würdig ist, wirst du vor allem dann merken, wenn es – so auch in deinem Leben – Momente und Ereignisse gibt, bei denen sich die Liebe bewähren muss. Unzählige Beispiele belegen, dass das Gefühl der Verliebtheit sehr schnell in Ignoranz und sogar Abneigung umschlagen kann, sobald äußere Umstände eine vermeintlich „heile Welt" durch unvorhersehbare Ereignisse ins Wanken bringen.

Nicht ohne Grund heißt es: Verliebtheit macht blind. Dass das nicht nur ein Spruch ist, belegen schon längst seriöse Forschungsergebnisse. Wahre Liebe ist viel mehr als nur ein vergängliches Gefühl mit einer kurzen Halbwertszeit. Wahre Liebe ist das größte Geschenk, das dir dein Leben schenken kann, bzw. das du anderen Menschen machen kannst. Nutze deine Chance. Jetzt!

37. Wer anfängt zu schweigen, spricht härter mit einem Menschen, als es Worte je tun könnten.

Hast du vielleicht auch schon Situationen erlebt, bei denen du dich beispielsweise im Rahmen eines Meinungsstreits bewusst einer offenen und fairen Diskussion entzogen hast?

Zugegeben, ja, es gibt fraglos Situationen, bei denen ein kluges, temporäres Schweigen sinnvoll und hilfreich sein kann. Doch hier geht es um etwas anderes.

Es geht darum, zu begreifen, dass ein als grundsätzlich kultiviertes Verhaltensmuster praktiziertes Schweigen ebenso unsinnig wie höchst destruktiv ist.

Warum? Nun, dann, und nur dann, wenn du dich offen und ehrlich mit anderen Menschen austauschst – das gilt vor allem in kritischen Streitsituationen – gibst du anderen Menschen und somit auch dir selbst eine faire Chance, nachvollziehen zu können, warum Menschen so denken und handeln, wie sie es eben tun.

Eine Mauer des Schweigens aufzubauen ist grundsätzlich keine sinnvolle und zielführende Kommunikationsart, die vor allem von Erwachsenen so nicht praktiziert werden sollte.

Sofern du selbstkritisch analysierst, wirst du feststellen, dass es nahezu immer die gleichen Gründe sind, warum vielleicht auch du das Schweigen zu deinem Kommunikationsrepertoire zählst, ohne vermutlich bisher schon einmal bewusst darüber nachgedacht zu haben, wie unsinnig und vor allem wie destruktiv so etwas ist.

Verletzte Eitelkeit, vermeintliche Angriffe gegen dein Selbst, sprichwörtliches Unverständnis sowie nicht selten vor allem auch eine geradezu kindlich-bockige Sturheit sind es, die vielleicht auch dich schon haben so agieren lassen?!

Dann, und nur dann, wenn du mit den Menschen sprichst, besteht eine realistische Option darauf, dass ein Streit – wie immer er auch begründet gewesen sein mag – beigelegt werden kann. Meinungsverschiedenheiten, insbesondere solche, die zentrale Kernbereiche des Werteverständnis betreffen, die nicht offen und fair ausgetragen werden, entfalten nahezu immer eine im Hintergrund schwelende Unzufriedenheit, bis hin zum Hass.

Prüfe selbstkritisch, ob nicht vielleicht auch du immer mal wieder Situationen erlebst, bei denen du dich nur deshalb in Schweigen hüllst, weil du womöglich keine ernsthaften Gegenargumente hast?! Vielleicht fällt es dir schwer, zuzugeben, dass auch du dich in deiner Einschätzung an der einen oder anderen Stelle geirrt hast?!

Nahezu immer resultiert die kommunikative Unfähigkeit destruktiven Schweigens daraus, dass Menschen schon in einer frühen Phase ihres Lebens nicht gelernt haben, dass Konflikte zum Leben gehören, und dass es gut und richtig ist, achtsam, respektvoll und fair miteinander zu kommunizieren.

Bockiges Schweigen löst keine Probleme, sondern schafft zumeist deren neue. Bedenke: Vor allem wiederholtes Schweigen über längere Zeiträume ist geradezu ein Folterinstrument, mit dem du Menschen sehr verletzen kannst. Möchtest du das wirklich?

38. Das Leben hat mir viele Lektionen erteilt. Die wichtigste, die ich niemals vergessen werde, ist die Dankbarkeit! *(Önder Demir)*

Eines der größten und wertvollsten Geschenke, das du dir selbst machen kannst, ist, bewusst wahrzunehmen, dass es schier unendlich viele Dinge in deinem Leben gibt, für die du eine offene und ehrliche Dankbarkeit zeigen solltest.

Ist es beispielsweise selbstverständlich, dass du dich in unseren Breitengraden im Regelfall nicht darum sorgen musst, täglich genug zu essen und zu trinken zu haben?

Nein.

Ist es selbstverständlich, dass du an einem Ort wohnst, der vergleichsweise viel Sicherheit bietet?

Nein.

Ist es selbstverständlich, dass es Menschen gibt, die sich um dich sorgen, Menschen, denen du viel bedeutest, und die dir – teils auch subtil – hilfreiche Dienste für dich und deine persönliche Weiterentwicklung angedeihen lassen, ohne, dass du das jemals zur Kenntnis nimmst?!

Nein.

Sei achtsam, sieh dich um, und du wirst unzählige Aspekte in deinem Leben entdecken, die alles andere als selbstverständlich sind. Sei dankbar für die reichen Gaben, die dir das Leben in unterschiedlichster Art und Weise – sprichwörtlich unverdient – in deine Wiege gelegt hat. Teile das dir geschenkte Glück, und du wirst feststellen, dass es sich dadurch vermehrt – sowohl für andere Menschen, als auch für dich.

39. Das Vertrauen ist eine zarte Pflanze. Ist es zerstört, so kommt es so bald nicht wieder.

Hast du vielleicht schon einmal darüber nachgedacht, welches wohl die wichtigste Währung auf dieser Welt ist?

Dollar, Euro, Yen, Krone usw.?

Nein, nichts davon stimmt!

Die mit Abstand wichtigste und zugleich wertvollste Währung heißt Vertrauen. Kein noch so umfangreiches finanzielles Vermögen vermag das zu erwerben, was sich Vertrauen nennt. Vertrauen musst du dir im wahrsten Sinne des Wortes ehrlich verdienen.

Allerdings bekommt der Begriff „verdienen" in diesem Zusammenhang eine gänzlich andere Bedeutung als die, die wohl die meisten Menschen spontan damit assoziieren. Es ist gut so, dass sich Vertrauen nicht kaufen lässt. Schon allein daran lässt sich ablesen, wie wertvoll Vertrauen ist.

Somit reiht sich Vertrauen nahtlos ein in die Reihe der wirklich wichtigen Dinge in deinem Leben, die sich – zum Glück – mit keinem Geld dieser Welt kaufen lassen: Liebe, Zeit, Achtsamkeit.

Bedenke: Vertrauen lässt sich nicht erzwingen. Vielmehr ist es eine zunächst zarte Pflanze, die behutsam wachsen möchte, und die vor allem auch gepflegt werden möchte. Du selbst kannst entscheidend Einfluss darauf nehmen, ob bzw. in welcher Art und Weise andere Menschen dir vertrauen.

Behüte das Vertrauen wie einen wertvollen Schatz, der dich und dein Leben enorm bereichern kann.

40. Im Alter bereust du vor allem die Sünden, die du nie begangen hast.

Hast du dich vielleicht auch schon dabei ertappt, dass dein Denken und Handeln vorwiegend um schier unzählig viele Aspekte vermeintlicher Sicherheit kreist?

Unterliegst du womöglich dem Trugschluss, dass du dich und dein Leben unbegrenzt und ausnahmslos „versichern" könntest gegen eine schier unüberschaubare große Zahl potenzieller Risiken?

Dann sei gewiss, dass du unnötig viel Kraft und Zeit in eine vermeintliche Sicherheit investierst, die es objektiv und aus sehr grundsätzlicher Erwägung heraus so faktisch gar nicht gibt.

Gib dir selbst die Chance, unsinnige und lähmende Glaubenssätze als das zu entlarven, was sie zumeist sind: Massive Hemmnisse auf deinem ganz individuellen Lebensweg.

Wer kennt sie nicht, Sprüche der Art:

„Was sollen denn die Leute denken?"
„So etwas tut man nicht."
„Du musst immer brav sein."

Glaubenssätze, die übrigens nichts mit einer religiösen Ausrichtung zu tun haben, beschreiben in der Psychologie Denkmuster, die Menschen vor allem schon während der Kindheit und in der Jugendzeit im Rahmen der Erziehung verinnerlicht haben.

Bedenklich, und nicht selten massiv schädigend, sind negative Glaubenssätze vor allem deshalb, weil sie oftmals das weitere Leben der Menschen empfindlich einschränken. Nicht selten leiden Menschen – oftmals sogar unbewusst – unter eingetrichterten Glaubenssätzen, die sie in ihrer Kindheit und Jugendzeit anerzogen bekommen hatten, zu denen oftmals die Kraft fehlt, diese dorthin zu befördern, wo sie zumeist hingehören: in die „seelische Abfalltonne".

Ebenso tragisch wie perspektivisch destruktiv dabei ist, dass Glaubenssätze vorwiegend in einer Lebensphase in die Gehirne junger Menschen implantiert werden, während der Menschen besonders empfänglich für solche Indoktrinationen sind.

Zumeist liegt wohl keine böse Absicht vor, doch sind die Folgen solcher negativen Glaubenssätze massiv schädlich. Gerade weil das nachweislich und unbestreitbar so ist – betrachte mal nur die Fallzahlen in psychologischen und psychotherapeutischen Praxen - in deren Rahmen viele Menschen aufgrund psychischer Spätfolgen unsinniger Glaubenssätze behandelt werden, dann wirst du begreifen, welch zerstörerisches Potenzial diesen Glaubenssätzen innewohnt. Wichtig ist, zu erkennen, *dass* und *wie* negative Glaubenssätze das Leben vieler Menschen zumeist schleichend negativ infiltrieren. Dies zu leugnen, ist dumm und naiv zugleich.

Durchforste deinen ganz spezifischen „Keller", in dem auch du bestimmt fündig wirst. Lass nicht zu, dass dich internalisierte Glaubenssätze in deiner persönlichen Entwicklung empfindlich hemmen, oder dich sogar daran hindern, das zu tun, was dich und dein Leben entscheidend bereichern kann.

Bedenke: Die mit Abstand häufigste Antwort auf dem Sterbebett, auf die Frage, was Menschen am meisten bereuen, lautet: „Nicht das getan und gelebt zu haben, was man eigentlich so sehr wollte." Du kannst es besser machen!

41. Man meistert seine Zukunft mit den Erfahrungen der Vergangenheit.

Kennst du das auch, dass du dir zuweilen wünschst, du hättest in der einen oder anderen Situation deines bisherigen Lebens anders entschieden, als du es getan hast?

Trauerst du vermeintlichen oder womöglich echten Chancen hinterher, die du nur deshalb verpasst hast, weil du entweder vorschnell entschieden hattest, oder gar zu keiner klaren Entscheidung gekommen warst?

Dann bedenke: Das, was vergangen ist, ist unwiderruflich vorbei. So sehr du dich auch grämen magst, es ändert faktisch nichts daran, dass es so ist.

Einfluss nehmen kannst du allenfalls auf das Hier und Jetzt sowie mittelbar vielleicht auf das, was in deiner Zukunft geschieht. Doch sei dir bewusst, dass deine Möglichkeiten der Einflussnahme mitunter sehr viel kleiner sind, als du es dir vielleicht wünschst. Vieles in deinem Leben – vor allem Entscheidendes – wird nicht selten von Kräften gelenkt, auf die du erst gar keinen Einfluss nehmen kannst. Nenne es, wie du willst: Ob Vorsehung, Schicksal, Fügung oder wie auch immer. Bedenke, dass auch du eingebunden bist in das Große Ganze; und eben dieses wird von einer kosmischen Intelligenz gesteuert, die auch deine Vorstellungskraft mit Sicherheit schier unermesslich übersteigt.

Wichtig für dich und dein Leben ist, dass du aus gemachten Erfahrungen etwas lernst. Das gilt für gute und schlechte Erfahrungen gleichermaßen; insbesondere für die schlechten.

Die Tatsache allein, dass du vielfältige Erfahrungen gemacht hast, besagt zunächst einmal nicht sehr viel. Erst recht nicht ist es automatisch eine Garantie dafür, dass du aus gemachten Erfahrungen etwas gelernt hast. Entscheidend ist, dass du bewusst selbstkritisch reflektierend agierst, um dir somit jeweils eine echte und hilfreiche Chance zu geben, zukünftig klüger bzw. effektiver handeln zu können.

Wichtig ist, dass du bewusst offen dafür bist, ernsthaft etwas aus gemachten Erfahrungen lernen zu wollen. Leider erkennen viele Menschen nicht den Wert vor allem negativer Erfahrungen, da sie – zumeist erziehungsbedingt – gelernt haben, dass Fehler oder schlechte Erfahrungen pauschal ungünstig seien. Dem ist aber mitnichten so.

Menschen sind – ob sie wollen, oder nicht – grundsätzlich und ausnahmslos niemals fehlerlos. Von daher ist es nur eine Frage der Zeit, bis sich Fehler oder teils auch negative Erfahrungen zeigen.

Negative Erfahrungen zu machen, das gehört zum Leben im allgemeinen, und somit auch zu deinem Leben, dazu. Daran ist weder etwas falsch, noch ist es schlimm.

Schlimm und unklug allein ist es, aus Negativerfahrungen nicht die richtigen Schlüsse für zukünftiges Denken und Handeln zu ziehen.

Wie sagte schon der kluge Albert Einstein:

„Nur ein Dummkopf denkt und handelt immer wieder gleich, und wundert sich dann, dass es keine Verbesserungen gibt.". Wie wahr.

42. Hoffnung ist eine Flamme, die ständig flackert, aber nie erlischt.

Was wäre diese Welt ohne Hoffnung?

Hoffnung, vor allem dann, wenn sie eine begründete Grundlage hat, ist eine entscheidende Antriebsfeder für menschliches Handeln.

Zu unterscheiden sind einerseits eine Form von Hoffnung, die auf der Basis objektiv oder subjektiv ungünstiger oder schlimmer Ereignisse entsteht, anderseits eine Form von Hoffnung, die sich aus einer ohnehin schon guten Ausgangssituation auf die Erfüllung eigener Wünsche entwickelt.

Insbesondere im erstgenannten Fall ist Hoffnung nicht selten ein sehr entscheidender, wenn nicht sogar *der* entscheidende Aspekt, der Menschen noch am Leben erhält.

Für Menschen, die beispielsweise unter einer lebensbedrohlichen Krankheit leiden, bietet die Hoffnung auf Besserung oder Gesundung ein wichtiges und hilfreiches Kräftereservoir, aus dem die Betreffenden schöpfen können.

Für Menschen, denen es eher gut geht, hat Hoffnung eine andere Bedeutung. Zumeist wird hier die Hoffnung mit der Erfüllung von Wünschen verknüpft sein, deren Erfüllung keine lebenserhaltende Notwendigkeit darstellen.

Bedenke: Hoffen darfst du grundsätzlich immer. Vergiss dabei bitte nur nicht, dass du oftmals zunächst selbst die entscheidenden Voraussetzungen dafür schaffen musst, damit deine Hoffnung eine begründete Basis hat.

43. Genieße den Moment, bevor er zur Erinnerung wird.

Vielleicht hast du dich auch schon einmal gefragt, was Menschen beispielsweise im Urlaub dazu antreibt, gigantische Mengen von Fotos anzufertigen, wobei nicht selten der Blick und die Empfindung für den jeweiligen Moment auf der Strecke bleibt?

Oftmals könnte man den Eindruck gewinnen, dass manche Leute vor allem deshalb in den Urlaub fahren, um dort die Speicherkarten von Handys, Smartphones usw. mit schier endlosen Mengen an Fotos zu bestücken, um diese dann nach der Rückkehr aus dem Urlaub auf noch größeren Speichermedien zu archivieren?!

Der Blick für den Moment, die physisch und emotional erlebbaren Situationen werden dabei nicht selten kaum bzw. gar nicht mehr bewusst wahrgenommen. Wäre es da nicht einfacher, kostengünstiger und bequemer, die betreffenden Menschen holten sich die gewünschten Fotos sofort aus dem Internet? Es ist nicht nötig, dass jeder der so agierenden Touristen physisch vor Ort präsent sein muss, um beispielsweise das x-millionste Foto von verschiedenen Sehenswürdigkeiten anzufertigen, die doch ohnehin schon in schier unüberschaubar gigantischen Mengen im Internet frei verfügbar sind.

Zugegeben, das ist erst einmal eine Provokation; wenngleich hier auch eine bewusst platzierte.

Im Ernst: Lass nicht zu, dass die technischen Möglichkeiten, die bei moderater Anwendung unbestreitbar auch Vorteile haben, dich schleichend von so vielen sinnlichen Erlebnissen abhalten, die du – zumindest auf absehbare Zeit – nur real erleben kannst.

44. Man sollte nie im Streit auseinandergehen, denn man weiß nicht, was morgen passiert.

Hast du es auch schon erlebt, dass du im Rahmen eines Streits womöglich beleidigende oder verletzende Aussagen gemacht hattest, die dir dann kurze Zeit später leid taten?

Hast du es auch schon erlebt, dass die Wirkung unbedacht geäußerter Worte womöglich sogar eine Freundschaft oder eine sonstige Beziehung vollständig zerstört hat, oder diese zumindest arg beschädigt hat?

Bedenke, was immer es auch zu besprechen geben mag, vergiss bitte niemals, dass dein Gegenüber ein Mensch ist, der – ebenso wie du – Gefühle hat, die nicht leichtfertig verletzt werden dürfen. Wie schnell kann es geschehen, dass „im Eifer eines Wortgefechts" böse Worte fallen, die mitunter eine verheerende Wirkung entfalten können? Insbesondere dann, wenn du Begriffe oder Themen ansprichst, die für deine GesprächspartnerInnen in Teilen solche Bereiche betreffen, die empfindlich vorbelastet sind – sei es durch traumatische Erlebnisse oder sonstige Ereignisse, die für die betreffenden Menschen einen schmerzhaften Einschnitt in deren Psyche bewirkt haben – solltest du behutsam und achtsam mit der von dir gewählten Sprache umgehen.

Insbesondere Menschen, die erkennbar von ihren Gefühlen entkoppelt sind, versuchen in solchen Situationen vorschnell und plump zu beschwichtigen, so nach dem Motto: „"Sei doch nicht so empfindlich. Man muss nicht jedes Wort auf die Goldwaage legen. Sei keine Mimose."

Abgesehen davon, dass solche Aussagen in der Konsequenz unsinnig sind, zeigen sie vor allem, dass der betreffende Mensch entweder nicht verstanden hat, welch verheerende Wirkung eine unbedacht gewählte Sprache haben kann, oder – und das zeigt nicht zuletzt die psychologische Praxis – dass solche Menschen Angst vor einem offenen Umgang mit den eigenen Gefühlen haben. Reaktionen der oben genannten Art, die zumeist vermeintlich flapsig und locker erscheinen sollen, sind es definitiv nicht. Das zeigt sich vor allem auch daran, dass solche Menschen – spricht man sie auf deren unachtsame Sprache an – oftmals reflexhaft aggressiv reagieren. Warum tun sie das? Entscheidend aus Angst. Offenbar gab es in deren Biografien ein destruktives Lernmuster, das den ebenso unsinnigen wie lebensbegleitend zerstörerischen Glaubenssatz kommuniziert hat, der da lautet: du darfst deine Gefühle nicht zeigen. Wenn du deine wahren Gefühle offenbarst, zeigst du Schwäche.

Glaubenssätze dieser oder ähnlicher Art prägen sich leider tief in das Gedächtnis ein, und bedauerlicherweise gelingt es nur wenigen Menschen aus eigener Kraft, sich von solchen destruktiven Glaubenssätzen zu befreien.

Typisch für Menschen, die mit solchen Glaubenssätzen behaftet sind, sind oftmals dann vorschnelle Beschwichtigungen, so nach dem Motto: „Ach, das ist doch alles gar nicht so schlimm...". Doch, es ist eben erkennbar sehr wohl schlimm, da solche Menschen gar kein Gespür mehr dafür haben, zu merken, wie unnötig und unsinnig sie durch viele negative Glaubenssätze in der persönlichen Entwicklung ausgebremst werden.

Warum wehren Menschen so offensichtlich erkennbare „Störungen" oftmals reflexhaft und pauschal ab? Einerseits deshalb, weil es bequemer und schneller ist, „flott zu kontern", andererseits entscheidend aber – zumeist unbewusst – aus Angst, weil sie nämlich bei einem offenen und selbstkritischen Umgang mit einer so zentralen Frage nicht selten das eigene, bisherige Denken und Handeln infrage stellen müssten. Und genau das kostet zunächst einmal Kraft, und ist mitunter auch unbequem.

Allerdings – und das wird nur zu oft vergessen – führt einzig und allein eine selbstkritische Reflexion eigener Denk- und Verhaltensmuster perspektivisch dazu, eigene „Baustellen" systematisch und konstruktiv in etwas Positiveres zu transformieren.

Typische Abwehrmechanismen, wie beispielsweise Rationalisierungen, mit denen objektiv unsinnige oder schädliche Denk- und Verhaltensweisen „begründet" werden sollen, lösen keine Probleme, sondern schaffen deren neue.

Von daher ist es elementar wichtig, zu erkennen, dass ein Verlassen eines ebenso objektiv wie subjektiv massiv belastenden „Teufelskreises", in dessen Verlauf gebetsmühlenartig Fehler geleugnet, und somit zwangsläufig immer wiederholt werden, nur dann möglich ist, wenn die Bereitschaft besteht, eigenes Denk- und Handeln kritisch zu reflektieren.

Weil es sich dabei – je nach Schweregrad – um eine schwierige Aufgabe handeln kann, die nicht jeder Mensch allein für sich zu lösen vermag, ist es wichtig, sich von einem der ebenso dümmsten wie schädlichsten Vorurteile zu lösen, das sinngemäß lautet:

„Ich bin doch nicht verrückt! Was soll ich denn bei einem Psychologen oder bei einer Psychotherapeutin?"

Bedenke: Nicht diejenigen, die so klug und so mutig sind, fachkompetente Hilfe in Anspruch zu nehmen, sind „neben der Spur", sondern vielmehr solche Menschen, die – das ist der Regelfall – mangels besseren Wissens – nicht selten aus der eigenen Angst und Unfähigkeit heraus solche unsinnigen und vor allem nicht selten höchst schädlichen Ratschläge erteilen.

Ein Mensch, der selbstkritisch erkennt, und zumeist sehr genau spürt, dass „etwas nicht stimmt", und sich dann dazu entschließt, professionelle Hilfe in Anspruch zu nehmen, ist alles andere als schwach. Nein, vielmehr zeigt ein solcher Mensch persönliche Stärke. Es erfordert Mut und eine gehörige Portion Vertrauen, sich einem Menschen gegenüber zu öffnen, und frei und ehrlich über solche Dinge zu sprechen, die objektiv nicht selten massiv belasten; bis hin zu Schweregraden, die oftmals in schweren Depressionen – inkl. typischer „Nebenwirkungen" (Stichwort: Suizidalität) münden.

Hilfreich und verantwortungsbewusst handeln demnach eben gerade nicht solche Menschen, die objektiv psychisch labile bzw. psychisch kranke Menschen vorschnell, plump und fachlich unsinnig beschwichtigen, sondern vielmehr solche, die einen ebenso fachlich kompetenten, wie menschlich zugewandten Blick haben.

In diesem Zusammenhang drängt sich auch der bekannte Spruch auf: „Der Prophet gilt nichts im eigenen Land."

Bezogen auf das ebenso komplexe wie anspruchsvolle Thema psychischer Störungsbilder lautet deshalb aus guten Gründen eine zentrale Empfehlung:

Im Bedarfsfall ist es zumeist besser bzw. oftmals sogar unabdingbar, dass eine neutrale, professionelle Hilfe in Anspruch genommen werden sollte, sodass eine größere emotionale Distanz gewahrt werden kann.

45. Lerne zu schätzen, was du hast, bevor du es verlierst.

Missfällt es dir auch, in einer Welt zu leben, die primär und entscheidend oftmals nur nach dem Motto lebt: Immer mehr, immer höher, immer schneller, immer weiter, immer billiger?

Eine Gesellschaft, deren zentrales Leitmotiv die Gier nach immer mehr ist, zerstört perspektivisch nicht nur die eigenen Lebensgrundlagen, sondern entscheidend sich selbst.

Sowohl hinsichtlich materieller Dinge, wie vor allem auch für menschliche Aspekte sollte sich dein Denken und Handeln danach ausrichten, wertzuschätzen, welch reiche Gabe dir das Leben schon bis heute geschenkt hat.

Sei achtsam, und bedenke, dass es keineswegs selbstverständlich ist, in einem Teil dieser Welt leben zu dürfen, in dem es dir – trotz vieler objektiv schlechter Aspekte – alles in allem außergewöhnlich gut geht. Damit ist nicht gemeint, dass du nun Tag für Tag gebückt durch die Welt gehen sollst, und dich deines Reichtums schämen sollst, wohl aber, dass du deutlich bewusster und achtsamer mit so vielen Dingen deines Lebens umgehen solltest, die – auch du – vermutlich bisher für selbstverständlich gehalten hast?!

Insbesondere für Menschen, die in dein Leben getreten sind, die dich auf unterschiedlichen Ebenen konstruktiv dabei unterstützen, dein in dir angelegtes Potenzial zur Blüte zu bringen, solltest du sehr dankbar sein. Wie wertvoll der eine oder andere Mensch für dich tatsächlich ist, wirst du hoffentlich nicht erst dann merken, wenn er – aus welchen Gründen auch immer – urplötzlich verschwunden sein wird.

Im Fall materieller Aspekte wird es oftmals so sein, dass du Verlorengegangenes ggf. ersetzen kannst. Bei Menschen hingegen ist das grundsätzlich ausgeschlossen.

Schon allein diese Tatsache zeigt deutlich, dass Menschen im Zweifelsfall sehr viel wertvoller sind, als jeder noch so „wertvolle" materielle Gegenstand.

Schaut man sich in weiten Teilen unserer Gesellschaft um, könnte man nicht selten den Eindruck gewinnen, es sei exakt umgekehrt. Da ist es gar nicht mal so selten, dass manche Männer ihr Auto offenbar mehr lieben, als ihre Frau. Oder Frauen, die ein Shoppingerlebnis als etwas Wertvolleres erleben als beispielsweise ein anregendes Gespräch mit ihrem Mann.

Mache dir bewusst, wie äußerst wertvoll so viele Dinge in deinem Leben sind, die du bisher oftmals gedankenlos für eine Selbstverständlichkeit gehalten hast.

Sei achtsam, und wertschätze deine Mitmenschen; nicht erst zu einem Zeitpunkt, an dem sie – womöglich sehr plötzlich – das Zeitliche segnen, sondern klugerweise zu Lebzeiten.

Immer wieder ist zu beobachten, dass dann zu einem unabänderlichen Zeitpunkt X das große Jammern beginnt, so nach dem Motto: „Ach, hätte ich doch früher diesem Menschen mehr Aufmerksamkeit geschenkt..."

Sei dankbar für alles Gute und Schöne, das dir in diesem Leben geschenkt wird. Bedenke, dass letztlich alles nur „geliehen" ist, und du nichts und niemand mit auf eine „große Reise" nehmen kannst, die auch zu deinem Leben gehört. Gerade deshalb bekommen Menschen und Dinge erst ihren wahren Wert.

46. Kleine Dinge im Leben sind die größten Geschenke, auch wenn es nur das Lachen eines Kindes ist, denn man kann sicher sein, dass es echt ist.

Sieh dich um, und du wirst feststellen, dass es oftmals die vermeintlich kleinen Dinge sind, die dir den Tag erhellen.

Zumeist sind es nicht die vermeintlich großen Geschenke, die über einen materiell hohen Wert verfügen, sondern eher viele kleine Aufmerksamkeiten, die dafür sorgen, dass Menschen möglichst viele schöne Momente im Alltag erleben.

Nicht zuletzt die wissenschaftliche Forschung hat belegt, dass beispielsweise das persönliche Glücksempfinden von Lotto-Millionären nur eine vergleichsweise kurze Halbwertszeit hat.

Nach einer anfänglich zumeist euphorischen Freude, sinkt das Glücksempfinden binnen recht kurzer Zeit (kaum mehr als zwei Jahre!) wieder auf das zuvor vorhandene Niveau. Dagegen sorgen vermeintlich kleine Geschenke, die keineswegs automatisch und durchweg materieller Art sein müssen, für sehr viel häufigere und dauerhaftere Glücksmomente.

Ein freundliches Lächeln, ein achtsames Wort, viele kleine praktische Hilfen im Alltag, ehrenamtliche Tätigkeiten sowie nicht zuletzt ein bewusstes Verschenken deiner kostbaren Zeit, das alles, und vieles mehr, trägt entscheidend dazu bei, dass du sowohl das Leben deiner Mitmenschen, als auch dein eigenes Leben deutlich freundlicher gestalten kannst.

Worauf wartest du noch?

47. Menschen ersetzen dich, und tun so, als wäre nichts geschehen.

Ist dir auch schon aufgefallen, dass in weiten Teilen dieser Welt – vor allem in der westlich geprägten Welt – Menschen oftmals nur noch als bedeutungslose Nummern wahrgenommen werden?

Immer häufiger ist zu beobachten, dass Menschen primär nur noch als Kostenfaktoren betrachtet werden, die um jeden nur möglichen Preis gedrückt werden müssen. Warum das alles? Nun, vor allem deshalb, damit eine vergleichsweise kleine, skrupellose selbsternannte Machtelite noch mehr Reichtümer anhäufen kann; zusätzlich zu den ohnehin schon in schamloser Art und Weise vorhandenen Dukaten-Bergen, die schon längst immer absurdere Größenordnungen angenommen haben.

Die Entfremdung der Menschen von deren wahrem Selbst hat längst sehr bedenkliche Züge angenommen. Geradezu tragisch ist es, dass sehr viele Menschen infolge eines „Eingebunden-Seins-in-ein-Hamsterrad" oftmals erst gar nicht mehr die Zeit und Muße finden, um kritisch zu reflektieren.

Immer wieder ist zu beobachten – Tendenz steigend – dass viele Menschen über so allerlei unmenschlicher werdende Rahmenbedingungen klagen (oftmals sehr zu recht!), ohne jedoch zugleich verstehen zu können (zu wollen?!), dass sie selbst es u. a. sind, die durch ein zumeist unreflektiertes, lemmingartiges Verhalten entscheidend Zustände immer weiter zementieren, die ebenso schleichend wie systematisch zunehmend destruktivere Kräfte entfalten.

Dass dieser bedenkliche Trend längst in vollem Gange ist, lässt sich nicht mehr ernsthaft bestreiten. Jeder Mensch, der sich nicht von einem oftmals vernebelnden Mainstream einlullen lässt, wird schon längst gemerkt haben, welch perfides „Spiel" hier mit immer weiteren Teilen der

Menschheit getrieben wird.

Die dümmsten sowie zugleich destruktivsten Aussagen, die bedenklicherweise von vielen Menschen unkritisch nachgeplappert werden, lauten sinngemäß:

„Was soll ich denn da als einzelner Mensch machen? Da kann man nichts daran ändern. Das war schon immer so, und das ist eben so. Ich habe keine Zeit, um mich darüber zu informieren, warum sich viele Dinge so entwickeln, wie sie sich entwickeln."

Aus solchen Aussagen sprechen Ignoranz, Trägheit, Naivität sowie nicht zuletzt eine perspektivisch verhängnisvolle Lethargie. Vor den Konsequenzen, die eine solche Geisteshaltung geradezu zwangsläufig produzieren, wird sich perspektivisch kaum mehr jemand retten können. Schon heutzutage ist es unübersehbar so, dass mehr und mehr Menschen durch das „soziale Netz fallen". Dabei handelt es sich schon längst keineswegs mehr ausschließlich und primär um Menschen aus dem sog. Prekariat. Nein, immer häufiger sowie mit immer erschreckenderer Geschwindigkeit fallen Menschen aus der sog. „Mittelschicht" durch das „soziale Netz".

Ebenso bedenklich, wie letztlich unnötig ist es nicht zuletzt, zu erkennen, dass davon tendenziell immer mehr Menschen betroffen sein werden, die sich – noch immer – in einer vermeintlichen Sicherheit wähnen. Dass eine solche Fehleinschätzung ein böser Bumerang wird, werden wohl viele Menschen erst dann realisieren, wenn sie unmittelbar persönlich betroffen sein werden.

Noch immer leben viel zu viele Leute mit der Einstellung: „Was soll's? So lange bei mir genug im Kühlschrank ist, so lange ich täglich meinen TV-Konsum befriedigen kann, so lange es mir persönlich noch gut geht, interessiert mich das alles nicht."

Abgesehen davon, dass eine solche Einstellung auch

menschlich bedenklich ist, ist sie vor allem sträflich ignorant und dumm zugleich. Niemand soll ernsthaft glauben, sie oder er lebten in einem sicheren Kokon, der dauerhaft Schutz gegen einen längst unübersehbar bedenklichen Trend böte.

Klüger, effektiver und zielführender ist es, wenn jeder einzelne Mensch – beginnend im eigenen Umfeld – ernsthaft danach Ausschau hielte, was er besser bzw. anders machen könnte. Getreu dem Motto: „Steter Tropfen höhlt den Stein", möge sich jeder Mensch verdeutlichen, dass auch er mit dazu beiträgt, dass sich viele Dinge in einer zunehmend schlimmeren Art und Weise entwickeln.

Das allermeiste dessen, was – oftmals sehr zu recht – beklagt wird – ist nicht „über Nacht urplötzlich aus den Wolken auf die Menschen herab gefallen", sondern vielmehr die ebenso logische wie unaufhaltsame Konsequenz eines viel zu lang schon praktizierten ignoranten und sträflich dummen Verhaltens vieler Menschen.

Lass nicht zu, dass der Trend zur Entmenschlichung immer weiter und schneller fortschreitet.

Bedenke: Für die Welt im Ganzen bist du nur ein „Staubkörnchen". Für einige wenige Menschen bist du jemand ganz Besonders. Und für vermutlich für *einen* Menschen bist du die Welt.

48. Der brüllende Mensch möchte gefährlich wirken, doch der schweigende Mensch kann gefährlich sein.

Vermutlich kennst du auch Menschen, die durch ein auffällig lautes und polterndes Auftreten als möglichst stark erscheinen möchten?!

Menschen, die auffällig laut sprechen, nicht selten gar brüllen, sobald ihnen etwas im Rahmen einer Argumentation nicht gefällt, sind weit entfernt davon, wahrhaft stark zu sein.

Vielmehr wollen sie dadurch – zumeist unbewusst – eine schwache Persönlichkeit hinter einer vordergründig stabil erscheinenden Fassade verstecken. Im Grunde genommen handelt es sich bei solchen Menschen um solche, die über ein wenig ausgeprägtes Selbstbewusstsein verfügen. Kompensatorische Verhaltensweisen, wie beispielsweise eine auffällige lautstarke Sprache, aufplusternde Gesten, eine übertriebene Mimik usw., das alles sind zumeist untrügliche Signale dafür, es mit einem Menschen zu tun zu haben, der in seinem Wesenskern zutiefst verunsichert ist.

Ein wahrhaft charakterlich starker und selbstbewusster Mensch wird es nicht nötig haben, sich und sein Wesen durch übertrieben auffällige Wesensmerkmale in den Vordergrund zu drängen. Vielmehr zeichnen sich wahrhaft starke Persönlichkeiten vor allem dadurch aus, dass sie eher bescheiden und demütig auftreten.

Gefährlich sind nicht selten vor allem solche Menschen, die in der Außenwirkung eher unauffällig wirken, die jedoch über eine zuweilen erheblich ausgeprägte Intelligenz verfügen, und diese für zweifelhafte oder gar schädliche Zwecke einsetzen.

Niemand soll so naiv sein, zu glauben, dass sich primär und vor allem aus vordergründig zu erkennenden Merkmalen auf die Stärke eines Menschen schließen ließe. Vielmehr entscheidend ist es, ein oftmals komplexes „Puzzle" verschiedenartigster Verhaltensweisen im Kontext zu beobachten.

Fundamental entscheidend ist – im Kleinen, wie im Großen – welche Motive dem Denken und Handeln eines Menschen zugrunde liegen?

Besonders gefährlich sind Menschen, die einerseits über eine hohe Intelligenz verfügen, die jedoch in Kombination mit schlechten oder gar bösen Motiven agieren.

Menschen dagegen, die laut polternd kommunizieren, die nicht selten „einfacher gestrickt sind", sind zumeist leichter und schneller hinsichtlich zugrundeliegender Motive zu erkennen.

Ideal ist, wenn Menschen auf der Grundlage ehrenwerter Motive achtsam, gelassen, angstfrei, wutfrei und zielstrebig agieren. Leider ist diese Kombination oftmals gar nicht oder nur höchst rudimentär ausgeprägt.

Eine oftmals zu hörende Aussage, die sinngemäß sagt: „Ich kann nicht anders, ich bin eben so...", lässt sich nahezu immer als eine ebenso faule, wie inhaltlich unsinnige Aussage entlarven.

Entscheidend ist – vor allem als erwachsener Mensch – selbstkritisch zu erkennen, dass Aussagen dieser Art vor allem nur davor schützen sollen, sich nicht ernsthaft mit einem zuweilen eigenen, bedenklichen Kommunikationsstil auseinandersetzen zu wollen. Bei genauerem Hinsehen „schützt" eine solche Ignoranz lediglich davor, in einem zuweilen destruktiven, unnötigen, unsinnigen sowie oftmals krankmachenden Kommunikationsverhalten zu verharren, anstatt objektiv vorhandene Entwicklungsmöglichkeiten der eigenen Persönlichkeit konstruktiv und vor allem bewusst zu nutzen.

Gründe für Aggressionen gibt es sehr wohl zu recht.

Entscheidend ist jedoch, zu erkennen, dass aggressives Verhalten grundsätzlich und ausnahmslos niemals Probleme löst, sondern vielmehr deren neue schafft.

Aggressionen, die du nach außen trägst, sind zwar für deine Mitmenschen zumeist schneller und klarer zu erkennen, als Aggressionen, die du im Sinne einer Autoaggression gegen dich wendest; beiden gemeinsam ist jedoch, dass sie in der Konsequenz destruktiv sind.

Mit einer nach außen getragenen Aggression schädigst du im Regelfall andere Menschen; nicht selten auch solche, die du - mit einem gewissen zeitlichen Abstand - vielleicht gar nicht wirklich schädigen wolltest.

Eine nach Innen gerichtete Aggression, eine sog. Autoaggression, wirkt sich vor allem und insbesondere perspektivisch sehr gesundheitsschädlich aus. Menschen, die über längere Zeiträume eine nach Innen gerichtete Aggression in sich tragen, schädigen zunächst unmittelbar sich selbst sowie mittelbar vor allem solche Menschen, die sich in deren direktem Umfeld bewegen.

Nicht ohne nachvollziehbare Gründe haben psychosomatische Beschwerden seit geraumer Zeit signifikant zugenommen. Tragisch und vor allem in den allermeisten Fällen unnötig ist, dass leider so viele Menschen infolge unsinniger Vorurteile gegenüber professionellen psychotherapeutischen Heilverfahren eine oftmals unbestreitbar erkennbar, dringend nötige Hilfe verweigern.

Auch hier sind – wie leider so oft – vor allem tiefsitzende Ängste ursächlich dafür verantwortlich, dass sich Menschen auffällig selbstschädigend dagegen wehren, professionelle Hilfe anzunehmen, die entscheidend dazu beitragen könnte, einem zumeist massiv einengenden Kokon zu entkommen, der das eigene Entwicklungspotenzial auf ebenso klar erkennbare, wie unsinnige und unnötige Art und Weise empfindlich einschränkt.

Bedenke: Im Gegensatz zu dem, was vor allem Menschen vorschnell und letztlich unbegründet oftmals sagen, dass eine professionelle psychotherapeutische Hilfe unnötig sei, ist es vielmehr so, ist es vor allem ein klares Zeichen persönlicher Stärke, zu erkennen, *dass* man in einem zentralen Bereich des Lebens zuweilen „Impulse von außen braucht". Menschen, die eine professionelle Hilfe bewusst suchen, sind alles andere als schwach. Schwach sind vielmehr solche Menschen, die zumeist wider besseres Wissen, unsinnige „Ratschläge" erteilen, die vor allem und zumeist immer darauf gründen, selbst von einer mehr oder weniger diffusen Angststruktur geprägt zu sein.

Ein Mensch, der dir wahrhaft Gutes angedeihen lassen möchte, wird den Mut haben, offen und klar zu sagen, wenn er Verhaltensmuster erkennt, die den Grad eines „noch grünen Bereichs" signifikant überschreiten. Menschen, die das erkennen, und es nicht klar kommunizieren, sind vor allem feige.

Ja, es ist unbestreitbar zunächst unbequem oder gar emotional schmerzhaft, zu erkennen, dass eigene Denkhemmungen das eigene Leben in vielen Bereichen empfindlich ausbremsen.

Das muss nicht sein! Du kannst es ändern! Jetzt!

49. Leben ist das, was passiert, während du eifrig dabei bist, andere Pläne zu machen.
(John Lennon)

Hast du dich auch schon dabei ertappt, vielfältige Pläne zu schmieden, ohne zu merken, dass du vor lauter Zukunftsplanung das Leben im Hier und Jetzt verpasst?

Pläne zu schmieden für deine Zukunft ist – vor allem dann, wenn es zentrale Bereiche des Lebens betrifft – sehr wohl sinnvoll. Keine Frage.

Allerdings verlieren sich manche Menschen in einem schier endlosen Strudel des Pläne-Schmiedens, ohne zu registrieren, dass einzig das Hier und Jetzt bewusst und konkret wahrgenommen werden kann.

Menschen, die gedanklich immer schon einen oder mehrere Schritte voraus agieren, erleben sich nicht selten als Getriebene. Sie hetzen von einem Ereignis zum nächsten, und vergessen darüber, aktiv und bewusst die Schönheit und Intensität eines aktuellen Augenblicks wahrnehmen zu können.

Eine solche Verhaltensweise bietet ebenso zwingend wie unaufhaltsam eine zweifelhafte Garantie dafür, dass das eigene Leben wie ein Film schier endloser Momente achtlos an dir vorbeizieht.

Getreu dem Motto: „Weniger ist oftmals mehr", tust du dir selbst den größten Gefallen, wenn du erkennst, dass eben gerade nicht die Quantität erlebter Ereignisse, sondern vielmehr die Qualität bewusst wahrgenommener Ereignisse es ist, die dir zu einem erfüllten Leben verhelfen wird.

Nicht zuletzt neuere Medien, wie beispielsweise die oftmals

inflationär genutzten Smartphones, tragen erkennbar und unzweifelhaft entscheidend mit dazu bei, dass sich viele Menschen systematisch und schleichend von dem entfernen, was eine wertvolle, menschliche Kommunikation im Kern auszeichnet.

Schau dich um, und immer häufiger wirst du beobachten, dass sich die Kommunikation sehr vieler Menschen in einer Art und Weise verändert hat, die nicht selten als bedenklich bezeichnet werden muss.

Um hier keinem Missverständnis aufzusitzen: Es geht nicht darum, neue Technologien pauschal und undifferenziert zu diskreditieren. Vielmehr geht es darum, zu erkennen – und das ist definitiv unbestreitbar – dass oftmals ein verantwortungsvoller, bewusster, sinnvoller und kluger Umgang mit eben solchen Möglichkeiten gar nicht, oder nur in bescheidenem Ausmaß zu konstatieren ist.

Bedenke: Was immer du auch planen magst, die wahrhaft wesentlichen Aspekte deines Lebens liegen nicht in deiner Hand. Das mögen viele Menschen als eine narzisstische Kränkung erleben, ändert jedoch faktisch nichts daran, dass es so ist.

Willst du klug sein, dann mach dich nicht zur Sklavin / zum Sklaven eines vermeintlichen Sicherheitsgefühls, das du durch schier endlose Planungen zu erreichen können glaubst. Genau das kannst du nämlich nicht!

Genieße dein Leben, und verschwende nicht unnötig viel Kraft und Zeit vor allem für nicht selten dir aufoktroyierte „vermeintliche Sicherheiten", die es faktisch so nicht gänzlich gibt. Angst – ganz gleich, in welcher Form sie auftritt – ist in den allermeisten Fällen ein denkbar schlechter Ratgeber, von dem du dich bewusst befreien solltest. Jetzt!

50. du siehst die Welt nicht so wie sie ist, du siehst die Welt so wie du bist. (Mooji)

Hast du schon einmal ernsthaft darüber nachgedacht, dass die Dinge und Ereignisse in deinem Leben letztlich nicht so sind, wie du denkst, dass sie sind, sondern dass sie dir vielmehr vorgaukeln, das zu sein, von dem du denkst, sie seien es?!

Das, was hier auf den ersten Blick vielleicht ein wenig kompliziert erscheinen mag, hat eine ebenso unbestreitbare, wie vor allem elementar wichtige Bedeutung, für die Art und Weise, wie du Dinge bewertest.

Bedenke, dass sämtliche Sinneseindrücke, ganz gleich, ob sie optischer, akustischer, taktiler, olfaktorischer, gustatorischer oder sonstiger Art sein mögen, schlussendlich nichts anderes sind, als codierte Informationen, die dann in deinem Gehirn zu dem zusammengesetzt werden, was du als Realität wahrzunehmen glaubst.

Eine solche Erkenntnis ist alles andere als trivial, denn sie hat weitreichende Konsequenzen für die Art und Weise, wie Menschen sich selbst wahrnehmen.

Von daher lohnt es sich, einen etwas genaueren Blick auf diesen Tatbestand zu richten, der vor allem dazu beitragen kann, dass du sehr viel achtsamer mit deiner vermutlich bisher so sicher geglaubten „richtigen Wahrnehmung" umzugehen verstehst.

Das, was du als deine Realität wahrzunehmen glaubst, ist zunächst einmal nichts anderes, als das, was dein Gehirn aus den unzähligen Sinneseindrücken produziert – nicht mehr, und nicht weniger.

Von daher solltest du sehr sorgsam unterscheiden zwischen dem, was du als deine Realität zu erkennen glaubst, und dem, was eine dich umgebende Realität verifizierbar auszeichnet.

Nahezu immer wird sich zeigen, dass diese beiden „Realitäten" - wenn überhaupt – nur in sehr kleinen Schnittmengen übereinstimmen.

Betrachten beispielsweise zehn Menschen einen objektiv gleichen Tatbestand, gibt es deren zehn subjektive „Realitäten", wobei jeder einzelne Mensch zumeist ungeprüft davon ausgehen wird, dass seine Sicht der Dinge den Tatsachen entspricht. Dem ist aber – wie sich immer wieder leicht nachweisen lässt – mitnichten so.

Sämtliche Sinne des Menschen vermitteln nur einen verschwindend geringen Teil des objektiv vorhandenen Realitätsspektrums, sodass deine Wahrnehmung – so plausibel sie dir auch erscheinen mag – immer und grundsätzlich jeweils nur einen winzigen Ausschnitt dessen zu vermitteln vermag, was einen Begriff auszeichnet, den die meisten Menschen wie selbstverständlich – und nahezu immer falsch – verwenden: Realität.

Eine derartige Feststellung ist keineswegs sprachlich spitzfindig, sondern sie beschreibt eine ebenso elementare wie nicht ernsthaft zu leugnende Tatsache, die enorme Auswirkungen hat.

Ganz gleich, ob du beispielsweise den Sehsinn betrachtest, oder vielleicht den Hörsinn, immer wirst du bestätigen müssen, dass du nur einen winzigen Teil des tatsächlich vorhandenen Frequenzspektrums wahrnehmen bzw. verarbeiten kannst. Merkst du, dass du demnach unmöglich davon ausgehen kannst, dass das, was du als Realität wahrzunehmen können glaubst, tatsächlich *die* Realität ist?! Das wäre nicht nur sachlich falsch, sondern vor allem auch ignorant und anmaßend.

Ebenso, wie du demnach unmöglich ernsthaft davon ausgehen kannst, dass die von dir wahrgenommenen Sinneseindrücke die Realität auch nur annähernd vollständig abbilden, so gilt Entsprechendes für die Verarbeitungsvorgänge in deinem Gehirn.

Dein Gehirn, das nach dem bisherigen Kenntnisstand als die komplexeste Struktur des bisher bekannten Universums angesehen werden kann, verarbeitet sämtliche Sinneseindrücke auf der Grundlage einer hochkomplexen neuronalen Struktur.

Die tatsächliche Zahl sog. Neuronen (Nervenzellen), die zu einem gigantischen Netzwerk verschaltet sind, schwankt – je nach zugrundeliegender Quelle – zwischen etwa 100.000.000.000 und 200.000.000.000 (einhundert bis zweihundert Milliarden!). Das entspricht in etwa der Anzahl der Sterne (Sonnen) in unserer Heimatgalaxie, der Milchstraße.

Kurz: Eine schier gigantische Zahl, die sich die meisten Menschen kaum mehr konkret vorzustellen vermögen. Weiterhin ist jedes einzelne Neuron im statistischen Mittel mit etwa 10.000 weiteren Neuronen vernetzt. Insgesamt entsteht somit ein Netzwerk von sprichwörtlich astronomischen Ausmaßen.

Wichtig für das hier angesprochene Thema einer „wahrgenommenen Realität" ist vor allem die Erkenntnis, dass keine zwei Gehirne auf dieser Welt identisch sind. Zwar gibt es grobflächige, strukturelle Gemeinsamkeiten, doch – und das ist letztlich entscheidend – jedes menschliche Gehirn verarbeitet eintreffende Sinnessignale unterschiedlich. Die ebenso logische, wie unbestreitbare Konsequenz ist, dass es somit auch zu unterschiedlichen Bewertungen und Einschätzungen dessen kommt, was Menschen nur allzu leicht und viel zu vorschnell als „die" Realität zu erkennen glauben.

Vor diesem Hintergrund ist es erstaunlich, dass sich Menschen – glücklicherweise – oftmals „gut verstehen". Selbstverständlich ist das keineswegs.

Möglich wird das vor allem durch einen regen kommunikativen Austausch, in dessen Verlauf sich Sichtweisen und Einschätzungen im Laufe gemeinsamer Zeit erkennbar und nachweislich anpassen.

Warum ist das so? Nun, dazu musst du wissen, dass Lernprozesse im Gehirn vor allem und im Wesentlichen dadurch ausgelöst werden, indem aufgrund chemischer Prozesse (Neurotransmitter) Botenstoffe über die synaptischen Spalte (das sind die Verbindungsstellen zwischen den Neuronen) ausgetauscht werden.

Einfach gesprochen: Impulse, die häufiger angeregt werden (z. B. mittels konstruktiver Gespräche oder aufgrund positiver Erfahrungen), verstärken die Verbindungen zwischen den betreffenden Neuronen. In der Konsequenz führt das dann zu einer Stärkung solchen Wissens, das häufiger angeregt wird.

Auch den gegenteiligen Effekt gibt es: Nervenverbindungen, die nicht oder nur sehr selten gefordert werden, verkümmern mit der Zeit. Nicht zuletzt mit Blick auf das auch gesellschaftsrelevante Thema zunehmender Demenzerkrankungen, ist diese Erkenntnis sehr wichtig.

Bedenke: Was immer du auch als Realität wahrzunehmen glaubst, ist – ohne Wenn und Aber - „nur" ein Modell der Realität, dass dir dein höchst individuelles Gehirn als deine Realität anbietet.

Bitte, vergiss das nicht. Niemals!

51. Das Leben ist wie eine Ballonfahrt. Manchmal muss man erst Ballast abwerfen, um wieder steigen zu können.

Vielleicht kennst du das sehr lebenskluge Musikvideo der Gruppe „Silbermond", mit dem Titel „Leichtes Gepäck"?!

Falls nicht, dann kannst du es dir über den folgenden Link über die YOUTUBE-Plattform anschauen:

https://www.youtube.com/watch?v=ohHJjPSsW8c

Im Kern geht es darum, bewusst wahrzunehmen, dass nahezu alle Menschen – so auch vermutlich du – viele Dinge im Lebensgepäck mit sich herum schleppen, die du weder tatsächlich brauchst, noch, dass sie dich in deiner persönlichen Entwicklung konstruktiv voran bringen.

Dabei geht es keineswegs nur und ausschließlich um so allerlei materielle Dinge, mit denen du deine Wohnung oder dein Haus vollgepackt hast, sondern es geht nicht zuletzt auch um mental belastendes Gepäck, dass dir dein Leben nicht selten – zuweilen subtil – unnötig beschwert.

Gib dir bitte selbst die Chance, und durchforste dein Leben hinsichtlich so mancher Dinge, die sich bei genauerer Betrachtung oftmals nur noch als Belastung darstellen. Spüre, wie heilsam und befreiend es sein kann, deine Wohnung oder dein Haus von so manchen Dingen zu befreien, die du womöglich schon seit gefühlt ewiger Zeit nicht mehr aktiv genutzt hast, und die nur unnötig Platz beanspruchen.

Überprüfe deine Gedanken, und du wirst feststellen, dass es mit an Sicherheit grenzende Wahrscheinlichkeit auch in deinem Leben so manch unsinnige, nicht selten sogar subtil destruktiv wirkende Glaubenssätze gibt, die dich in der dir prinzipiell möglichen Persönlichkeitsentwicklung empfindlich hemmen.

Lass nicht grundlos zu, dass dich „Gedankengeister" aus deiner Vergangenheit im Hier und Jetzt davon abhalten, einen fortan besseren, erbaulicheren und klügeren Lebensweg zu wählen. Es ist möglich; vorausgesetzt, du verharrst nicht in deinem Denk-Kokon.

Mentalen Ballast abzuwerfen hat etwas ungemein Befreiendes.

Warum möchtest du freiwillig und ohne seriös erkennbaren Grund darauf verzichten, deinem Leben eine selbstbestimmte Richtung zu geben, die womöglich bisher durch ungünstige – ggf. sogar infolge traumatischer – Erfahrungen empfindlich eingeschränkt gewesen ist?

Bedenke: Es gibt keine ernstzunehmenden Gründe dafür, dass du dich aufgrund schädlicher Glaubenssätze weiterhin in deiner persönlichen Entwicklung über Gebühr beschneidest. Es ist weder klug, noch nötig, dass du bis zum Sankt Nimmerleinstag in deinem selbstgewählten Denk-Gefängnis verharrst.

Befreie dich von unnötigen, schädlichen und einengenden Denk- und Verhaltensweisen. Entschlacke dein Denken von vermeintlich Sicherheit spendenden Denkkorsetten. Fokussiere dein Denken und Handeln auf Menschen, die dich in deiner persönlichen Entwicklung entscheidend voran bringen.

Wirf schädigenden Ballast ab. Am besten, du beginnst sofort damit. Worauf willst du noch warten...?!

52. Das Leben ist nicht zu Ende, nur weil ein Traum nicht in Erfüllung geht. Es hat nur einen Weg versperrt, damit man einen anderen wählt.

Vermutlich hast du auch schon mal der einen oder anderen Situation in deinem Leben nachgetrauert, die sich zunächst als vermeintlich schlecht gezeigt hatte, bei der sich jedoch zuweilen im weiteren Verlauf gezeigt hat, dass sie dir neue, bis dahin ungeahnte Wege eröffnet hat, an die du bis dahin so gar nicht gedacht hast?!

Bedenke: Ein Traum, der zerplatzt, muss nicht automatisch, und schon erst recht nicht zwingend schlecht oder gar beklagenswert sein. Vielmehr wird es zuweilen so sein, dass dich ein „geplatzter" Traum womöglich vor einer Fehlentscheidung bewahrt; auch und gerade dann, wenn du womöglich emotional verblendet gewesen sein magst.

Nicht selten ist es im Leben so, dass Situationen, die du zunächst als ungünstig, schlimm, ärgerlich oder traurig wahrnimmst, sich im weiteren Verlauf deines Lebens geradezu als „glückliche Fügung" herausstellen werden.

Hab' Vertrauen in eine auch dich lenkende Kraft, die dich und deine Wege führt; auch und gerade dann, wenn du es vielleicht am wenigsten erwartest.

Klebe nicht unnötig lang an zerplatzen Träumen, sondern bedenke, dass auch in deinem Leben „geplatzte Träume" nicht selten das Potenzial einer guten und glücklichen Transformation in sich tragen.

Verharre nicht in der Vergangenheit, denn diese kannst du – so sehr du es dir vielleicht auch wünschst – nicht ändern. Verändern jedoch kannst du dein Denken im Hier und Jetzt. Nutze deine Chance.

53. Wenn Menschen sich untereinander verstehen, ist's im Grunde ganz gleichgültig, über welchen Gegenstand sie miteinander reden, weil alles nur die Strahlungen ihres innersten Seins vermittelt.

(Heinrich Lhotzky, 1859-1930, deutscher Theologe, Publizist)

Ist dir auch schon aufgefallen, dass sich viele Menschen – teils bewusst, teils unbewusst – nahezu ausschließlich in sozialen Gruppen aufhalten, bei denen sie gleiche bzw. ähnliche soziale Hintergründe vermuten?

Durch eine solche Abschottungspraxis wird – in Teilen offenbar gewollt – verhindert, dass der soziale Kit in einer Gesellschaft dauerhaft gefestigt werden kann.

Menschen, die sich mehrheitlich nur noch in Gruppen bewegen, die vermeintlich ähnliche Bildungsbiographien aufweisen, entwickeln zumeist Denk- und Verhaltensmuster, die sie für Sorgen und Nöte solcher Menschen unempfindlich machen.

Bedenke, kein Mensch, so auch du, wurde gefragt, ob bzw. unter welchen konkreten Umständen er auf diese Welt kommen möchte? Falls du das unverdiente Glück gehabt haben solltest, in einer familiären Umgebung aufgewachsen zu sein, die dir vielfältigste Entwicklungschancen geschenkt hatte, solltest du dankbar dafür sein. Nicht zuletzt sozialwissenschaftliche Forschungsergebnisse belegen ganz klar, welchen immensen Einfluss das soziale Umfeld in einer Herkunftsfamilie auf den vermutlich zu erwartenden Bildungserfolg eines Menschen hat.

Kinder, in – wie es neudeutsch so „schön" heißt – bildungsfernen Schichten, haben erheblich schlechtere Startbedingungen für den weiteren Lebensweg. Ausnahmen bestätigen, wie oft, auch hier die Regel.

Es ist ein sowohl zutiefst unsinniger, wie menschlich verachtenswerter Tatbestand, dass solche extrem abweichenden Unterschiede hinsichtlich fairer Startbedingungen nicht selten noch dadurch weiter zementiert werden, indem weite Teile des Bildungssystems alles andere als durchlässig und fair organisiert sind. Daran ändert auch nichts, dass es – allein schon aus statistischen Gründen – erfreuliche „Einzelfälle" gibt, bei denen z. B. Kinder aus bildungsfernen Schichten es dennoch zu Ruhm und Reichtum gebracht haben. Vielmehr muss das ganze Bild betrachtet werden. Und hier zeigt sich ganz klar, dass es offenbar ein ebenso perfides wie leicht zu durchschauendes Interesse genau solcher Gruppen gibt, einen längst als im Kern unfair erkannten Zustand weiter zu zementieren, da sie um eigene Pfründe fürchten.

Lernpsychologische Forschungen belegen immer wieder, dass es zumeist weniger eine geringer ausgeprägte Intelligenz von so manchen Kindern aus „bildungsfernen" Schichten ist, die einen beruflichen Erfolg oftmals verhindern, sondern vielmehr, dass es die extrem unterschiedlichen Rahmenbedingungen sind, die für die eine Gruppe Bildungserfolge schon im Kern massiv erschweren, wogegen die andere Gruppe alle nur erdenklichen Hilfen in Anspruch nehmen kann.

Eine geradezu exemplarisch typische Auffälligkeit massiver Ungerechtigkeit ist beispielsweise darin zu sehen, dass ausgerechnet solche Kinder, die gezielte Fördermaßnahmen (z. B. Nachhilfeunterricht) objektiv dringend nötig hätten, eben diesen kaum oder gar nicht in Anspruch nehmen können, weil deren Eltern oftmals finanziell mit solchen Hilfsmaßnahmen überfordert sind.

Auf der anderen Seite ist zu beobachten, dass Kinder wirtschaftlich gut situierter Eltern – Tendenz steigend –

oftmals auf sündhaft teure Privatschulen geschickt werden, um sich dort mitunter auch wertvolle Schulabschlüsse „erkaufen" zu können.

Dass z. B. das Anforderungsprofil zum Erlangen des Abiturs schon seit etwa Mitte der 90er Jahre des 20. Jahrhunderts signifikant gesenkt worden ist, leugnen inzwischen auch diejenigen mehrheitlich nicht mehr, die diesen Tatbestand über lange Zeit – offenbar aus ideologischen Gründen (?!) - strikt geleugnet hatten. Das, für sich allein betrachtet, wäre schon schlimm genug.

Schlimmer noch ist jedoch, dass Schülerinnen und Schüler vieler Privatschulen auch noch dahingehend „gepampert" werden – koste es, was es wolle – das Abitur nicht nur zu bestehen, sondern geradezu inflationär Notenabschlüsse zu erzielen, die bei genauer Betrachtung jeglicher Grundlage entbehren.

Dass es seit etwa Mitte der 90er Jahre eine Inflation guter und sehr guter Durchschnittsnoten gibt, lässt sich klar belegen.

Vergleicht man die Durchschnittsnoten heutiger Abiturientinnen und Abiturienten mit denen, wie sie beispielsweise vor 20, 30 oder 40 Jahren mehrheitlich zu betrachten waren, fällt sofort auf, dass ein ungewöhnlich großer Anteil heutzutage mit einem Notendurchschnitt von 1,x abschließt.

Schaut man dann genauer hin, stellt man nicht selten fest, dass Wunsch und Wirklichkeit mitunter sehr weit auseinander liegen. Dass es sich hierbei keineswegs um eine dunkle Verschwörungstheorie, sondern vielmehr um traurige Fakten handelt, belegen u. a. Studien, die man mit Schülerinnen und Schülern einer 9. Klasse durchgeführt hatte.

Der Versuchsaufbau war so, dass man diese Schüler*innen zunächst mit den Abiturprüfungen vertraut gemacht hatte, um dann zu schauen, ob bzw. inwieweit SchülerInnen einer 9. Klasse das „Leistungsniveau" heutiger Abiturprüfungen bewältigen können?

Das wenig überraschende, sondern doch wohl eher nachdenklich stimmende Ergebnis sah so aus, dass mehr als 70% der Neuntklässler die Abiturprüfungen problemlos bestanden hätten.

Nicht zuletzt dieses Beispiel belegt ebenso anschaulich, wie eigentlich bedenklich, wie weit das durchschnittliche Niveau heutiger Abiturprüfungen längst gesunken ist.

Verantwortliche Stellen, die einen solchen Trend – wider besseres Wissen – offenbar sehr bewusst steuern, begehen sowohl Betrug an den jeweiligen Abiturientinnen und Abiturienten, als auch an der Gesellschaft insgesamt.

Welchen tatsächlichen Wert kann ein Abitur mit einem Notendurchschnitt von 1,x noch haben, wenn doch jedem aufmerksamen Betrachter ohnehin klar ist, unter welchen teils „abenteuerlichen" Rahmenbedingungen solche Phantasiewerte zustande gekommen sind?!

Ganz genau: Durch eine solche ebenso durchsichtige, wie perfide Praxis, wird das Abitur systematisch entwertet.

Ein Schelm, der Böses denkt...

Warum ist das wohl so? Nun, es liegt der dringende Verdacht nahe, dass das entscheidende und primäre Ziel heutiger Bildung eben nicht mehr darin liegt, das zu erwerben, was echte Bildung auszeichnet, sondern vielmehr darin, möglichst viele, willfährige, nicht mehr zur Reflektion fähige „Menschen-Roboter" zu züchten, die ein längst als im Kern geisteskrankes Wirtschaftssystem – um jeden Preis – noch am leben halten, obwohl schon längst klar ist, dass genau das ein

Weg in den Abgrund sein wird. Für einige früher, für einige später, jedoch für letztlich alle mit Sicherheit! Irre!

Ein ebenso notwendiger, wie wünschenswerter Kit, ohne dessen Vorhandensein auf die Dauer keine Gesellschaft überleben wird, besteht nicht zuletzt darin, dass ein regelmäßiger, vorurteilsfreier und empathischer Austausch zwischen unterschiedlichen Gesellschaftsschichten stattfindet.

Menschen, die sich nicht selten ganz bewusst in einer eigenen „sozialen Blase" abschotten, verlieren schnell den Blick für genau das, was jedoch perspektivisch zum gesamtgesellschaftlichen Gelingen unverzichtbar ist: Den Blick für den jeweils anderen Menschen. Frei von allen Vorurteilen, auf der Grundlage eines ausgeprägten Willens, ernsthaft und ehrlich verstehen zu wollen, warum sich die Lebenswege von Menschen so höchst unterschiedlich entwickeln.

Nochmals: Bitte bedenke, dass es – und zwar ganz grundsätzlich – nicht dein persönlicher Verdienst ist, womöglich in einer Familie aufgewachsen zu sein, die dir vielfältigste Bildungs- und Entwicklungschancen eingeräumt hatte. Vielmehr solltest du froh und dankbar für ein derart unverdientes Geschenk sein, und dich im Rahmen deiner Möglichkeiten darum bemühen, anderen Menschen, denen das Schicksal nicht so glücklich mitgespielt hat, aktiv dabei zu helfen, ebenfalls ein Leben gestalten zu können, das für dich womöglich längst selbstverständlich geworden zu sein scheint.

Nutze die sich dir bietenden Gelegenheiten, auch mit Menschen in Kontakt zu kommen, die abseits deiner eigenen „sozialen Blase" existieren. du wirst überrascht sein, wie viel auch du von Menschen lernen kannst, von denen du womöglich bisher dachtest, dass sie dir „nicht das Wasser reichen könnten...".

Die wahre Kunst gelungener Kommunikation, die zudem auf

der Grundlage menschlicher Empathie fußt, besteht entscheidend darin, ob es dir gelingt, die für das jeweilige Gegenüber geeignete Sprache zu finden, um die Inhalte zu transportieren, die du für wichtig erachtest.

Letztlich sind wir alle „nur" Sternenstaub. Doch, doch...

54. Die verlorene Ganzheit, das Transzendente, Umgreifende, wieder zurückgewinnen, uns wieder ergreifen lassen und damit ankommen in der Antwort auf die Frage, welchen Sinn hat es "zu sein".

(Monika Minder)

Hast du dir schon einmal ernsthaft die Frage gestellt, wer du eigentlich bist? Was genau zeichnet Dein ICH aus? Wo überhaupt ist Dein ICH? Was genau ist Dein SEIN?

So trivial wie befremdlich solche Fragen womöglich auf den ersten Blick erscheinen mögen, so fundamental entscheidend sind sie jedoch für ein tieferes Verständnis deines individuellen Lebens, des Lebens im Allgemeinen sowie ganz grundsätzlich zum SEIN schlechthin.

Sofern du dir solche oder ähnliche Fragen womöglich bisher in deinem Leben noch gar nicht gestellt hast, nimmst du dir grundlos die Chance, nicht irgendeine x-beliebige Frage nicht beantwortet zu bekommen, sondern vielmehr schneidest du dich ohne Not von DER entscheidenden Frage schlechthin ab, die da lautet: Was genau zeichnet Leben aus?

So ungewöhnlich es vielleicht zunächst auf dich wirken mag, so gib dir bitte selbst die Chance, solchen letztlich entscheidenden Fragen auf den Grund zu gehen.

Was denkst du? Was genau ist dein SEIN? Wie und wo genau glaubst du es verorten zu können? Gibt es ein SEIN unabhängig von dir, deinem Körper, deinem ICH? Was überhaupt stellst du dir konkret unter deinem ICH vor? Denkst du, dass dein ICH oder das SEIN raum- und zeitlos sind? Falls ja, wie sollte das konkret aussehen? Falls nein, worin genau erkennst du dann für dich den Sinn deines SEINS?

Falls du dich durch solche oder ähnliche Fragen zunächst irritiert fühlen solltest, befändest du dich in „guter"

Gesellschaft.

Warum? Nun, wenn du dich in deinem Umfeld umschaust, wirst du schnell feststellen, dass dir die meisten Menschen keinerlei zufriedenstellende Antwort auf solche Fragen zu geben vermögen. Eher wirst du vielfach auf spontane Ablehnung stoßen, da du es „wagst" Fragen zu stellen, die erkennbar sehr weit abweichen von denen, mit denen sich die meisten deiner Mitmenschen beschäftigen.

Auffällig in unserer aktuellen Zeit ist beispielsweise, dass unzählige Quizshows „wie Pilze aus dem medialen Boden schießen", in denen nicht selten unzählige, oftmals hirnlose Fragen gestellt werden, deren Bedeutungsgrad für dein Leben sowie für das Leben im Allgemeinen keinerlei verifizierbare Relevanz haben.

Fragen dagegen, die den „Kern des Ganzen" betreffen, werden nicht selten in das Reich „des Abwegigen" verdrängt.

Nicht selten wirst du nur ein mitleidiges Lächeln ernten, wenn du Fragen zentraler Bedeutung stellst. Schnell wirst du als komischer Kauz oder als Exot abgestempelt, der irgendwie weltfremd wirkt.

An dieser Stelle sollte die Frage gestellt werden: Wer ist wohl bei genauer Betrachtung „weltfremd"? Menschen, die fundamental wichtige Fragen des SEINS zu beantworten versuchen, oder solche, die allen Ernstes glauben, sie könnten irgendeinen relevanten Erkenntnisgewinn daraus ziehen, in dem Sie mitunter gigantische Mengen bedeutungslosen Datenmülls in sich anhäufen, der allenfalls noch dazu taugt, ebenso „unterbelichtete" Mitmenschen in inflationär platzierten Quizshows beeindrucken zu können.

Sobald du einmal ernsthaft darüber nachdenkst, in welch gigantische Maschinerie auch du und dein SEIN eingebunden sind, indem du dir einmal die schier astronomischen

Größenordnungen – sowohl räumlich, als auch zeitlich – vor deinem geistigen Auge vergegenwärtigst, spätestens dann müsstest du deutlich spüren, wie immens wichtig es ist, dass du genau solche Fragen der hier aufgeworfenen Art für dich zu beantworten versuchen solltest.

Ja, zugegeben, das ist zu Beginn kein leichter Akt. Jedoch – und genau das ist der entscheidende Aspekt – wirst du somit unzählige Aspekte deines Lebens, die du bisher – mangels besseren Wissens – alles andere als klug und sinnvoll gemanagt hast, in einem gänzlich neuen Licht betrachten können.

Um dir die objektiv bekannten Fakten ein wenig zu verdeutlichen, seien hier einige Rahmendaten genannt, die dir ein Verständnis von den fürwahr gigantischen Dimensionen des SEINS vermitteln können.

Das kosmische Alter des bisher bekannten Universums beträgt etwa 13,7 Milliarden Jahre. In Zahlen: 13.700.000.000. Das Alter unserer Erde beträgt etwa 4,5 Milliarden Jahre. Setzt man diese Zahlen nun in Relation zur „Struktur Mensch", ist bekannt dass „der Mensch" vor ca. 200.000 Jahren die Lebensbühne hier auf dieser Erde betreten hat. Neueste Forschungsergebnisse gehen davon aus, dass dieser Zeitraum ggf. um einige hunderttausende Jahre erweitert werden müsste, doch das ändert faktisch wenig bis gar nichts an den grundsätzlichen Relationen.

Betrachtet man nun ein einzelnes menschliches Leben, so währt dies vielleicht 70, 80, 90 oder gar 100 Jahre. Schon jetzt müsste dir allmählich klarwerden, dass somit die Zeitspanne eines einzelnen Menschenlebens – so auch deines – nicht mehr ist, als ein geradezu mikroskopisches „Aufblitzen im schier unendlichen Meer der Zeit".

Ist es vor diesem Hintergrund nicht geradezu aberwitzig, zu beobachten, wie viel unnötige Energie sehr viele Menschen –

tagein, tagaus, damit verschwenden sich so dermaßen viele Sorgen um das eigene „mikroskopische Lebensatom" zu machen?

Viel wichtiger ist die Frage, zu verstehen, wie jedes Leben in das Große Ganze eingebunden sein könnte? Auch du bestehst – ob du das nun wahrhaben möchtest oder nicht – aus Sternenstaub. Und genau das ist keineswegs nur ein „schönes Bild", sondern vielmehr längst wissenschaftlich fundiert zu belegen.

Das gesamte, bisher bekannte Universum besteht aus einer zwar gigantischen, jedoch prinzipiell endlichen Anzahl von „Partikeln", die im Strom der Zeit immer wieder zu neuen Strukturen kombiniert werden. Gemäß dem aus der Physik bekannten Energieerhaltungssatz, geht in einem geschlossenen System letztlich keine Information wirklich verloren.

Konkret bedeutet das – so auch für menschliches Leben – dass sich zwar jeweils strukturell die Formen verändern, in denen uns Leben begegnet. Doch, das, was den Wesenskern ausmacht – ganz gleich, wie du es auch nennen magst, ob Seele, kosmisches Sein oder wie auch immer – genau der ist raum- und zeitlos.

Du wirst die Erfahrung machen, dass, sobald du dich mit solchen wirklich zentralen Fragen des Lebens, des SEINS befasst, du dich und dein Leben in einem gänzlich neuen Licht betrachten wirst. Sobald du tatsächlich verstanden hast, wie unnötig und unsinnig es letztlich ist, immer wieder so dermaßen viel Zeit und Kraft darauf zu verschwenden, dein mikroskopisches Leben „regeln zu wollen", und du dich stattdessen den wahrhaft entscheidenden, wirklich großen Fragen des Ganzen zuwendest, wirst du eine bis dahin noch nie erlebte Befreiung im Umgang mit dir und der Welt erleben, die du bis dahin nicht für möglich gehalten hättest.

55. Würde Konsum glücklich machen, müssten wir ihn nicht andauernd wiederholen.

(Monika Minder)

Sieh dich um in dieser in so weiten Teilen kranken Welt, und du begegnest immer mehr Menschen, deren primäres Lebensziel offenbar darin zu bestehen scheint, immer schneller und immer mehr zu konsumieren.

Du begegnest Menschen, die wie ferngesteuerte Roboter jeden noch so hirnlosen Konsumtrend wie eine Herde willfähriger Lemminge kritiklos mitmacht.

Viele Menschen kaufen so allerlei Dinge von Geld, das sie eigentlich nicht haben, die sie zumeist nicht wirklich brauchen, um damit nicht selten Leute zu beeindrucken, die sie nicht mögen. Wie anders, als geisteskrank sollte man ein solches Verhalten noch ernsthaft bezeichnen?

Schon kleine Kinder werden nicht selten von Kindesbeinen an „angefüttert" mit nicht selten perfiden, werbepsychologischen Tricks, um fortwährend ausreichend biologischen Nachschub für ein im Kern längst als geisteskrank erkanntes und höchst destruktives Wirtschaftssystem zu züchten, das schon längst den Keim des eigenen Untergangs in sich trägt.

Wie unfassbar unwissend, ignorant und geradezu sträflich dumm müssen wohl Menschen sein – quer durch alle Altersklassen und ungeachtet spezieller Bildungsschichten – nicht begreifen zu wollen, dass sie sich – noch dazu zumeist freiwillig – als naive und willfährige Konsumsklaven missbrauchen lassen?

Bedenke: Das, was für dich und dein Leben entscheidend wichtig ist, wirst du mit keinem durch noch so exzessiv betriebenen Konsum dauerhaft befriedigen können.

Abgesehen von jeweils kurzen Kicks, bei denen du im Laufe der Zeit die Dosis wirst erhöhen müssen, um vergleichbare Glücksgefühle erzeugen zu können, wird dich kein wie auch immer geartetes Konsumgut klassischer Prägung dauerhaft glücklich machen können.

Vielmehr wirst du die unerfreuliche Feststellung machen, dass du auch die Frequenz potenziell Glücksgefühle erzeugender Konsumdrogen immer weiter erhöhen musst, um ein Level zu halten, das auf einer höchst schädlichen Basis fußt.

Das, was letztlich für dich und dein Leben relevant ist, wirst du mit keinem Geld dieser Welt kaufen können. Gesundheit, Freundschaft, Liebe, Vertrauen und noch einiges mehr, das alles sollten Aspekte deines Lebens sein, auf denen du vor allem langfristig aufbauen kannst.

Jedem, der nicht gänzlich blind ist, müsste längst klar sein, dass ein Wirtschaftssystem, das ein grenzenloses und fortwährendes Wachstum zur Maxime seiner Existenzberechtigung erhebt, den eigenen Untergang schon im Ansatz in sich trägt. Grenzenloses Wachstum, wie es beispielsweise auch bösartige Krebszellen zeigen, führt unweigerlich zum Tod des jeweiligen Wirts. Das sollte uns allen eine eindringliche Warnung sein, verstehen zu wollen, dass eine solch' geisteskranke Idee eines grenzenlosen Wachstums vorhersehbar in den sicheren Zusammenbruch des gesamten Systems geradezu führen muss.

Hast du dir schon mal ernsthaft die Frage gestellt, warum es wohl so ist, dass wir zumeist gedankenlos dazu animiert werden, permanent neue Gerätschaften kaufen zu sollen, deren Lebenszyklen klar erkennbar – im Vergleich zu den Jahrzehnten zuvor – immer kürzer geworden sind? Warum wohl ist es so, dass diverse elektrische Geräte, wie z. B. Fernseher, Computer, Waschmaschinen usw. in immer kürzeren Zeitabständen durch jeweils neue Geräte ersetzt werden? Schon längst ist es ein offenes Geheimnis, dass ganz bewusst manipulativ – um nicht zu sagen in krimineller Art und Weise – Sollbruchstellen in Geräte eingebaut werden, mit dem perfiden Ziel, dass solche Geräte nicht selten ausgerechnet kurz nach Ablauf einer Garantiezeit den Geist aufgeben?

Dass das nun wahrlich alles andere als eine wilde Verschwörungstheorie ist, lässt sich schon längst in einschlägigen Quellen zweifelsfrei nachweisen.

Warum gibt es überhaupt solche perfiden Methoden? Nun, die Begründung ist eben so naheliegend wie nicht zu leugnen. Es liegt schlichtweg im Kern daran, dass ein kapitalistisch begründetes Wirtschaftssystem eben nur dann – allerdings über eine vorhersehbar kurze Zeit – funktionieren kann, wenn Menschen – koste es, was es wolle – dazu animiert werden, immer mehr und immer schneller Dinge zu kaufen, die sie bei näherer Betrachtung oftmals nicht wirklich brauchen.

Ein klassisches Reparieren defekter Geräte, wie es über Jahrzehnte hinweg üblich war, findet man in dieser konsumgeilen Welt immer weniger. Abgesehen davon, dass sich viele Menschen durch einen ausufernden Konsum nicht nur finanziell des Öfteren übernehmen, wird hier ein im Kern geisteskrankes Denken implementiert, das die Menschen mehr und mehr von dem entfremdet, was tatsächlich wichtig ist.

Allein schon ein achtsamer Blick in die nicht selten menschenverachtenden Produktionsbedingungen von Fabriken, wie man sie z. B. auch in Asien findet, in denen Menschen in ärmlichsten Verhältnissen, unter zumeist katastrophalen Arbeitsbedingungen sowie schändlichen Löhnen Produkte herstellen, die dann zu nicht selten sündhaften Preisen hier in westlichen Ländern verkauft werden, an Menschen, denen es mehrheitlich offenkundig völlig gleichgültig ist, unter welchen nicht selten verachtenswerten Bedingungen diese hergestellt worden sind, müsste jedem Menschen, der nicht gänzlich emotional verarmt ist, die Schamröte ins Gesicht treiben.

Wenn es etwas gibt, bei dem es sich vor allem perspektivisch lohnt, möglichst viel davon zu „konsumieren", dann sollte es z. B. dein Bemühen sein, dein wahres Ich erkennen zu wollen.

Bist du nun irritiert? Nun, damit befändest du dich in „guter" Gesellschaft. Warum? Nun, sieh' dich mal aufmerksam um, und du wirst mehrheitlich die Erfahrung machen, dass es nur vergleichsweise wenige Menschen gibt, die sich genau solche letztlich zentralen Fragen des Lebens stellen.

Vielmehr ist zu beobachten, dass der weitaus überwiegende Teil der Menschen – zumeist ohne kritische Selbstreflexion – dazu neigt, sich freiwillig in einem System versklaven zu lassen, das ganz sicher primär nicht das Wohl der Menschen im Schilde führt, sondern, dem es vor allem und klar erkennbar darauf ankommt, einen Zustand noch über eine gewisse Zeit „am Leben erhalten zu wollen, von dem längst klar ist, dass allenfalls noch vielleicht fünf bis zehn Prozent der Bevölkerung angemessen an so manchen Wohltaten teilhaben können.

Bedenke: Moderne Sklaverei zeigt sich nicht mehr dadurch, dass Menschen in Ketten gelegt werden, sondern vielmehr darin, dass immer mehr Menschen schon längst in einen perfiden, schleichenden Prozess eingebunden werden, bei dem ihnen suggeriert wird, es sei völlig normal, dass sich Menschen auch und gerade in vermeintlich „seriösen Arbeitsverhältnissen" in dem Sinn ausbeuten lassen, zu akzeptieren, dass eigene Handlungsspielräume erkennbar immer weiter eingeengt werden. Denk' bitte mal darüber nach, welche ursächlichen Gründe es wohl dafür gibt, dass nachweislich immer mehr Menschen unter schweren und schwersten psychischen Störungen leiden, die in zunehmender Anzahl entscheidend dadurch verursacht werden, dass

Menschen systematisch und mit nicht selten übelsten Methoden am Arbeitsplatz in einer Art und Weise missbraucht werden, die früher oder später auch bis dahin seelisch robustere Naturen irgendwann in die Knie zwingen?

Das alles geschieht nicht „einfach nur so", sondern das sind – wie sich auch klar nachweisen lässt – die ebenso logischen, wie vorhersehbaren Konsequenzen eines Denkens, das entscheidend durch Gier und einem selbstzerstörenden Wahnsinn nach immer mehr und mehr ausgelöst wird.

Besonders unsinnig ist es zu argumentieren, dass „das doch schon immer so gewesen sei, und dass man daran nichts ändern könne...". Unsinn! Kein Gesetz dieser Welt schreibt vor, einem System dienen zu müssen, dessen gar nicht ernsthaft zu übersehendes Ziel im Kern darin besteht, die in ihm agierenden Menschen schleichend aber systematisch an den eigenen Abgrund zu führen. Jeder Mensch, so auch du, kann und sollte – schon aus Eigeninteresse – sehr wohl Entscheidendes dazu beitragen, Menschen davon zu überzeugen, dass eben sehr wohl eine Welt möglich ist, in der nicht nur eine immer kleiner werdende Minderheit selbsternannter Eliten, deren Ansprüche sich zumeist eben nicht primär aus nachweislich erbrachter Eigenleistung, sondern vielmehr aus unverdienten Vermögenswerten speisen, die schon längst jedes akzeptable Maß um Größenordnungen überschritten haben, Monopoly mit der ganzen Welt spielt.

Wach' auf, und erkenne, dass auch du und dein Handeln schon längst in vielfacher Art und Weise missbraucht werden, und befreie dich aus diesem Irrsinn, indem du im Rahmen deiner Möglichkeiten nicht blind solchen Vorgaben folgst, die auch dich schleichend aber unaufhaltsam in einen Zustand treiben, den du bei genauer Betrachtung ganz bestimmt nicht möchtest.

Konsumiere und verschenke lieber alles das, was dazu beiträgt, diese in so weiten Teilen kranke Welt zu heilen:

Liebe, Vertrauen, Treue. Damit hilfst du auch dir selbst.

56. Es sind gerade die halben Wahrheiten die schlimmsten Lügen, weil sie durch den kleinen Bestandteil von Vernunft täuschen und durch den andern Bestandteil von Wahn berauschen.

(Johann Gottlob von Quandt, 1787-1859), deutscher Kunsthistoriker)

Vielleicht kennst du auch den Spruch, der sinngemäß besagt: „Kleine Lügen bestraft der liebe Gott sofort; größere Lügen dann später..."?!

So witzig das womöglich für dich auf den ersten Blick auch wirken mag, so unbestreitbar richtig ist diese Aussage im Kern ganz bestimmt.

Das „Prinzip Lüge" hat sich schon längst wie ein unheilvolles Geschwür in unser aller Leben eingeschlichen. Gerade weil es offenbar gesellschaftlich in weiten Teilen als „normal" angesehen wird, bewusstes Lügen als Mittel zur nicht selten perfiden Manipulation von Menschen einzusetzen, gerade deshalb handelt es sich dabei um ein unheilvolles Gift, welches das Denken und Handeln vieler Menschen schleichend und systematisch verbiegt.

Exemplarisch dafür, wie dreist und zudem sehr bewusst gelogen wird, mag das Thema „Aktuelle Arbeitslosenzahlen" sein.

Wider besseres Wissen sowie wider klar nachweisbarer Fakten, wird permanent immer wieder im Brustton der Überzeugung verkündet, dass es in unserem Land (Stand: 2021) „nur" noch etwa 2,6 Millionen Arbeitslose gebe, obwohl jedem, der sich ernsthaft mit dieser Thematik befasst, klar sein sollte, dass es sich dabei um eine bewusst geschönte Zahl handelt, die mit der Realität absolut gar nichts zu tun hat.

Richtig ist vielmehr, dass es sich dabei um einen ebenso

durchsichtigen, wie perfiden Taschenspielertrick genau solcher Leute handelt, die weite Teile der Bevölkerung glauben machen wollen, dass sich die Lage auf dem Arbeitsmarkt infolge der HARTZ-4-Reformen signifikant und fundamental zum Besseren hin entwickelt habe.

Dem ist jedoch, wie sich leicht nachweisen lässt, mitnichten so. Wären die Zahlen ehrlich, müsste man diese um mindestens eine Million erhöhen. Warum? Nun, faktisch ist es so, dass durch einen schon längst ausufernden Markt prekärer Minijobs, durch unsägliche Befristungen neu abzuschließender Arbeitsverträge sowie durch ein dreistes Ausbeuten von Leiharbeitern die jeweils offiziell so großspurig verkündeten Arbeitslosenzahlen in einer dreisten Art und Weise geschönt werden, um somit zu suggerieren, dass es lobenswerte Erfolge in diesem Bereich gebe.

Mit einem Wort: Bullshit!

Fakt ist, dass schon seit vielen Jahren immer mehr Menschen in prekäre Minijobs sowie in Leiharbeitsverträge genötigt werden, mit der nicht zu leugnenden Konsequenz, dass immer mehr Menschen zwei oder drei solcher Minijobs annehmen müssen, um halbwegs überleben zu können.

Schon längst ist es so, dass die ursprüngliche Idee – durch Leiharbeiter kurzfristig auftretende Kapazitätsspitzen temporär ausgleichen zu wollen – ad absurdum geführt wird. Längst haben viele Firmen erkannt, wie bequem es ist, Leiharbeitsverträge abzuschließen, die ihnen die Möglichkeit bieten, Leiharbeiter ebenso schnell wieder entlassen zu können, wie sie sie im Bedarfsfall aus dem Heer derer abgesaugt haben, das schon längst durch zunehmend prekäre Verhältnisse geprägt ist.

Es ist schlichtweg perfide, Minijobs sowie Leiharbeit als ein Erfolgsmodell verkaufen zu wollen, wobei jedem, der sich ernsthaft mit dieser Thematik befasst, klar ist, dass solche

Maßnahmen entscheidend nur deshalb auf den Weg gebracht wurden, um augenscheinlich die jeweils zu veröffentlichenden Arbeitslosenzahlen zu schönen.

Da fragt man sich schon, wie unfassbar unwissend und naiv offenbar viele Leute sind, einen solch dreisten Schwindel nicht zu durchschauen, der gebetsmühlenartig Monat für Monat aufs Neue wiederholt wird?!

Sehr viel ehrlicher und vor allem zielführender wäre es, würde man seitens offizieller Stellen einfach mal offen und ungeschönt zugeben, dass es schlichtweg immer weniger sozialversicherungspflichtige Arbeitsplätze der Art gibt, dass voll berufstätige Menschen davon auch einen angemessenen Lebensunterhalt bestreiten können.

Dass es nicht zuletzt im Zusammenhang mit solchen Themen wie beispielsweise Digitalisierung der Arbeitswelt, fortschreitende Globalisierung, Künstliche Intelligenz usw. geradezu zwangsläufig zu einem immer schnelleren und weitergehenden Abbau klassischer Arbeitsplätze kommt, ist alles andere als überraschend. Anstatt weiten Teilen der Bevölkerung – wider besseres Wissen – noch immer suggerieren zu wollen, dass „alles nicht so schlimm werden würde...", und dass „alles schön wie gehabt so weitergehen werde...", ist eine dreiste Lüge, die jedem wachen Geist sofort klar wird.

Sei klug, und erkenne, dass bewusstes Lügen niemals etwas Gutes im Schilde führen wird. Vielmehr solltest du dir stets die Frage stellen: Wem nützt eine Lüge?

Lass ' dich nicht einlullen von schön klingenden Worten, denen erkennbar und nachweisbar jede seriöse Grundlage fehlt.

Hab' Mut, und sprich die Wahrheit. Das mag zuweilen zunächst hart sein, doch ist es auf die Dauer besser so.

57. Tu etwas Gutes, wo immer du bist. Es sind all die Kleinigkeiten, die zusammen die Welt verändern.

(Desmond Tutu 1931, südafrikanischer Theologe)

Hast du dich vielleicht auch schon dabei ertappt, über so viele kleine und große Ärgernisse deines Lebens gemeckert zu haben? Klagst auch du über so allerlei Missstände, die du in deinem Umfeld sowie in unserer Welt als Ganzes beobachtest? Hast auch du den Eindruck, dass es an vielen Ecken und Enden in dieser Welt nicht gerecht zugeht?

Falls du dich in einer solchen Beschreibung wiedererkennst, dann stell' dir sogleich auch die Frage, ob bzw. was du denn bisher gegen so allerlei Widrigkeiten des Lebens konkret unternommen hast?

Zählst auch du dich zu dem großen Heer derer, die zumeist eher unreflektiert und vorschnell solche Äußerungen von sich geben, die sinngemäß besagen: „Da kann man doch nichts machen. Was soll ich als Einzelner denn da ausrichten? Das hat doch alles keinen Sinn. Ich habe keine Zeit, mich um dies und das zu kümmern, da ich doch so viel Arbeit habe...".

Falls du dich in solchen oder ähnlichen Aussagen wiedererkennst, solltest du dir einmal ernsthaft darüber Gedanken machen, ob solche vorschnellen Aussagen bei näherer Betrachtung vor allem nur eines sehr klar zeigen – nämlich, dass du dich nicht ernsthaft mit der Frage beschäftigen möchtest, welche konkreten Möglichkeiten es sehr wohl auch für dich geben könnte, diese Welt zu einem schöneren, menschenfreundlicheren und insgesamt lebenswerteren Ort zu machen?

Jeder Mensch, so auch du, kann und sollte im Rahmen der eigenen Möglichkeiten aktiv danach Ausschau halten, wie er durch eigenes Handeln mit dazu beitragen kann, hilfreich für das Wohl seiner Mitmenschen aktiv werden zu können.

Sobald du einmal ernsthaft prüfst, welche konkreten Möglichkeiten des Helfens es auch für dich gibt, wirst du zu der Erkenntnis gelangen, dass deine womöglich bisher praktizierten Abwehrmechanismen im Kern nichts anderes gewesen sind, als fadenscheinige Ausreden dafür, sich nicht auch der eigenen Verantwortung stellen zu wollen.

Ja, ganz genau, auch du trägst Mitverantwortung für das Wohl deiner Mitmenschen sowie für das Wohl dieser Welt im Ganzen. Je überraschter du an dieser Stelle womöglich über eine solche Aussage sein solltest, umso mehr wäre dies ein klares Zeichen dafür, dass du bisher wesentliche Aspekte eines gedeihlichen Miteinanders nicht angemessen in Betracht gezogen hast.

Einmal abgesehen davon, dass es für jeden Menschen vielfältigste Möglichkeiten gibt, sich und seine eigenen Fähigkeiten auch für das Gemeinwohl einzubringen, bestätigt nicht zuletzt die psychologische Forschung, dass ein helfender Mensch eben nicht nur anderen Menschen hilft, sondern nicht zuletzt auch sich selbst. Warum? Nun, wenn du anderen Menschen im Rahmen deiner Möglichkeiten hilfst, sorgst du damit ganz automatisch auch dafür, dass sich bei dir wohltuende Glücksgefühle einstellen. Nicht ohne guten Grund lautet eine kluge Lebensweisheit: „Geben ist seliger denn nehmen."

Nutze auch du die sich dir stets neu bietenden Möglichkeiten, dich und deine Fähigkeiten auch in den Dienst des Allgemeinwohls zu stellen. Somit leistest du nicht nur für andere Menschen nützliche und gern gesehene Dienste, sondern du trägst somit aktiv und konkret dazu bei, dass diese in weiten Teilen so kranke Welt zu einem besseren Ort gemacht werden kann.

Bedenke: Du verfügst über sehr viel mehr Möglichkeiten Gutes zu tun, als dir bisher womöglich bewusst gewesen ist. Es gibt nichts Gutes, außer du tust es. Jetzt!

58. Jeder Mensch hat die Chance mindestens einen Teil der Welt zu verbessern, nämlich sich selbst.

(Paul de Lagarde, 1827-1891, deutscher Kulturphilosoph, Orientalist)

Ist dir auch schon aufgefallen, dass viele Menschen mitunter sehr viel Kraft und Zeit darauf ver(sch)wenden, andere Menschen und deren Verhalten korrigieren zu wollen, dass sie an allem und jedem etwas auszusetzen haben?

Um hier keinem Missverständnis aufzusitzen, sei sogleich gesagt, dass es dabei weniger darum geht, objektiv unsinnige oder schädliche Denk- und Verhaltensmuster korrigieren zu wollen – das ist in jedem Fall gut und richtig – sondern vielmehr darum, dass vor allem unzählige Vorurteile, die Menschen – zumeist unreflektiert – mit sich herumtragen, als das entlarvt werden sollten, was sie faktisch sind: Unsinn!

Erfahrungsgemäß fällt es den meisten Menschen sehr viel leichter, Fehler bzw. vermeintliche Fehler bei anderen Menschen zu kritisieren, als ebenso klar mal das eigene Denken und Handeln einer kritischen Selbstreflektion zu unterziehen.

Warum wohl sperren sich erkennbar so viele Menschen dagegen, eigene Denk- und Handlungsmuster als das zu enttarnen, was sie oftmals faktisch sind – empfindliche Blockaden, die vielfältige Optionen des eigenen Lebens grundlos schon im Keim ersticken?

Nun, die Psychologie gibt uns darauf eine ebenso klare, wie nicht zu widerlegende Antwort. Im Kern liegt es zumeist darin begründet, dass nicht wenige Menschen schlichtweg Angst davor haben, das eigene Denken und dessen zugrundeliegende Motive zu entschlüsseln, da sie somit geradezu zwangsläufig erkennen müssten, wie abwegig und nicht selten massiv selbstschädigend eigene Denkblockaden wirken.

Es ist schon erstaunlich und befremdlich zugleich, dass ein erheblicher Teil der Bevölkerung offenbar lieber wie fremdgesteuerte, willenlose Bio-Roboter durch dieses Leben geht, ohne sich mal ernsthaft die Frage zu stellen, ob eine ebenso unsinnige wie unnötige Selbstkasteiung nicht vielmehr dazu beiträgt, „gelebt zu werden", anstatt selbst das eigene Lebensruder in die Hand zu nehmen.

Viele Menschen sind schon längst so dermaßen eingenebelt, dass sie zumeist schon gar kein Gespür mehr dafür haben, zu merken, wie extrem manipulativ sie seitens fremder Kräfte von ihrem wahren Selbst abgehalten werden.

Bedenke: Je uniformierter das Denken und Handeln einer Gesellschaft ist, umso leichter lassen sich weite Teile der Bevölkerung für Zwecke missbrauchen, die alles andere als gut und ehrenwert sind. Beispiele dafür, wie schleichend und systematisch unsere Gesellschaft bereits schon längst infiltriert wird, gibt es zuhauf.

Wach' auf, und lass' dir nicht einreden, dass es immer mehr Bereiche des täglichen Lebens gibt, in denen eine wohltuende Menschlichkeit mehr und mehr einem kalten, herzlosen Kalkül solcher Mächte zu weichen habe, deren perfides Ziel im Kern ist, die gesamte Welt beherrschen zu wollen.

Es ist schlichtweg Unsinn, einerseits darüber zu klagen, dass unsere Welt an so vielen Ecken und Enden zunehmend unmenschlicher geworden ist, zugleich aber nichts dagegen zu tun, um genau diesen schon längst nicht mehr ernsthaft zu übersehenden Trend durch eigenes, aktives Handeln zu korrigieren.

Bedenke: Fortgesetzte Ignoranz gar nicht zu bestreitenden Missständen gegenüber, wird uns letztlich alle – ja, auch dich

– in den Abgrund reißen.

Bitte überleg' einmal, wer ist der Mensch, mit dem du die meiste Zeit deines Lebens verbringst?

Ist es deine Partnerin, dein Partner? Sind es deine Eltern oder deine Kinder? Sind es Freundinnen oder Freunde?

Nein, nichts von alledem. Der Mensch, mit dem du die meiste Zeit deines Lebens verbringst, das bist du selbst; niemand sonst.

Von daher solltest du dir selbst die Chance geben, dich und deine Motive sowie dein Denken und Handeln verstehen zu wollen.

Schon klar, das mag und wird in einer bestimmten Art und Weise in Teilen vermutlich auch unbequem für dich sein. Doch, dass du dich ohne Not von genau solchen elementaren Selbsterkenntnissen abschneidest, dafür gibt es bei genauer Betrachtung keinerlei gute und sinnvolle Gründe. Vielmehr beschneidest du dich und deine Möglichkeiten in einer Art und Weise, die weder hilfreich noch klug ist.

Dann, und nur dann, wenn du dir deiner eigenen Motive und Denkstrukturen bewusst wirst, hast du eine gute und sinnvolle Chance, eigenes Denken und Handeln in einer Art und Weise zu entfalten, das die grundsätzlich in dir angelegten Ressourcen zur vollen Entfaltung bringen kann.

Kurz: Das Beste, was du für dich und dein Leben tun kannst, ist, ernsthaft verstehen zu wollen, welche Motive dich und dein Denken im Kern leiten, und vor allem, warum sie es so und nicht anders tun? Die Alternative, die bedauerlicherweise viele Menschen – zumeist unreflektiert – leben, lautet: Leben unter Autopilot. Möchtest du das wirklich?!

59. Wer demütig ist, der ist duldsam, weil er weiß, wie sehr er selbst der Duldsamkeit bedarf; wer demütig ist, der sieht die Scheidewände fallen und erblickt den Menschen im Menschen.

(Theodor Fontane, 1819-1898, deutscher Schriftsteller)

Ertappst auch du dich des Öfteren dabei, mit Ungeduld und Missmut auf andere Menschen zu reagieren, die für dein Empfinden in bestimmten Situationen des Lebens nicht schnell genug agieren? Fühlst auch du dich wiederholt davon genervt, dass Menschen in deinem Umfeld nicht so agieren, wie du es für dein Empfinden erwartest? Zweifelst auch du an der Intelligenz deiner Mitmenschen, die nach deiner Einschätzung in so manchen Alltagssituationen unbeholfen und dumm agieren?

Falls du dich in einer solchen oder ähnlichen Einschätzung wiedererkennst, solltest du bitte bedenken, dass jeder Mensch – ja, auch du – grundsätzlich nur in dem Rahmen dessen agieren kann, wie er biografisch sozialisiert worden ist.

Demut und Geduld sind zwei Seiten ein und derselben Medaille.

Sobald du demütig den Ereignissen deines Lebens gegenüber agierst, wirst du zwangsläufig auch geduldiger werden. Warum? Nun, sobald du begreifst, dass es auch für dich gute Gründe dafür gibt, demütig Menschen und Situationen gegenüber aufzutreten, wirst du verstehen, dass der weithin bekannte Spruch - „In der Ruhe liegt die Kraft" - sehr viel mehr ist, als eben nur ein Spruch. Vielmehr transportiert diese Lebensweisheit eine Grunderfahrung des Lebens schlechthin, deren tiefer und unbestreitbarer Wahrheit auch du dich nicht wirst entziehen können.

Schenke dir und deinen Mitmenschen immer wieder neue und faire Chancen, eigenes Denken und Handeln gemäß dem jeweils eigenen Tempo sowie in Anlehnung an die zu bestimmten Zeitpunkten vorhandenen Möglichkeiten anpassen zu können.

Hab' Geduld mit dir und deinen Mitmenschen.

Bedenke, dass du durch unmotivierte Hektik und Panik keine wie auch immer geartete Situation in deinem Leben oder in dem Leben deiner Mitmenschen verbessern wirst. Eher das genaue Gegenteil wird der Fall sein.

Sobald du achtsam durch dein Leben gehst, wirst du eine Vielzahl von Situationen erkennen, in denen unnötige Hektik das Leben von dir und deinen Menschen grundlos in Unruhe versetzt.

Falls du nun womöglich vorschnell sagst, dass es doch wohl völlig normal sei, in vielfältigsten Situationen hektisch und panisch zu agieren, lass' dir sagen, dass genau eine solche Aussage – wie sich leicht zeigen lässt – unreflektiert und zumeist schlichtweg unsinnig ist.

Warum?

Nun, in den allermeisten Fällen wirst du – sofern du dir selbst und Dritten gegenüber ehrlich bist – zugeben müssen, dass deine Hektik in keinem auch nur ansatzweise angemessenen Verhältnis zu den jeweils tatsächlich erlebten Situationen gestanden hat.

Ein erheblicher Teil gesundheitsschädlichen Stresses entsteht – wie nicht zuletzt diverse Forschungsergebnisse klar belegen – primär eben gerade nicht aufgrund äußerer Umstände, wie beispielsweise Menschen und Situationen, sondern vielmehr auf der Basis der Art und Weise, wie Menschen vermeintlich stressige Situationen für sich bewerten.

Menschen, die solche nicht ernsthaft zu bestreitenden Erkenntnisse psychologischer Forschung penetrant ignorieren, zeigen damit allenfalls, dass sie im Kern leider gar nichts begriffen haben.

Warum?

Nun, es handelt sich eben bei einer solchen Erkenntnis keineswegs um eine solche, der man nur marginalen Charakter zubilligen sollte, sondern vielmehr um eine sehr fundamentale, die auch dein Leben und das Leben deiner Mitmenschen nahezu täglich immer wieder unübersehbar empfindlich betrifft.

Ebenso in der Sache dümmliche, wie vorschnelle Beschwichtigungen der Art, wie beispielsweise: „So bin ich eben, daran kann ich nichts ändern...", zeigen vor allem, dass der betreffende Mensch sich einer ebenso sinnvollen wie konstruktiven Selbsterkenntnis widersetzt.

Nicht zuletzt die psychologische Forschung hat längst klar nachgewiesen, dass viele Menschen „lieber" in einer objektiv schlechten und oftmals destruktiven Lebenssituation verharren, anstatt konstruktive Schritte zu einer ebenso möglichen, wie hilfreichen Korrektur derselben einzuleiten.

Bedenke: Es besteht ein grundsätzlicher und entscheidender Unterschied zwischen a) etwas objektiv nicht können, und b) zu glauben, etwas nicht zu können.

Im zweiten Fall müsste es zumeist ehrlicherweise eher lauten, dass der betreffende Mensch etwas „nicht will". Dann wäre zu fragen, was denn wohl die entscheidenden Motive dafür sein könnten, sich einer objektiv möglichen Verbesserung eigenen Denkens und Handelns in selbstschädigender Art und Weise zu widersetzen?

Eine offene und ehrliche Betrachtung vorausgesetzt, wird sich zeigen, dass vor allem das Motiv „Angst" eine zentrale Rolle dabei spielt, sich wichtigen Erkenntnissen zu widersetzen.

60. Immer deutlicher wurde mir in den letzten Jahren, dass die eine Welt, in der wir leben, nur dann eine Chance zum Überleben hat, wenn in ihr nicht länger Räume unterschiedlicher, widersprüchlicher oder gar sich bekämpfender Ethiken existieren. Diese eine Welt braucht ein Ethos; diese eine Weltgesellschaft braucht keine Einheitsreligion und Einheitsideologie, wohl aber einige verbindende und verbindliche Normen, Werte, Ideale und Ziele.

(Hans Küng 1928 - 2021, Schweizer Theologe; Projekt Weltethos)

Schaust du dir die Weltgeschichte an, wirst du feststellen, dass es keinen anderen Grund gibt, der so dermaßen viele Menschen „auf dem Gewissen" hat, wie der unsägliche und unsinnige Glaubenskrieg, der zwischen verschiedenen Weltreligionen herrscht.

Bis zum heutigen Tag ist zu beobachten – quer durch alle Weltreligionen – dass es noch immer Menschen gibt, die allen Ernstes davon ausgehen, ausgerechnet die eigene Religion sei die einzig wahre und seligmachende.

Schon seit Jahrhunderten bekriegen sich Menschen im Kern nur deswegen, weil andere Menschen andere Religionen als einzig gut und richtig erachten.

Obwohl es innerhalb der Weltreligionen erkennbar Abstufungen des Irrsinns gibt, so zeigt sich jedoch im Kern, dass es weniger die konkreten Ausprägungen praktizierten Irrsinns sind, sondern vielmehr die viel grundsätzlichere Tatsache, dass es schon im Ansatz absurd und anmaßend ist, ernsthaft für sich in Anspruch nehmen zu wollen, einzig die eigene Religion als allein rechtmäßig und beglückend anerkennen zu wollen.

Wie absurd es ist, ernsthaft davon auszugehen, dass nun ausgerechnet die eigene Religion eine alleinige Daseinsberechtigung haben könnte, müsste jedem denkenden Menschen schon deshalb schnell klarwerden, wenn einmal folgende, gar nicht ernsthaft zu bestreitende Tatsache vorurteilsfrei zur Kenntnis genommen würde:

Kein Mensch auf dieser Erde, auch du nicht, wurde gefragt, ob bzw. unter welchen Umständen und an welchem geographischen Ort er das Licht dieser in weiten Teilen so geisteskranken Welt erblicken möchte?

Von daher lag und liegt es also nicht im Ermessen eines einzelnen Menschen, ebenso unsinnig wie anmaßend davon auszugehen, dass nun ausgerechnet die Religion, die zum Zeitpunkt der eigenen Geburt an einem bestimmten geographischen Ort als gut und richtig angesehen wurde, als die einzig wahre anerkannt werden sollte. Ein absurder Gedanke, der jedoch bedenklicherweise weltweit in unterschiedlichsten Ausprägungen bis zum heutigen Tag praktiziert wird.

Mit dem gleichen Recht, wie beispielsweise ein in Afrika geborener Mensch den Islam als allein seligmachende Religion kennengelernt hat, könnte ebenso ein Christ, der beispielsweise in Europa das Licht dieser Welt erblickt hat, oder ein Jude, der in Israel in diese Welt eingetreten ist, für sich in Anspruch nehmen, dass nun ausgerechnet die jeweils eigene Religion die einzig wahre sei. Absurd!

Anstatt zu begreifen, dass letztlich jede Religion – ganz gleich, unter welchem Etikett sie auch firmiert – im Kern vor allem Orientierungshilfe in einer sehr komplexen Welt sein möchte, um den Menschen Halt zu gewähren, bekämpfen sich unzählige „Gläubige" vielmehr, indem sie nicht selten abenteuerliche, um nicht zu sagen geisteskranke „Begründungen" dafür erfinden, um das Überleben der jeweils eigenen Religion irgendwie noch rechtfertigen zu können, wobei jedem bei klarem Verstand befindlichen Menschen klar sein sollte, dass vor allem immer wieder nur absurde Scheindebatten geführt werden, die jedoch am Kern des Problems vorbei argumentieren.

Was unsere Welt dringend braucht, sind weniger immer abenteuerlichere Wortgefechte um die vermeintlich „einzig wahre Religion", als vielmehr Menschen, die sich ihres Verstandes bedienen, um zu erkennen, dass Wahrheit letztlich unteilbar ist.

Von daher sollte und muss es im Kern darum gehen, zu begreifen, dass es im Grunde genommen um die universell anzusehende Frage von „Gut und Böse" oder „Richtig und falsch" geht; und genau diese Frage ist völlig unabhängig von der Frage, ob ein Mensch sich nun einer Religion x oder y oder z zugehörig fühlen mag.

Entscheidend ist, zu erkennen, dass es ethische Werte gibt, die alle Menschen auf dieser Erde teilen sollten; unabhängig davon, ob der betreffende Mensch womöglich Christ, Muslim, Jude, Hindu oder was auch immer sein mag?

Wie absurd solche Scheindiskussionen ganz grundsätzlich sind, erkennst du, wenn du deinen Blick gar nicht mal nur auf die vermeintlichen Unterschiede zwischen verschiedenen Weltreligionen legst, sondern vielmehr darauf, dass schon innerhalb der jeweiligen Hauptströmungen es teils extreme Unterschiede gibt.

Vordergründig könnte man sagen, dass es doch sehr lobenswert ist, wenn es in jüngerer Vergangenheit beispielsweise auch innerhalb des Christentums dazu kommt, dass verschiedene Ausprägungen wie z. B. Katholizismus und Protestantismus sich allmählich annähern. Doch, eine solche Entwicklung ist bei genauerer Betrachtung – leider – nur ein weiteres Beispiel dafür, wie absurd die gesamte Debatte schon im Ansatz ist. Immer wieder ging und geht es vor allem bornierten „Gläubigen" letztlich doch nur darum, vordergründig „Zugeständnisse" an andere Glaubensrichtungen vorzutäuschen, um dann zumeist im Nachsatz sogleich darauf hinzuweisen, dass aber letztlich eben doch nur der eigene Denkansatz der einzig wahre sei.

Sehr „schön" konnte man dieses ebenso durchsichtige wie verlogene Prinzip innerhalb der letzten Jahre auch religionsübergreifend beobachten, als führende Vertreter der Katholischen Kirche zunächst so taten, als seien sie an einem offenen und ehrlichen Austausch mit anderen Weltreligionen interessiert, um dann jedoch im Nachsatz immer wieder zugleich darauf aufmerksam zu machen, dass letztlich nur die eigene Religion die einzig wahre sei. Ein verlogenes, dümmliches und absurdes Theater!

Solange Menschen nicht mehrheitlich begreifen, dass eben nicht borniertes Denken zum Wohl der gesamten Welt sein wird, sondern nur die Erkenntnis, dass es universelle Ethiken gibt, die für alle Menschen gelten, solange werden Menschen sich auch weiterhin hinter ebenso absurden wie im Kern destruktiven Gedankengebäuden verschanzen, mit der ebenso logischen wie schrecklichen Konsequenz, dass sich Menschen nicht annähern, sondern sich immer weiter voneinander entfernen.

Dass es sich dabei um ein universell zu beobachtendes Prinzip handelt, siehst du beispielsweise auch daran, dass es solche Ausdifferenzierungen hinsichtlich vermeintlicher Richtigkeit der eigenen Weltanschauung innerhalb einer Weltreligion eben nicht nur im Christentum gibt, sondern in allen Weltreligionen. Sieh' dir beispielsweise einmal die Weltreligion des Islam an. Auch dort wirst du erkennen, dass es nicht *den* Islam gibt, sondern vielfältigste Ausprägungen, in deren Gefolge sich – ähnlich wie im Christentum - „Gläubige" untereinander verbal oder sogar physisch bekämpfen.

Sobald du dieses Grundprinzip einmal im Kern durchschaut

hast, wirst du zu der Erkenntnis gelangen, dass keine wie auch immer geartete Weltreligion Frieden auf dieser so kranken Erde wird schaffen können, sondern einzig ein vorurteilsfreies „Erkennen-wollen", dass es eben universell gültige ethische Prinzipien gibt, die weder an einen geographischen, noch an einen kulturellen Lebensraum gebunden sind.

61. Die Freiheit des Menschen liegt nicht darin, dass er tun kann, was er will, sondern, dass er nicht tun muss, was er nicht will.

(Jean-Jacques Rousseau, 1712-1778, franz.-schweiz. Philosoph)

Sieh dich bitte einmal um in deinem näheren und weiteren sozialen Umfeld. Dann wirst du feststellen, dass es viele Menschen gibt, die wie ferngesteuerte Bio-Roboter agieren. Fernab von jeglichem eigenen Willen, frei von jeglicher Selbstreflexion, nur getriggert durch unzählige Vorgaben seitens eines schon längst in weiten Teilen geisteskranken Mainstreams.

Nein, du musst keineswegs jeden noch so unsinnigen Hype mitmachen, der dir durch diverse Medien aufgenötigt wird.

Nein, du darfst dich deines eigenen Verstandes bedienen, und selbst entscheiden, ob du auch zu einer Herde willenloser, konsumgeiler Lemminge gehören möchtest, die offenbar gar nicht merkt, dass sie als willfährige, naive Masse vor allem nur die Bedürfnisse einer winzigen Minderheit derer befriedigt, die in immer unverhohlenerer Art und Weise nicht selten in übelster Art und Weise zu manipulieren versucht.

Gib dir selbst die Chance, und erkenne, dass letztlich kein noch so zunächst attraktiv erscheinendes Konsumgut (mein Auto, mein Boot, mein Haus usw.) dir genau das zu geben vermag, worauf es letztlich im Leben ankommt: Vertrauen, Verlässlichkeit, Wohlwollen, Liebe.

Handle klug, und lass' dich nicht zu einem naiv agierenden Konsumsklaven degradieren, der zeitlebens an den eigenen, wahren Bedürfnissen vorbei lebt.

Wach' auf, und nutze deinen eigenen Verstand.

Wie unfassbar naiv, unwissend und dumm muss ein Mensch sein, freiwillig eine längst ausufernde Datensammelei durch eine fortgesetzte Mischung aus Ignoranz und Leichtgläubigkeit dadurch zu unterstützen, indem immer mehr höchst persönliche Daten in unterschiedlichsten Lebenssituationen ohne Not preisgegeben werden?

Eine der wohl dümmsten Aussagen, die von vielen Menschen immer wieder zu hören ist, lautet: „Was soll's? Ich hab' doch nichts zu verbergen."

Von wegen. Erkenne, dass das „Gold" unserer Zeit ganz klar unsere Daten sind, mit denen eine vergleichsweise kleine, machtgeile und nicht selten kriminell agierende Gruppe skrupelloser Konzerne und deren Handlanger übelste Geschäfte machen.

Nicht zuletzt durch inzwischen etablierte Maßnahmen, die sich infolge der zunehmend ausgereiften KI-Technik (Künstliche Intelligenz) ergeben haben, wirst auch du und deine Daten bis in den letzten Winkel deiner Persönlichkeit ausspioniert.

Schon längst ist es keine Science Fiction mehr, dass intelligente Algorithmen, wie sie beispielsweise bei Google, Amazon usw. zum Einsatz kommen, die Bedürfnisse vieler Menschen besser kennen, als diese selbst. Ein ebenso absurdes, wie zunehmend höchst bedenkliches Szenario!

Sei klug, und lass' dich nicht von so allerlei schönen Versprechungen blenden, die uns inzwischen an allen Ecken und Enden des Alltags begegnen. Allen gemein ist zumeist, dass sie ganz sicher nicht dein persönliches Wohl im Fokus der Betrachtung haben, sondern einzig den Gedanken, dich und deine Persönlichkeit bis in den letzten Winkel ausspionieren zu können, mit dem ebenso unübersehbaren, wie perfiden Ziel, auch dich zu einem willfährigen Konsumsklaven zu degradieren, der nach Belieben manipuliert werden kann.

Bedenke:

Nein, du musst eben keineswegs immer sogleich das neueste Smartphone kaufen. Allein schon die Überlegung, dass solche und viele weitere Produkte unseres Alltags unter nicht selten menschenverachtenden, kriminellen Bedingungen hergestellt werden, sollte dich zum ernsthaften Nachdenken anregen.

Nein, du musst nicht permanent neue Billigkleidung kaufen, die ebenfalls zumeist unter katastrophalen Bedingungen von Menschen hergestellt wird, die in übelster Art und Weise ausgebeutet werden.

Nein, du musst nicht – mal so eben – mit dem Flugzeug zum Shoppen in eine viele tausend Kilometer entfernt gelegene Metropole fliegen, und somit unzweifelhaft dazu beitragen, die Umwelt in einer unverantwortlichen Art und Weise zu schädigen.

Falls dich solche oder ähnliche Gedanken nun spontan zum Widerspruch herausfordern, wäre es nur umso mehr ein klares Anzeichen dafür, wie vernebelt auch dein Denken schon geworden ist.

Bedenke: Die Erde braucht dich und deine Anwesenheit ganz sicher nicht. Wohl aber lebst du auf und vor allem von den Schätzen dieser Erde. Meinst du nicht auch, dass es dringend notwendig wäre, sehr viel achtsamer mit unserer Erde umzugehen? Oder lebst du womöglich bewusst nach dem Motto: „Nach mir die Sintflut..."?!

Sei klug, und nimm' dir die Freiheit, des Öfteren einfach mal nein zu sagen zu so allerlei vermeintlich verlockenden

Angeboten. Das wird zunächst vielleicht ungewohnt für dich sein, doch perspektivisch tust du dir und deinen Mitmenschen damit den größten Gefallen.

62. Wo es keine Liebe und kein Wohlwollen gibt, da fehlt dem Leben alle Wärme.

(Samuel Friedländer, 1872-1942)

Sieh' dich bitte aufmerksam um in der Welt, und du entdeckst unzählige Situationen, in denen Menschen missmutig, rücksichtslos, ignorant, kaltherzig und ohne menschliche Anteilnahme agieren.

Sofern du nicht wie ein empathischer Autist durch diese Welt gehst, wirst du gar nicht ernsthaft übersehen können, dass es dieser in so vielfacher Hinsicht kranken Welt entscheidend und vor allem an menschlicher Zuwendung, Wohlwollen und Liebe mangelt.

Unzählige Menschen agieren schon längst nicht mehr menschlich, sondern vielmehr wie fremdgesteuerte Bio-Roboter, deren Handlungsmotive zumeist primär nicht mehr aus den Menschen selbst abgeleitet werden, sondern vielmehr aufgrund nicht selten höchst zweifelhafter Vorgaben noch zweifelhafterer Leute und Institutionen willenlos und ohne jegliche Form einer kritischen Reflexion praktiziert werden.

Wach' auf, und lass' dich bitte nicht zu einem Werkzeug fremdbestimmter Interessen missbrauchen, die nahezu niemals dir zum Wohle gereichen, sondern vielmehr einer prinzipiell sehr überschaubaren Gruppe skrupelloser, machtgeiler und zudem oftmals krimineller Subjekte dazu verhelfen, schleichend und systematisch immer weitere Teile der Menschheit zu unterjochen.

Bedenke: Du kannst mit den dir geschenkten Fähigkeiten entscheidend dazu beitragen, dass diese in weiten Teilen zunehmend geisteskranke Welt von schon längst in so vielfacher Hinsicht nicht mehr zu übersehendem geistigen Müll befreit wird.

Lass' dir nicht einreden, dass zum Himmel schreiende Ungerechtigkeiten „nicht geändert werden könnten", so nach dem Motto „Das war doch schon immer so...".

Nein, du kannst eben sehr wohl entscheidend dazu beitragen, Menschen davon zu überzeugen, dass der von einer übergroßen Mehrheit der Bevölkerung eingeschlagene Weg rücksichtslosen, menschenverachtenden, ignoranten Verhaltens letztlich nur ein Weg in den Abgrund sein kann – und wird.

Daran ändert auch nichts, dass es – je nach persönlichen Rahmenbedingungen – manche Leute etwas länger aushalten, bis auch sie einem unaufhaltsamen K.O. entgegenstreben werden.

Erkenne die Perversion eines geisteskranken Denkens, das nicht zuletzt in einem „schönen" Bilderwitz zum Ausdruck gebracht wird, der wie folgt gestaltet ist:

Zu sehen ist ein kleines Boot auf dem weiten Meer. Auf der einen Seite sieht man eine Gruppe erkennbar armer Menschen, unter deren Fußboden ein Loch im Boden zu sehen ist. Auf der anderen Seite sitzt eine kleine Gruppe erkennbar superreicher Leute. Zu sehen ist, dass das Boot infolge des eindringenden Wassers auf der Seite der armen Leute bereits bedrohlich zu sinken beginnt. In der Sprechblase auf der Seite der superreichen Leute ist zu lesen: „Was kümmert uns das Loch? Es ist doch auf der anderen Seite des Bootes...".

Abgesehen davon, dass eine solche Geisteshaltung nur als menschenverachtend bezeichnet werden kann, zeigt sie vor allem, wie unfassbar dumm und ignorant auf der vermeintlich (noch) „sicheren" Seite agiert wird.

Dieser im Grunde genommen schlimme Bilderwitz zeigt ein bekanntermaßen typisches, menschliches Verhalten, das nicht zuletzt in unzähligen Studien im Umfeld der Psychologie längst wiederholt bestätigt werden konnte, das da lautet: Die meisten Menschen reagieren – wenn überhaupt – erst dann, wenn „die eigene Hütte brennt...". Solange es andere Menschen betrifft, hält sich ein übergroßer Teil der Bevölkerung lieber vornehm zurück.

Vielmehr sieht man u. a. die jährlich stattfindenden Wohlfahrtsgalas zugunsten notleidender Menschen, in denen sich zumeist versnobte Superreiche „die Klinke in die Hand geben" - so nach dem Motto: Hauptsache, gesehen werden – Leute, denen es mehrheitlich wohl kaum darum geht, ernsthaft helfen zu wollen, sondern wohl eher darum, den eigenen, verschwenderischen Lebensstil dadurch irgendwie zu rechtfertigen, indem dann vergleichsweise lächerliche Beträge „ach so großzügig gespendet werden", um somit womöglich das eigene, schlechte Gewissen beruhigen zu können. Sozusagen ein Freikaufen eines ansonsten praktizierten dekadenten Lebensstils.

Wäre solche Leuten ernsthaft und aufrichtig daran gelegen, helfen zu wollen, könnten sie ihre „ach so großzügigen Spenden" auch anonym tätigen, ohne sich nun auch noch immer dafür feiern zu lassen, dass sie ja „ach so großzügig und hilfsbereit seien..".

Viel wichtiger wäre es, würden solche Leute mal ernsthaft darüber nachdenken, dass es entscheidend gerade auch ihr eigener, verschwenderischer Lebensstil ist, der überhaupt erst entscheidend mit dazu beiträgt, dass es so dermaßen viel Elend und Armut auf dieser Welt gibt.

Doch, solche Gedanken werden bekanntermaßen zumeist nur vorschnell abgeschmettert, da sie erkennbar unbequem sind.

Kurz: Eine verlogene Gesellschaft, die erkennbar immer wieder an den wahrhaft auslösenden – und zudem längst bekannten Ursachen – von so viel Leid und Elend – ignorant vorbei argumentiert.

63. Ganz gleich, wie beschwerlich das Gestern war, stets kannst du im Heute von Neuem beginnen.

(Buddhistische Lebensweisheit)

Nicht ohne gute Gründe empfiehlt eine buddhistische Lebensweisheit im Hier und Jetzt zu leben.

So trivial das auf den ersten Blick auch erscheinen mag, so sehr kannst du täglich in deinem Umfeld beobachten, dass sehr viele Menschen genau einem solchen klugen Lebensprinzip zuwider handeln.

Immer wieder wird unverhältnismäßig viel Kraft und Zeit auf Vergangenes ver(sch)wendet. Immer wieder werden Zukunftspläne geschmiedet, deren konkrete Umsetzung zumeist schon nach kurzer Zeit wieder zerplatzt.

Was immer du auch erlebt haben magst, worüber immer auch du dich grämen magst, womöglich in der einen oder anderen Lebenssituation nicht gut oder gar falsch entschieden zu haben – bedenke – nichts und niemand auf dieser Welt wird es dir ermöglichen, deine individuelle Lebenszeit zurückzudrehen. So unerbittlich es auch klingen mag: Vorbei ist vorbei.

Einzig im Hier und Jetzt hast du die Möglichkeit, neue und hoffentlich auch gute Entscheidungen für dich und dein weiteres Leben treffen zu können. Ein solcher Gedanke mag zunächst ungewohnt für dich erscheinen. Doch, sobald du wirklich erkannt hast, dass einzig ein Denken und Handeln im Hier und Jetzt dein weiteres Leben bestimmt, wirst du einen ebenso klugen wie entscheidenden Schritt auf deinem Lebensweg gegangen sein.

Verschwende keine unnötige Kraft mehr darauf, dich über dieses und jenes zu grämen, was du entweder tatsächlich, oder mitunter auch nur gedacht falsch gemacht haben könntest. Das, was geschehen ist, wirst du mit keiner Kraft dieser Welt mehr ungeschehen machen können.

Sehr wohl aber wäre es klug, wenn du aus gemachten Erfahrungen sinnvolle und zielführende Schlussfolgerungen für dein weiteres Denken und Handeln ziehst.

Erfahrungen, die du irgendwann, irgendwo mit irgendwem gemacht hast, sind letztlich nur dann für deinen weiteren Lebensweg von Wert, wenn du die richtigen Schlussfolgerungen daraus ziehst. Die Tatsache allein, dass du Erfahrungen gemacht hast, besagt zunächst einmal eben nur, *dass* du sie gemacht hast. Es sagt jedoch nichts darüber aus, ob du daraus auch kluge Schlussfolgerungen für dein weiteres Denken und Handeln gezogen hast. Dann, und nur dann, wenn du ganz bewusst eine kritische Selbstreflexion betreibst, gibst du dir selbst die Chance, aus gemachten Fehlern auch tatsächlich etwas zu lernen.

Bedauerlicherweise lässt sich vielerorts beobachten, dass viele Menschen genau eine solche kritische Selbstreflexion erst gar nicht ernsthaft in Betracht ziehen. Vielmehr verharren sie nicht selten „lieber" in einem gewohnten Denk- und Handlungsrahmen, bei dem – aus einer Metaposition betrachtet – schon längst klar ist, dass er eine persönliche Weiterentwicklung empfindlich ausbremst.

Bedenke: Was immer du womöglich auch Beschwerliches, Schlimmes oder Belastendes erlebt haben magst, so vergiss bitte niemals, dass schließlich jede Krise auch neue Chancen in sich birgt.

Je nach Schweregrad des Erlebten wird es aus verständlichen Gründen mitunter so sein, dass du „das Licht am Ende des Tunnels" zeitweise nicht erkennen kannst. Das ist völlig normal, und auch nicht weiter tragisch.

Bedenklich vielmehr wird es genau immer dann, wenn du dich grundsätzlich und starrköpfig dagegen sträubst, dich und dein Leben neuen und veränderten Lebensbedingungen anzupassen. Mögliche Gründe für eine pathologische Starrköpfigkeit gibt es deren viele. Zumeist spielt – mitunter auch subtil – das Grundmotiv Angst eine entscheidende Rolle.

Sofern du aus eigener Kraft nicht dazu in der Lage sein solltest, dich aus einer festgefahrenen Lebenssituation befreien zu können, solltest du dich bitte nicht scheuen, Hilfe anzunehmen von Menschen deines Vertrauens, die sowohl über die nötige fachliche Kompetenz, als auch über eine wohltuende Empathie dir und deinen Problemen gegenüber verfügen.

Bedenke: Es ist keine Schande, Hilfe anzunehmen. Vielmehr zeigst du somit persönliche Stärke, denn es gehört sehr wohl Mut dazu, andere Menschen um Hilfe zu bitten.

Jeder neue Tag schenkt dir weitere Möglichkeiten, dein Leben oder zumindest Teile desselben in eine Richtung lenken zu können, die du in der Tiefe deines Herzens so sehr wünschst.

In diesem Zusammenhang solltest du bitte auch einmal über folgenden Spruch nachdenken, der – sofern du womöglich vorschnell reagierst – als abwegig disqualifiziert werden könnte, der jedoch – bei genauerer Betrachtung – eine ebenso unbestreitbare, wie tiefe Wahrheit enthält:

Wer es verlernt hat zu träumen, ist kein Realist.

Höre ich dich nun schon sagen: Blödsinn! Was soll der Quatsch?!

Entgegen einer oftmals zu hörenden oder lesenden Aussage, gemäß der „Träume nur Schäume" seien, lass' dir sagen, dass längst erkannt worden ist, dass eine solch' vorschnelle Aussage nicht nur unsinnig ist, sondern sie ist insofern geradezu destruktiv, weil sie Menschen davon abhält, sich mit wichtigen Botschaften eigener Träume intensiver zu befassen, die eben sehr wohl einen nicht zu unterschätzenden Anteil an der einen oder anderen Entscheidungsfindung haben können.

Gib dir bitte selbst die Chance dich deines Verstandes zu bedienen, und sprich so manche vermeintliche Wahrheit nicht unreflektiert nur deshalb gedankenlos nach, weil es der Mainstream – mangels besseren Wissens - so macht.

64. Es ist egal, wie alt ein Individuum sein mag, ob es jung ist oder alt, wenn es in Übereinstimmung mit der Gegenwart denkt, ist es unsterblich.

(Afrikanische Weisheit, Nnamdi Azikiwe)

Vermutlich ist auch dir schon der Spruch begegnet:

„Man ist so alt, wie man sich fühlt."

Zugegeben, oftmals wird dieser Spruch vor allem im Sinne einer Selbstberuhigung ob des eigenen, fortschreitenden Lebensalters bemüht. Im Kern geht es nicht selten darum, sich selbst oder Dritten gegenüber nicht eingestehen zu können bzw. zu wollen, dass auch an dir der „Zahn der Zeit" unaufhaltsam nagt.

Da helfen auf die Dauer auch keine noch so trickreichen Schönheitscrèmes oder Schönheitsoperationen.

Seit dem Zeitpunkt deiner Geburt bis hin zu deinem irdischen Ableben findet auch in dir ein fortwährender Transformationsprozess statt, den auch du durch Nichts wirst aufhalten können.

Insofern wäre es schon im Ansatz vergebliche Mühe, sich einem solchen Prozess widersetzen zu wollen.

Was du dagegen sehr wohl tun kannst, ist dafür zu sorgen, dass dein wahres Selbst während der dir geschenkten Lebenszeit hier auf Erden systematisch vervollkommnet wird.

Bedenke: Dein wahres Selbst ist grundsätzlich unabhängig von einem wie auch immer gearteten Trägermedium. Das, was deine Persönlichkeit im Kern auszeichnet, ist an keinerlei materielle Trägersubstanzen, also auch nicht an biologische Trägermedien gebunden.

Vielmehr geht es darum, zu erkennen, dass dein wahres Selbst letztlich raum- und zeitlos ist.

Ein solcher Gedanke mag womöglich für dich zunächst befremdlich erscheinen, doch er ist eine fundamentale Voraussetzung für genau das, was in allen großen Weltreligionen letztlich verkündet wird, nämlich, die Unsterblichkeit.

Wichtig ist, dass du verstehst, dass sich dein Geist, der dein wahres Selbst umfasst, von jeglicher Art einer materiellen Substanz lösen muss, um in einen Zustand der Raum- und Zeitlosigkeit übergehen zu können.

Dass das alles andere als ein abwegiger Gedanke ist, müsste dir spätestens dann klarwerden, wenn du dir schlichtweg einmal nur die „harten Fakten" anschaust.

Alles und jedes im bisher bekannten Universum setzt sich schlussendlich aus Materiebausteinen zusammen. Beginnend von kleinsten Nanostrukturen, bis hin zu gigantischen Galaxienhaufen setzen sich alle Bestandteile des Universums aus mehr oder weniger komplexen Zusammenfügungen von Materiebausteinen zusammen. Das gilt – wenngleich das für viele Menschen zunächst nur schwer verständlich ist – selbstverständlich auch für die „Struktur Mensch", also auch für dich.

Nicht ohne gute Gründe heißt es: Das einzig Beständige im Leben ist die Veränderung.

So befremdlich eine solche Aussage zunächst auch erscheinen mag, so unbestreitbar wahr ist sie. Sämtliche Strukturen im Universum, also auch du als Mensch, unterliegen einem fortwährenden Transformationsprozess, in dessen Verlauf komplexe Materiebausteine zeitlich umgewandelt, sprich zu neuen Strukturen zusammengesetzt werden.

Insofern ist es also – allein schon aus logischen Gründen – nur eine Frage der Zeit, dass es in einem geschlossenen

Universum geradezu zwangsläufig so sein wird, dass sich beliebige Materiestrukturen im Laufe der Zeit wiederholen werden.

Um dir dieses elementare Prinzip besser verständlich zu machen, sei hier folgendes Beispiel aufgeführt:

Stell' dir bitte das Universum als eine riesige Kugel vor, in deren Innenraum unzählige Kügelchen vorhanden sind, die hier die elementaren Materiebausteine repräsentieren.

Aus dem zur Verfügung stehenden Material setzen sich – je nach Region – unterschiedlich strukturelle Gefüge zusammen, die dann über einen jeweils vergleichsweise sehr kurzen Zeitraum so etwas wie eine vermeintliche Stabilität vortäuschen.

Nun stell' dir bitte weiter vor – wie im realen Universum – dass diese Kugel in Bewegung versetzt wird. In der Konsequenz wird es nun zwangsläufig so sein, dass die in der Kugel befindlichen Kügelchen fortwährend neu angeordnet werden, und somit geradezu zwangsläufig jeweils neue Strukturen ausbilden.

Das Drehen der Kugel repräsentiert in diesem Modell sozusagen den Ablauf der Zeit.

Und nun kommt der entscheidende Gedanke: Wenn du nun die große Kugel nur lange genug drehst – sozusagen Zeit „vergeht" - wird das innerhalb der Kugel zwangsläufig dazu führen, dass sich im Verlauf der Zeit alle nur denkbaren Konstellationen wiederholen werden. Warum? Nun, ganz einfach deshalb, weil die Anzahl möglicher Kombinationen grundsätzlich endlich ist. Zwar ist die Anzahl der zugrundeliegenden Materiebausteine nach menschlichem Ermessen sprichwörtlich astronomisch groß, doch ändert das faktisch rein gar nichts an der grundsätzlichen Notwendigkeit, dass sich alle nur denkbaren Strukturen im Laufe der Zeit zwangsläufig wiederholen werden.

Verstehst du, welche enorme Konsequenz sich aus dieser im Prinzip leicht nachvollziehbaren Überlegung auch für dich und dein Leben sowie für das Leben im Ganzen ergibt?

Damit du das Prinzip des wahren Selbst besser verstehst, sei hier noch ein anschauliches Beispiel gegeben, das das Grundprinzip verdeutlicht:

Stell' dir bitte einmal vor, du möchtest z. B. eine beliebige Zahl – beispielsweise die Zahl Pi (3,1415926 usw.) als Wert darstellen, mit dem du rechnen möchtest. Zu diesem Zweck könntest du die Zahl Pi entweder mit einem Bleistift auf ein Blatt Papier schreiben, oder du notierst die Zahl Pi mit einem kleinen Stöckchen im Sand eines schönen Strandes auf Teneriffa, oder du sprichst sie auf ein kleines Diktiergerät, oder du malst sie mit Wasserfarben auf einen großen Zeichenblock usw.

Diese Reihe ließe sich potenziell unendlich fortsetzen.

Was ist hier nun *der* entscheidende Gedanke? Nun, wichtig ist, zu erkennen, dass die Zahl Pi völlig unabhängig davon existiert, auf welchem Trägermedium (z. B. Papier, Sand, Schallwellen usw.) sie jeweils repräsentiert wird.

Die Zahl Pi ist demnach raum- und zeitlos, weil deren Existenz nicht automatisch, und schon erst recht nicht zwingend an bestimmte Trägermedien gebunden ist.

Genau diese Loslösung von einem wie auch immer gearteten Trägermedium ist es, die eine fundamentale und zudem unverzichtbare Voraussetzung für das ist, was sich in einem so übermenschlich großen Gedanken wie der „Unsterblichkeit" manifestiert.

Ein wenig flapsig – jedoch im Kern richtig – formuliert, könnte man auch den weithin bekannten Spruch zitieren:
„Es gibt nichts Neues unter der Sonne". Im Grunde genommen ist alles schon da; es wird nur jeweils neu „entdeckt".

Insofern werden nicht zuletzt zentrale Erkenntnisse, die vor allem auch in fernöstlichen Weltanschauungen, wie beispielsweise dem Buddhismus, längst als richtig erkannt wurden, auch von neueren Erkenntnissen neuzeitlicher Physik bestätigt.

So befremdlich es womöglich auch für dich zunächst erscheinen mag – schlichtweg deshalb, weil du dich mit solchen elementaren Lebensfragen womöglich bisher noch nicht ernsthaft beschäftigt hast – so sehr bestätigen nicht zuletzt ernstzunehmende Aspekte physikalischer Forschung, dass es ein „Vergehen von Zeit", in dem Sinn, wie es wohl die meisten Menschen vor einem alltäglichen Verständnis haben, faktisch so gar nicht gibt.

Vielmehr gibt es im Kern nur *eine* Zeit, die tatsächlich ist – die Gegenwart.

Nicht zuletzt neuere Erkenntnisse der Hirnforschung, die vor allem seit etwa Mitte der 90er Jahre des 20. Jahrhunderts enorme Fortschritte gemacht hat, geben klare Hinweise darauf, dass das Konzept von „Vergangenheit & Zukunft" ein zutiefst menschliches Konzept ist, das vor allem deshalb existiert, weil sich menschliche Gehirne eine solche Orientierungshilfe geschaffen haben, um den vermeintlich „zeitlichen Lauf der Dinge" irgendwie ordnen zu wollen.

Auch längst bekannte Erkenntnisse aus der Quantenphysik belegen zweifelsfrei, dass letztlich auch die Zeit gequantelt ist; d. h. dass es demnach ein „Fließen der Zeit" faktisch gar nicht gibt. Dabei handelt es sich vielmehr um eine zutiefst menschliche Vorstellung, die jedoch keine physikalische Grundlage hat.

Schlussendlich führt das hier zu dem Gedanken, dass es letztlich völlig gleichgültig ist, wie alt ein Mensch ist, um wahrhaft entscheidende Aspekte des Lebens erkennen zu können. Vielmehr ist entscheidend, ob es dir gelingt, im Hier und Jetzt zu leben. Denn nur im Hier und Jetzt kannst du tatsächlich handeln.

65. Solange die Technik den Menschen nur dazu (ver)führt, ständig zu konsumieren, hat sie ihren Sinn verfehlt.

(Monika Minder)

Um es gleich an dieser Stelle vorweg zu sagen:

Es geht hier nicht darum, Technik vorschnell und pauschal zu verurteilen. Das wäre nicht nur naiv und dumm, sondern es verkennte schließlich, dass unzählige technische Erfindungen das Leben von Menschen auf dieser Erde in vielerlei Hinsicht erleichtern, verbessern oder gar erst ermöglicht haben.

Vielmehr geht es hier um die schon längst nicht mehr zu übersehende Tatsache, dass eine wachsende Anzahl von Menschen einen ebenso unreflektierten, wie nicht selten verantwortungslosen Technikkonsum lebt, der aus vielerlei guten Gründen abzulehnen ist.

Da ist zum einen die nicht zu leugnende Tatsache, dass für so allerlei technisches Gerät, das für viele Menschen zu einer vermeintlich unverzichtbaren Selbstverständlichkeit geworden ist, gigantische Rohstoffmengen verbraucht werden, die zudem nicht selten unter menschenunwürdigen Bedingungen gefördert werden.

Zum anderen ist zu bedenken, dass unzählige technische „Spielereien", die für viele Menschen in wohlhabenderen Ländern zum Alltag gehören (z. B. Smartphones, Computer, Fernseher, Kameras usw.) einen immer größeren und zunehmend bedenklichen Müllberg erzeugen, der nicht zuletzt deshalb entsteht, weil nachweislich viele technische Geräte bewusst so produziert werden, dass sie möglichst schnell kaputtgehen, um somit in immer kürzeren Zeitabständen zu einem Neukauf zu animieren.

Einmal abgesehen davon, dass es schlichtweg kriminell ist, bewusst schon während vieler Produktionsprozesse mutwillig

Fehlerquellen einzubauen, die nicht selten – welch' ein „Zufall" - kurz nach dem Ablauf einer Garantie auftreten, so fördert dieser im Kern geisteskranke Gedanke eines „Ich-muss-stets-schnellstmöglich-das-neueste-Modell-haben" eine höchst bedenkliche Entwicklung, die nur noch Menschen übersehen können, die unter pathologischer Ignoranz, Dummheit und / oder Naivität leiden: die Rede ist hier von massiv wachsenden Umweltproblemen, die in immer kürzeren Zyklen zu immer dramatischeren Folgen führen.

Schon längst ist wissenschaftlich nachgewiesen, dass die natürlichen Ressourcen unserer Erde massiv überstrapaziert werden. Aktuell (Stand: 2021), bräuchten wir eigentlich schon knapp zwei Erden, um den immer unersättlicheren Hunger – man sollte wohl besser von menschlicher Gier sprechen – nach immer mehr, immer schneller usw. befriedigen zu können.

Ein wichtiger Teilaspekt, der bei einer solchen Betrachtung nicht fehlen darf, betrifft ganz grundsätzlich das Denken vieler Menschen, die offenbar in weiten Teilen gar kein Gespür mehr dafür haben, zu begreifen, dass sie sich nicht zuletzt selbst immensen psychischen Schaden zufügen.

Warum? Nun, keine noch so augenscheinlich schöne Technik wird dir letztlich das geben, wonach auch du dich – womöglich unbewusst – sehnst: Vertrauen und Liebe.

Bedenke: Es geht nicht darum, technische Entwicklungen, die sich zudem aus natürlichen Gründen im Laufe der Zeit entwickeln, pauschal abzulehnen. Nein, aber es geht sehr wohl darum, selbstkritisch zu reflektieren, um zu erkennen, dass auch du womöglich schon längst ein Konsumsklave geworden sein könntest, der vielfältigste Technik eher gedankenlos konsumiert, ohne deren Notwendigkeit bzw. ohne deren tieferen Sinn zu hinterfragen.

Insbesondere neuere Kommunikationstechniken, wie sie beispielsweise durch eine mittlerweile inflationäre Verbreitung von Smartphones zu beobachten sind, haben inzwischen das

Kommunikationsverhalten vieler Menschen in einer Art und Weise verändert, die vielfach nur als bedenklich eingestuft werden muss. Dabei handelt es sich nun keineswegs um Aussagen nörgelnder Zeitgenossen, sondern entscheidend neuere Ergebnisse der Hirnforschung sowie der Lernpsychologie haben mittlerweile nachgewiesen, wie extrem schädlich sich ein vielfach völlig zügelloser Smartphone-Konsum – vor allem auf Kinder und Jugendliche – auswirkt.

Die Konsequenzen für heranreifende Gehirne sind erwiesenermaßen mitunter dramatisch, sodass wir alle miteinander – ja, auch du – uns ernsthaft fragen sollten, ob bzw. in welcher konkreten Art und Weise wir uns mehr und mehr zu willenlosen Konsumsklaven degradieren lassen, die zumeist weniger eigene Bedürfnisse, als vielmehr die Bedürfnisse derer befriedigen, die uns glauben machen wollen, dass wie jeweils die neueste, technische „Spielerei" besitzen müssten.

Bedenke: Persönliche Stärke zeigst du nicht, indem du einem oftmals hirnlosen Mainstream folgst, sondern vielmehr dadurch, indem du jeweils zunächst einmal kritisch hinterfragst, ob du dies und das tatsächlich brauchst?!

Eine vorurteilsfreie Betrachtung vorausgesetzt, wirst du in vielen Fällen zu der Erkenntnis kommen, dass du auf viele bisher für selbstverständlich gehaltene Dinge verzichten kannst, ohne dass dadurch deine Lebensqualität ernsthaft eingeschränkt würde.

Vielmehr wirst du die Erfahrung machen:

„Weniger ist oftmals mehr".

Das entscheidende Problem sind also weniger jeweils neu erscheinende technische Geräte, als vielmehr das Unvermögen, ernsthaft und kritisch zu prüfen, ob es tatsächlich sinnvoll und notwendig ist, dies und das zu kaufen.

Bedenke: Technik sollte niemals Selbstzweck, sondern vielmehr Mittel zum Zweck sein. Und genau den jeweiligen Zweck solltest du dir von keiner Technik vorschreiben lassen. Entscheide selbst!

66. Der Reichtum, der keine Wünsche mehr offen lässt, kann sich selbst an der Sonne nicht mehr freuen.

(Wilhelm Vogel, 19./20. Jh.)

Zunächst einmal ist es wichtig, zu beachten, dass der Begriff „Reichtum" in weiten Teilen unserer Gesellschaft viel zu oft und vor allem viel zu unreflektiert automatisch mit materiellem Reichtum assoziiert wird.

Bedenke: Reichtum ist sehr viel mehr als beispielsweise „nur" ein fettes Bankkonto, ein Haus, ein Auto, Urlaubsreisen usw. Das alles sind „Spielarten" von Reichtum, die vergänglich sind.

Wahrer Reichtum, den du mit keinem Geld dieser Welt erkaufen kannst, zeigt sich vielmehr in unzähligen Aspekten, die womöglich auch du bisher für selbstverständlich gehalten hast?!

Gesundheit, Frieden, Lebensfreude, Freunde sowie vor allem Liebe, das alles, und noch vieles mehr, sind Aspekte deines Lebens, die den wahren Reichtum ausmachen.

In einer Welt wie der unsrigen, in der eine immer kleinere Gruppe von Menschen immer mehr an materiellen Reichtümern anhäuft, einer Welt, in der zugleich immer mehr Menschen nicht einmal mehr ein bescheidenes Existenzminimum für sich in Anspruch nehmen können, da ist klar erkennbar im Kern etwas ganz gewaltig ins Ungleichgewicht gekommen.

Sieh' dir beispielsweise viele Neureiche an, die ihren im Grunde genommen öden Lebensstil und die gefühlte Sinnlosigkeit des eigenen Daseins durch immer mehr kostspieligen, dekadenten Müll zu kompensieren können glauben, und offenbar gar nicht merken, wie armselig doch ihr vermeintliches „Luxusleben" in Wahrheit ist.

Wie abgestumpft muss man wohl sein, selbst einen Lebensstil zu pflegen, der geprägt ist vom Überfluss an allen Ecken und Enden, und zugleich sich nicht achtsam und aktiv für Menschen einzusetzen, denen das Schicksal nicht so glücklich mitgespielt hat, womöglich mit „goldenen Löffeln im Mund" in diese so kranke Welt gestartet zu sein?

Menschen, deren Denken und Handeln primär nur noch darum kreist, noch mehr vermeintlichen Luxus anzuhäufen, und dabei offenbar gar nicht merken, dass jede weitere, mitunter sündhaft teure Anschaffung letztlich nur ein weiterer, hilfloser Versuch ist, die Sinnentleertheit des eigenen Daseins irgendwie zu kaschieren, sind im Grunde genommen die wahrhaft Armen dieser Gesellschaft.

Spätestens dann, wenn ein Mensch, der bis dahin im materiellen Überfluss gelebt hat, in eine lebensbedrohliche Situation kommt – z. B. ein Ausgesetztsein allein in der Wüste – wird er den wahren Wert der wahrhaft wertvollen Dinge des Lebens höchst konkret zu spüren kommen. In einer solchen Situation helfen dann keine sündhaft teure Villa, kein fettes Auto, keine Yacht, kein perfide dickes Bankkonto. Nein, sondern allein frisches Wasser und etwas Essbares werden dann urplötzlich als wertvoll wahrgenommen. Insofern wird dieser Mensch auf das Wesentliche zurückgeführt.

Gib dir selbst die Chance, zu begreifen, dass sich wahrer Reichtum primär eben nicht in materiellen Dingen ausdrückt, die für Dein Leben bzw. Überleben eben nicht zwingend notwendig sind, sondern vielmehr darin, dass du beispielsweise saubere Luft zum Atmen hast, dass du über genügend Essbares verfügst, dass du ausreichend trinkfähiges Wasser genießen kannst, dass die Sonne durch ihre Existenz dafür sorgt, dass du überhaupt hier auf diesem Planeten leben kannst u. v. m.

Sobald du solche elementaren Zusammenhänge wirklich begreifst, wirst du geradezu zwangsläufig zu einem bescheideneren und demütigeren Menschen. Gut so!

67. Die Quelle des Glücks liegt dort, wo ich nicht nur ein Segen für mich, sondern einer für die Welt werde. Glück heißt, ich übernehme Verantwortung und sorge dafür, dass ich meine Stärken und Talente, die ich als Geschenk mitbekommen habe, fördere und in die Welt hinaus trage.

(Beat Jan)

Hast du schon einmal ernsthaft darüber nachgedacht, dass unsere in weiten Teilen zunehmend kranke Welt sehr viel menschenfreundlicher und schöner sein könnte, gäbe es mehr Menschen, die erkannt hätten, dass sie selbst entscheidend dazu beitragen könnten, diese Welt in so vielfältiger Hinsicht besser und friedlicher zu gestalten?

Jedem Menschen, so auch dir, wurden bestimmte Fähigkeiten geschenkt, die du nicht nur zu deinem eigenen Vorteil, sondern vielmehr zum Vorteil vieler Menschen in deinem Umfeld aktiv einsetzen solltest.

Hast du schon einmal ernsthaft darüber nachgedacht, dass der weitaus überwiegende Teil zu leistender Arbeit keinesfalls eine klassische Erwerbsarbeit ist? Ist dir bewusst, dass ein erheblicher Teil – zudem sehr wertvoller Arbeit – unbezahlt geleistet wird von Menschen, denen nicht nur das eigene Wohl, sondern auch das Wohl der Mitmenschen von Bedeutung ist?

Findest du es nicht auch sehr merkwürdig, um nicht zu sagen geradezu absurd, dass in dieser in weiten Teilen geisteskranken Welt ausgerechnet solche Menschen über nicht selten höchst unanständige, materielle Reichtümer verfügen, die entweder gar nichts zum Allgemeinwohl beitragen, oder dieses vielmehr sogar durch absurde und perfide

Finanzspekulationen in zunehmendem Maße systematisch zerstören?

Welche glaubhaft nachvollziehbaren Argumente sollte es wohl noch geben, ernsthaft rechtfertigen zu wollen, dass beispielsweise skrupellose und menschenverachtende Hedgefondmanager sündhafte Honorare dafür einstreichen, indem sie systematisch dazu beitragen, immer mehr Menschen in den Ruin zu treiben?

Wieso werden Menschen, die faktisch höchst wertvolle Arbeit für unsere Gesellschaft leisten, wie beispielsweise Krankenschwestern, Pflegekräfte usw. so unterirdisch schlecht entlohnt, obwohl doch jedem denkenden Menschen klar sein sollte, wie enorm wertvoll solche Arbeiten für unsere Gesellschaft sind?

Eine Gesellschaft, die sich – wider besseres Wissen – nicht aktiv und konkret dafür einsetzt, leistungsloses Einkommen massiv einzudämmen, und stattdessen mehr und mehr Menschen – nicht zuletzt auch aus immer größeren Teilen der oftmals so gern zitierten Mittelschicht – systematisch an den Rand des Abgrunds treibt, darf sich nicht ernsthaft wundern, dass ein solches System unaufhaltsam kollabieren wird – nein – kollabieren muss.

Um das zu verstehen, muss man kein Verschwörungstheoretiker sein, sondern allenfalls simple Gesetze elementarer Wirtschaftstheorie betrachten, die glasklar belegen, dass ein kapitalistisches Wirtschaftssystem, dessen Grundmaxime lautet: Immer mehr und mehr, schon im Ansatz zum Scheitern verurteilt ist.

Sei klug, und bediene dich deines eigenen Verstandes. Erkenne, wie absurd, unnötig und zutiefst destruktiv ein System ist, das mehr und mehr Menschen auf nicht selten schamlose Art und Weise zu Konsumsklaven degradiert, und es dreisterweiser dann auch noch als erstrebenswert deklariert, in einem solchen System leben zu „dürfen"?!

Wie heißt es doch gleich: Kein Mensch ist in Wahrheit unfreier als ein solcher, der glaubt, in Freiheit zu leben, und dabei gar nicht merkt, dass er wie eine ferngesteuerte Marionette finsterer Kräfte durch sein Leben geht.

Wach' auf, und sieh' dich mit offenen Augen und wachem Verstand um. Dann wirst auch du feststellen, dass du über vielfältigste Fähigkeiten verfügst, die dir mit auf deinen Weg gegeben worden sind, die du in vielfältiger Art und Weise auch zum Wohl deiner Mitmenschen einsetzen könntest.

Findest du es nicht auch schlimm, dass bei vielen Menschen die erste Frage zumeist lautet: Und, was kostet dies und das? Was muss ich für dies und das bezahlen?

Schon längst ist unübersehbar, dass die Gier nach Geld schlussendlich uns alle zerstören wird. Wer dies ernsthaft bestreitet, muss sich den Vorwurf gefallen lassen, entweder längst unbestreitbare Fakten geradezu böswillig nicht zur Kenntnis nehmen zu wollen, oder eben womöglich völlig unwissend zu sein.

Sieh' dich in deinem Umfeld um. du wirst feststellen, dass es immer mehr Menschen gibt, deren nahezu komplettes Denken nur noch um solche Fragen kreist wie beispielsweise: „Wie kann ich meinen Arbeitsplatz sichern? Was muss ich tun, um bloß nicht anzuecken?

Offenbar merken viele Menschen gar nicht mehr, dass *sie selbst* es sind, die durch fortgesetzte Ignoranz längst nicht mehr zu leugnenden Fakten gegenüber, maßgeblich dazu beitragen, dass sie sich offenbar auch noch freiwillig immer weiter versklaven lassen, indem sie mehr und mehr an eigenen, wahrhaften Bedürfnissen vorbei leben.

Von daher wundert es nicht, dass allein innerhalb der letzten ca. fünfzehn Jahre (seit 2006), die Fallzahlen bei psychischen Erkrankungen um sage und schreibe 80 Prozent angestiegen – um nicht zu sagen – geradezu „explodiert" sind. Solche dramatischen Entwicklungen sind eben nicht „aus dem Himmel gefallen", sondern sie sind vielmehr ebenso logische, wie dramatische Konsequenz eines geisteskranken Systems, dem immer mehr Menschen zum Opfer fallen.

Besser ist es, du besinnst dich auf die dir geschenkten Fähigkeiten, und setzt diese – soweit du es verantworten kannst - nicht zuletzt teils auch kostenfrei für deine Mitmenschen ein. Heile die Welt. Ja, auch du.

68. Wenn das Gute eine Ursache hat, ist es nicht mehr gut; wenn es eine Folge hat - den Lohn - ist es auch nicht mehr gut. Also steht das Gute außerhalb der Reihe von Ursachen und Folgen.

(Leo Tolstoi, 1828-1910, russischer Schriftsteller)

Hast du dir auch schon einmal die Frage gestellt, welche konkreten Motive wohl den Entscheidungen vieler Menschen zugrunde liegen mögen, die vordergründig scheinbar Gutes tun?

Bei genauerem Hinsehen wirst du oft feststellen, dass die zentralen Motive alles andere als ehrenwert und gut sind. Sehr oft geht es vermeintlichen Wohltätern eher darum, sich selbst etwas Gutes tun zu wollen, indem man sich durch vermeintliche Wohltaten ein gutes Gefühl verschaffen möchte.

Damit ist nicht gemeint, dass es sehr wohl Menschen gibt, die selbstlos anderen Menschen helfen. Das ist gut und richtig. Dennoch dürfte es in der Mehrzahl der Fälle eher so sein, dass die tatsächlichen Motive mitunter weniger durch den ehrlichen Willen motiviert sind, anderen Menschen selbstlos Gutes angedeihen zu lassen, als vielmehr dadurch, selbst im Glanz eines Wohltäters stehen zu wollen.

Besonders auffällig ist das beispielsweise bei den jährlich zum Jahresende hin stattfindenden sogenannten Wohltätigkeitsgalas. Dort treffen sich zumeist Menschen, die selbst im materiellen Überfluss leben, und die dann medienwirksam „ach so großzügige Spenden" an Notleidende platzieren.

Bedenke: Die Relationen, die bei solchen Veranstaltungen zu beobachten sind, sollten kritisch betrachtet werden. Auf den ersten Blick mag es als sehr großzügig erscheinen, wenn beispielsweise millionenschwere Firmeninhaber Spenden in fünf- oder sechsstelliger Größenordnungen tätigen; zumeist begleitet von teils unerträglichen Lobhudeleien. Bei genauerem Hinsehen fällt jedoch auf, dass derartige Beträge für diese Klientel allenfalls „Peanuts aus der Portokasse sind", die zudem auch noch steuerlich abzugsfähig sind.

Insofern relativiert sich diese oftmals zur Schau getragene „Großzügigkeit" ganz erheblich.

Zugegeben, es gibt fraglos auch unter materiell sehr reichen Menschen solche, denen man ein ehrliches Engagement für notleidende Menschen zusprechen darf. Gar keine Frage.

Allerdings drängt sich in der überwiegenden Zahl zu beobachtender Fälle sehr viel mehr der Eindruck auf, dass weniger der ehrliche Wille zur Reduktion von so allerlei Leid auf dieser Welt das zentrale Motiv zum Spenden ist, als vielmehr der Gedanke, dass es primär darum geht, selbst als „ach so edler Spender" wahrgenommen werden zu wollen.

Gäbe es eine glaubhafte Bereitschaft tatsächlich helfen zu wollen, sollten solche Spenden ehrlicherweise anonym getätigt werden. Schon klar, damit würde den „ach so edlen Spendern" eine medienwirksame Plattform entzogen, Selbstdarstellung betreiben zu können. Und genau darauf werden wohl die allermeisten Leute nicht verzichten wollen.

Eine Welt, in der bei vielen Menschen die erste Frage oftmals lautet: „Was bekomme ich denn, wenn ich dies oder das für dich mache...?", hat offenbar vergessen, dass das Gute gerade eben nicht an finanzielle oder sonstige Zuwendungen gebunden ist. Nein, vielmehr existiert das Gute aus sich selbst heraus. Das Gute genügt sich selbst, und stellt einen Wert an sich dar.

Sieh' dich bitte aufmerksam um, und du wirst erschreckt feststellen, dass mehr und mehr Bereiche des Lebens monetarisiert worden sind. Alles und jedes soll in Geldeinheiten erfassbar und austauschbar sein.

Bedenke: Das, was für dein Leben elementar wichtig ist, wie

beispielsweise Vertrauen, Zuverlässigkeit und Liebe, wird sich grundsätzlich niemals in Geldeinheiten erfassen lassen.

69. Wie sinnlos die Welt dir erscheinen mag, vergiss nie, dass du durch dein Handeln, wie durch dein Unterlassen, dein redlich Teil zu dieser Sinnlosigkeit beiträgst.

(Arthur Schnitzler, 1862-1931, österreichischer Erzähler, Dramatiker)

Zählst du dich womöglich auch zu den Menschen, die über allerlei Missstände auf dieser Welt klagen? Ärgerst du dich auch über so manche Menschen in deinem Umfeld, die sich nach deiner Auffassung nicht korrekt verhalten? Beklagst du so viele Ungerechtigkeiten in dieser Welt? Fühlst du dich des Öfteren von anderen Menschen falsch verstanden? Fühlst du dich in dem, was du tust, nicht angemessen wertgeschätzt von deinen Mitmenschen?

Falls du dich in einer solchen Beschreibung wiedererkennst, solltest du dir bitte sogleich konkret die Frage stellen:

Was genau unternimmst du von deiner Seite aus, um so allerlei beklagenswerte Missstände in deinem Umfeld aktiv und konkret zum Besseren zu verändern?

Eine selbstkritische Reflektion vorausgesetzt, wirst du vermutlich zu der Erkenntnis kommen, dass du zwar einerseits über so allerlei – teils berechtigte, teils unberechtigte – Missstände schimpfst und klagst, dass du jedoch anderseits von deiner Seite aus nichts oder nur sehr wenig aktiv dazu beiträgst, um genau solche beklagenswerten Missstände konkret verändern zu können. Stimmt's...?!

Am Beispiel der Wertschätzung sei dies wie folgt verdeutlicht:

Viele Menschen – vermutlich auch du – leiden darunter, dass sie sich von ihren Mitmenschen nicht wertgeschätzt fühlen.

Das betrifft sowohl den Privatbereich, als auch das berufliche Umfeld. Insofern handelt es sich um ein universelles Problem, bei dem sich lohnt, genauer hinzuschauen.

Als besonders schmerzlich wirst du eine fehlende Wertschätzung vor allem dann erleben, wenn es sich auf Menschen bezieht, die dir etwas bedeuten.

Beginnend bei deinem familiären Umfeld, über deine(n) Partner*in, über Freundinnen und Freunde, bis hin zu Menschen aus deinem beruflichen Umfeld, mit denen du tagtäglich zu tun hast, in allen Fällen wirst du – teils offen, oftmals eher verdeckt – darunter leiden, dass dir nicht die Wertschätzung entgegengebracht wird, die du zumeist verdient haben wirst.

Dabei geht es gar nicht um große und aufwändige Gesten einer Wertschätzung, sondern vielmehr darum, auch und gerade im Alltag zu signalisieren, dass du und deine Arbeit wertgeschätzt werden.

Jeder Mensch, so auch du, wünschst sich eine angemessene Wertschätzung für das, was er Gutes und Wertvolles leistet. Manche mehr, manche weniger, jedoch grundsätzlich wird kein Mensch auf die Dauer ohne Anerkennung und Wertschätzung glücklich werden.

Falls du nun also auch zu der großen Gruppe der Menschen gehörst, deren Person und Arbeit nicht angemessen wertgeschätzt wird, solltest du dir bitte einmal sehr ernsthaft die Frage stellen, ob bzw. in welcher konkreten Art und Weise du selbst es bist, der womöglich anderen Menschen – allen voran den dir besonders nahestehenden Menschen, wie. z. B. dein(e) Partner*in, deine Eltern, deine Geschwister usw. - nicht die ihnen gebührende Wertschätzung entgegenbringt...?!

Könnte es sein, dass du dich bei einer kritischen Selbstreflektion nun dabei ertappst, zugeben zu müssen, dass *du selbst* es bist, die / der zwar einerseits unzählige Wertschätzungen deine Person betreffend zumeist erst gar nicht zur Kenntnis nimmst, diese vielmehr wie selbstverständlich „einfach mitnimmt", und zugleich deinerseits keinerlei erkennbare Wertschätzung den Menschen gegenüber zeigst, die enorm viel für dich und dein persönliches Wohl leisten...?!

Wie kannst du dich dann wundern, dass andere Menschen dir gegenüber nicht die Wertschätzung zeigen, von der du denkst, dass du sie verdient hast?!

Merkst du, wie ambivalent ein solches Verhalten ist?

Ein bekannter Spruch lautet:

„So, wie du in den Wald hinein rufst, so schallt es aus ihm heraus."

So einfach diese Aussage auch sein mag, so unbestreitbar wahr ist sie.

Bedenke: Wenn du möchtest – ein sehr berechtigter Wunsch – dass andere Menschen dich und deine Leistungen wertschätzen, solltest du zunächst einmal darauf achten, dass auch du deinen Mitmenschen gegenüber Wertschätzung zeigst.

Achte auf deine Sprache, und du wirst dich oftmals dabei ertappen, vorschnell und nicht selten ungerechtfertigt über vermeintliches Fehlverhalten anderer Menschen zu richten. Dabei übersiehst du jedoch, dass auch du – wie jeder Mensch – fehlerhaft ist.

Insofern tust du sowohl deinen Mitmenschen, als vor allem auch dir selbst den größten Gefallen, wenn du ab sofort konsequent darauf achtest, in welchen Situationen deines Lebens du anderen Menschen – besonders solchen, die dir persönlich nahe stehen – bisher die verdiente Wertschätzung verweigert hast. Du kannst es ändern – jetzt!

Bedenke: Diese in weiten Teilen so kranke Welt könnte erheblich schöner und friedlicher sein, gäbe es mehr

Menschen, die es verstehen, wertvolle Leistungen anderer Menschen als das zu würdigen, was sie faktisch zumeist auch sind: Wertvolle Dienste am Mitmenschen – auch an dir.

70. Der Mensch hat drei Möglichkeiten klug zu handeln: Erstens durch Nachdenken. Das ist die edelste. Zweitens durch Nachahmung. Das ist die leichteste. Drittens durch Erfahrung. Das ist die bitterste.

(Konfuzius, 551-479 v. Chr., chinesischer Philosoph)

Die wohl früheste Art des Lernens besteht im Nachahmen. Schon Babys und kleine Kinder lernen vornehmlich durch Nachahmen. Sie beobachten ihre Umwelt, ihre Eltern und andere sie umgebende Menschen, um deren Verhalten zu imitieren.

Diese Art des Lernens ist insbesondere in einer frühen Lebensphase aus guten und nachvollziehbaren Gründen zumeist sehr erfolgreich. Die noch jungen Gehirne von Babys und Kleinkindern werden sozusagen geformt, indem bestimmte Bewegungs- und Handlungsabläufe in die neuronalen Strukturen „eingebrannt" werden.

Sofern es sich dabei um positive Vorgaben handelt, werden solche durch Nachahmung motivierten Lernprozesse zumeist im weiteren Lebensverlauf nützliche Dienste für den betreffenden Menschen leisten.

Die Kehrseite dabei ist jedoch, dass vor allem in der wichtigen Prägephase auch Verhaltensweisen gelernt werden, die alles andere als günstig für den betreffenden Menschen sein werden. Insbesondere sogenannte „Glaubenssätze", bei denen schon kleinen Kindern Denk- und Verhaltensweisen vorgelebt werden, die bei näherer Betrachtung oftmals unsinnig, nicht selten sogar gefährlich für die Psyche eines heranwachsenden Menschen sind, ist zu konstatieren, dass eben solche „Glaubenssätze" äußerst unheilvolle Kräfte im weiteren Leben zeigen können. Wohl kaum ein Elternteil wird bewusst und in boshafter Absicht eigene Kinder mit schädlichen

„Glaubenssätzen" schädigen wollen; doch... Fakt ist, dass *genau das* leider recht häufig geschieht.

In der psychologischen Praxis gibt es unzählige, wohl dokumentierte Fälle, bei denen Menschen nicht selten bis sehr weit ins Erwachsenenalter hinein – oftmals sogar unbewusst – unter den Spätfolgen unsinniger „Glaubenssätze" zu leiden haben.

Je früher und je intensiver negative „Glaubenssätze" in einen Menschen eingepflanzt worden sind, umso schwieriger wird es, diese im Laufe des Lebens wieder zu entlernen.

Insbesondere in Verbindung mit weiteren, psychischen Erkrankungen, wie beispielsweise Angststörungen, Bindungsphobie, Depressionen, Störungen des Selbstwertgefühls usw., entfalten negative „Glaubenssätze" nicht selten höchst unheilvolle Wirkungen, die zumeist – wenn überhaupt – nur noch durch konsequente, professionelle Hilfe durch Psychologen oder Psychotherapeuten aufgelöst werden können.

Eine zweite, oftmals zitierte Art des Lernens besteht darin, aus gemachten Erfahrungen zu lernen. Allerdings – und das ist die Crux dabei – begehen viele Menschen schon einen entscheidenden Fehler dadurch, indem sie – zumeist unreflektiert – unterstellen, dass allein schon die Tatsache „eine Erfahrung gemacht zu haben", auch automatisch und zwingend dazu beitrage, etwas Hilfreiches aus dem Erlebten gelernt zu haben. Dem ist – wie sich leider immer wieder zeigt – mitnichten so.

Der weithin bekannte Spruch „Aus Erfahrung wird man klug", stimmt somit nur sehr bedingt. Nämlich genau nur dann, wenn du aus gemachten Erfahrungen auch etwas Sinnvolles, Hilfreiches und Kluges gelernt haben solltest; ansonsten sind gemachte Erfahrungen im Sinne eines konstruktiven Erkenntnisgewinns praktisch mehr oder weniger wertlos.

Die edelste und zugleich klügste Art des Lernens besteht

darin, dass du rein gedanklich wichtige Denkprozesse zu bearbeiten versuchst, deren Entsprechungen sich dann in deiner Realität zeigen.

Ein kleines Beispiel mag dies verdeutlichen:

In Anlehnung an den Spruch „Gebranntes Kind scheut das Feuer", sollen hier die drei wesentlichen Arten des Lernens kurz skizziert werden.

Ein kleines Kind, das noch keine direkte Erfahrung damit gemacht hat, dass es äußert schmerzhaft sein wird, mit den Fingern auf eine heiße Herdplatte zu fassen, wird – sofern es unbeobachtet ist – eine solche schmerzliche Erfahrung womöglich durch eine konkrete Erfahrung machen müssen, indem es versehentlich mit seinen Fingern auf eine heiße Herdplatte fasst, und sich dabei vermutlich die Finger oder Teile derselben verbrennen wird.

Ein älteres Kind, dass beobachtet, wie ein anderes Kind, das unmittelbar zuvor mit den Fingern auf eine heiße Herdplatte gefasst, und sich dabei unter einem Schmerzensschrei verletzt haben dürfte, wird vermutlich kaum mit den eigenen Fingern auf die gleiche heiße Herdplatte fassen, da es – hoffentlich – aus der zuvor gemachten Erfahrung etwas für sein eigenes Handeln Sinnvolles gelernt hat.

Ein Mensch, der beobachtet, dass eine Herdplatte offenbar auf der höchsten Stufe eingeschaltet ist, wird wohl kaum auf die Idee kommen, durch das Auflegen der eigenen Finger etwas bestätigt zu bekommen, was allein schon durch gezieltes Nachdenken auch so bereits klar sein dürfte. Nämlich, dass man sich die Finger verbrennen wird, wenn man – wider besseres Wissen – dennoch auf die heiße Herdplatte fasst.

Insofern ist ein Lernprozess, der auf sorgsamem Nachdenken fußt, der beste, klügste und nicht zuletzt oftmals auch ungefährlichste.

Umso erstaunlicher und bedenklicher ist es, auch und gerade

im Bereich psychischer Erkrankungen, dass viele Menschen offenbar erst mitunter höchst schmerzvolle Erfahrungen machen müssen, um überfällige Korrekturen des eigenen Denkens und Handelns einzuleiten, bevor sie das tun, was auf sehr viel elegantere, schonendere und zumeist auch effektivere Art und Weise gelöst werden könnte – nämlich – ein gezieltes Nachdenken hinsichtlich auslösender Ursachen und deren nicht selten dramatischen Folgen objektiv zu konstatierender Denk- und Verhaltensstörungen.

Derartige, nur als pathologisch zu bezeichnende Denkblockaden, sind für alle Beteiligten ebenso zermürbend, wie frustrierend zugleich, und entfalten – allen voran für die betroffenen Menschen – nahezu zwangsläufig destruktive Kräfte mit schlimmen Konsequenzen.

Zunächst einmal ist es für die unmittelbar betroffenen Menschen sehr schlimm, dass sie – oftmals, ohne es überhaupt noch bewusst spüren zu wollen, unter einer psychischen Erkrankung leiden – sich genau solchen Maßnahmen widersetzen, die nicht nur aus psychologischer Sicht dringend nötig sind, sondern, dass sie somit auch das jeweilige Umfeld in einer Art und Weise belasten, die weder sinnvoll noch akzeptabel ist.

Insofern führen die meisten psychischen Erkrankungen geradezu zwangsläufig dazu, dass nicht nur der so betroffene Mensch allein leidet, sondern entscheidend auch dessen unmittelbare Bezugspersonen, wie beispielsweise der / die Partner*in, Eltern usw.

Von daher ist und darf eine psychische Erkrankung eben keinesfalls als eine „Privatsache" der Art verstanden werden, die nur die jeweilige Person direkt etwas angeht, sondern vielmehr als ein mitunter sehr komplexes Problemgeflecht, in das unbedingt auch genau solche Bezugspersonen eingebunden werden müssen, die für den betreffenden Menschen eine besondere Bedeutung haben.

Vor allem die psychologische und psychotherapeutische Praxis zeigt ganz klar, wie immens wichtig es für eine erfolgreiche Therapie ist, auch und entscheidend das jeweils unmittelbare Umfeld eines psychisch erkrankten Menschen aktiv in eine Therapie einzubinden. Alleingänge sind weder sinnvoll noch zielführend!

***71. Solange wir zum Wohl der anderen handeln,
sollten wir darum weder arrogant sein, noch uns für
wunderbar halten, sondern einzig am Nützlichsein für
andere unsere Freude haben, ohne Hoffnung darauf,
dass ein Resultat reift.***

(Buddhistische Weisheit)

Sofern du zu den glücklichen Menschen gehörst, denen das Schicksal offenkundig gut mitgespielt hat, indem du in einem Umfeld aufwachsen konntest, das dir vielfältigste Entwicklungsmöglichkeiten geschenkt hat, in dem du deine in dir angelegten Fähigkeiten möglichst optimal hast entwickeln können, dann sei demütig und dankbar für ein solch' unverdientes Geschenk.

Nutze die dir geschenkten Fähigkeiten nicht zuletzt auch für deine Mitmenschen, und achte sorgsam darauf, dass sich in dir kein übertriebenes Gefühl von Hochmut und Arroganz ob deiner so wunderbaren Fähigkeiten breitmachen kann.

Ja, du darfst dich ganz sicher darüber freuen, deine Kompetenzen entscheidend auch für andere Menschen einsetzen zu dürfen, Allerdings sollten deine Hilfsdienste aus einem Gefühl der Demut und Dankbarkeit heraus motiviert sein.

Achte bitte einmal sorgsam darauf, dass es nicht wenige Leute gibt, deren vermeintlich „ach so großherzige Hilfen" nicht selten eher von einem Gefühl von Arroganz begleitet werden, als von einem klar erkennbaren Willen, offenkundige Not möglichst selbstlos beseitigen zu wollen.

Eine sehr zutreffende Definition von Arroganz lautet:

Arroganz ist die Differenz zwischen innerer Leere und äußerer Bedeutungslosigkeit.

Menschen, die aus Mitgefühl ehrlich helfen möchten, werden grundsätzlich niemals arrogant agieren, sondern sie wissen vielmehr auch um die eigenen Unzulänglichkeiten, sodass sie eher bescheiden auftreten werden.

Wenn du in dir den Wunsch verspürst, helfen zu wollen, dann mache das grundsätzlich nicht mit dem Hintergedanken, selbst daraus Vorteile ziehen zu wollen, sondern vielmehr aus einem Gefühl heraus, froh und dankbar dafür zu sein, dass du an der einen oder anderen Stelle deines Lebens deine Fähigkeiten nutzbringend auch für deine Mitmenschen einsetzen kannst.

Übe dich in Demut und Dankbarkeit. Damit erscheinst du nicht nur in der Außenwirkung sehr viel sympathischer, sondern du signalisierst durch eine solche, praktisch gelebte Haltung, dass du etwas sehr Wesentliches verstanden hast – nämlich – dass wir letztlich alle miteinander Suchende, Lernende und Hilflose sind, die hier auf diesem in weiten Teilen so kranken Planeten durch die schier unendlichen Weiten des Alls treiben.

Bedenke: Auch du kannst durch dein Denken und Handeln sehr wohl entscheidend mit dazu beitragen, dass diese Welt menschenfreundlicher wird. Insbesondere in unserer aktuellen Lebenswelt im 21. Jahrhundert wird an immer mehr Stellen des Lebens klar erkennbar, wie sprichwörtlich entmenschlicht immer weitere Teile unserer Lebenswirklichkeit schon sind, bzw. in immer rasanterem Tempo systematisch weiter entmenschlicht werden.

Möchtest du allen Ernstes einem solchen Irrsinnstreiben tatenlos zusehen?

Wichtig ist nicht, dass sich aus jeder guten Tat sogleich sichtbar etwas Positives ergibt, sondern entscheidend ist, zu begreifen, dass es überhaupt und ganz grundsätzlich wichtig ist, aktiv dazu beizutragen, dass sich unsere Lebenswirklichkeit – ja, auch deine – perspektivisch freundlicher, friedlicher und nicht zuletzt menschlicher gestalten lassen wird. Es ist möglich. Dazu musst du jedoch deine gepflegte Komfortzone auch mal verlassen!

72. Ohne Zugang zum eigenen Ich kann man keinen Zugang zu anderen finden.

(Anne Morrow Lindbergh, 1906-2001, US-amerikanische Schriftstellerin)

Wenn du dich heutzutage in deinem Umfeld sorgsam umschaust, triffst du auf sehr viele Menschen, deren Denken und Handeln sich auf so allerlei Aspekte des wahrgenommenen Alltags fokussiert, die bei genauer Betrachtung entscheidend dazu beitragen, dass sich Menschen immer weiter von sich selbst entfremden.

Stundenlanges Herumfuchteln mit Smartphones, hirnlose Fernsehsendungen, primitivste Kommunikationsformen, zielloses Konsumieren unterschiedlichster Medien, Ausblenden jeglicher Fähigkeit zur kritischen Selbstreflexion u. v. m. tragen maßgeblich dazu bei, dass eine übergroße Mehrheit der Menschen erst gar nicht willens und / oder dazu in der Lage ist, sich folgende, sehr wesentliche Kernfragen des Lebens schlechthin zu stellen, die da lauten:

„Wer genau bin ich eigentlich? Wo genau befindet sich mein Ich? Ist mein Ich an biologische Materie, sprich, an meinen Körper gebunden? Existiert mein Ich unabhängig von Raum und Zeit? Wie konkret könnte das realisiert werden? Wer oder was steuert eigentlich mein Ich? Bin ich überhaupt selbst Frau oder Herr im Hause? Ist mein Ich womöglich nur eine geschickt getarnte Illusion?"

Fragen solcher Art, deren es noch sehr viele mehr gibt, betreffen deinen Wesenskern. Von daher sind sie wichtig für ein Verständnis dessen, wer oder was genau auch du eigentlich bist?

Sollten dich derartige Fragen womöglich irritieren, oder – schlimmer noch – solltest du sie gar als irrelevant vorschnell abqualifizieren, wäre damit leider nur bewiesen, dass du am eigentlich Kern deines Seins vorbei lebst.

Möchtest du allen Ernstes im Heer unzähliger, willenloser Lemminge untergehen, die – von der Wiege bis zur Bahre – sich ohne erkennbare Not in ein gedankliches Korsett zwängen lassen, dessen „Spielregeln" von Mächten aufgestellt und überwacht werden, die erkennbar ganz sicher nicht dein persönliches Wohl im Fokus der Betrachtung haben.

Möchtest du dagegen zum Wesenskern des Ganzen vordringen, bist du klug beraten, wenn du dich ernsthaft und intensiv mit der Frage beschäftigst: „Wer bin ich eigentlich?"

Dann, und nur dann, wenn du dich und dein Ich im Kern verstehst, wirst du überhaupt realistische Chancen haben, auch andere Menschen bzw. deren Ich besser verstehen zu können.

Es ist schon erstaunlich und bedenklich zugleich, dass unzählige Menschen die ihnen geschenkten Gehirne primär für Trivialitäten des Lebens nutzlos verplempern, ohne auch nur mal ansatzweise erkennen zu wollen, wie enorm wichtig und hilfreich es ist, das eigene Ich sowie das grundsätzliche Konzept des Ich verstehen zu wollen.

Bedenke: Vor allem sehr lebenszentrale Begriffe, wie beispielsweise auch der Begriff ICH, werden von den allermeisten Menschen zwar einerseits wie selbstverständlich in der Sprache verwendet, ohne jedoch andererseits auch nur ansatzweise erklären zu können, über was genau sie da eigentlich sprechen?! Mag dies bei eher zweitrangigen Begrifflichkeiten noch akzeptabel sein, so ist es vor allem bei so zentralen Begriffen, die das Konzept des Lebens ganz grundsätzlich betreffen, geradezu sträflich dumm, hier nicht den Dingen auf den Grund gehen zu wollen.

Weiterführende Literatur zu dieser sehr interessanten Thematik gibt es u. a. von Prof. Dr. Popper sowie dem berühmten Bremer Hirnforscher, Prof. Dr. Roth.

Sehr empfehlenswert!

73. Bist du geduldig in einem Augenblick des Zorns, wirst du dir hundert Tage Kummer sparen.

(Chinesisches Sprichwort)

Vielleicht lebst du auch nach der über lange Zeit angepriesenen Empfehlung, dass „aufgestauter Ärger raus müsse...", da er ansonsten womöglich sogar gesundheitsschädlich sei, bedingt durch eine unnötige Unterdrückung desselben...?!

Nun, dann lass' dir sagen, dass diese über Jahrzehnte hinweg oftmals empfohlene Methode schon längst als unsinnig und sogar schädlich widerlegt worden ist.

Warum? Die psychologische Forschung zeigt, dass es für Menschen eher ungünstig ist, dem eigenen Ärger „freien Lauf zu gewähren", da somit Erlebtes – vornehmlich Negatives – durch ein permanentes Wiederkäuen immer wieder neu getriggert wird. Die Konsequenz, die sich daraus geradezu zwangsläufig ergibt, ist, dass du dich anschließend zumeist noch elender fühlst.

Sehr viel klüger sowie auch gesundheitsförderlicher ist es, wenn du in Situationen, die spontan ein Gefühl des Ärgers auslösen, innehältst. Zwar mag es auf den ersten Blick so erscheinen – so nach dem Motto: „sich-Luft-machen" - wenn du in solchen Momenten klar erkennbar kundtust, dass du verärgert bist, doch letztlich trägst du durch solche Verhaltensweisen zumeist eher dazu bei, dass du dich und dein Umfeld unnötig in einen künstlich erzeugten Stress versetzt, der in keinerlei Hinsicht zielführend sein wird.

Möchtest du klug handeln, dann gib dir bitte selbst die Chance, nachvollziehen zu können, welches jeweils die tatsächlichen Auslöser für deinen Ärger sind, sodass du in zukünftigen Situationen besser und klüger handeln kannst.

Bedenke: Wie schnell führen Kurzschlussreaktionen nicht

selten in der Konsequenz dazu, dass du letztlich im Ergebnis sehr viel mehr zerstörst, als du durch ein kurzzeitiges Aufbrausen je gewinnen könntest? Wie schnell geschieht es, dass du vorschnell, unbeherrscht sowie unnötig Reaktionen zeigst, die vor allem solche Menschen tief verletzen, denen du etwas bedeutest?

Falls du dich nun innerlich sagen hörst, dass es doch völlig normal sei, auch mal auszurasten, seinem Ärger klar erkennbar und destruktiv freien Lauf zu lassen, dann lass' dir sagen, dass es weder normal, noch angemessen, noch gesundheitsfördernd und schon erst recht nicht menschlich schön ist, wenn du des Öfteren aus einer mehr oder weniger übellaunigen Stimmung heraus wie ein „Elefant im Porzellanladen" unbeherrscht etwas zerstörst, was dir womöglich schon kurze Zeit später leidtun wird.

Sofern du dich in einer solchen Beschreibung wiedererkennst, solltest du dein bisher praktiziertes Denk- und Verhaltensmuster sehr grundsätzlich korrigieren.

Aus einer Metaposition betrachtet – sozusagen aus neutraler, dritter Warte – wirst du erkennen, dass es in den allermeisten Fällen, in denen du bisher – nicht selten geradezu reflexhaft – überdeutlich deinen Ärger zeigst – objektiv entweder gar keinen oder nur marginale Gründe geben wird, auszurasten.

Gib dir selbst die Chance, zu erkennen, wie unsinnig es ist, immer wieder unkontrolliert ärgerliches Verhalten an den Tag zu legen, zu dem es objektiv in den allermeisten Fällen keinerlei ernsthaft nachvollziehbare Grundlage gibt.

Sofern du – wider besseres Wissen – unbelehrbar daran festhalten solltest, dass es doch völlig normal sei regelmäßig auszurasten, solltest du dir dringend eine professionelle Unterstützung suchen, die dir dabei helfen wird, zu erkennen, dass du mit einer solchen Einstellung ganz gewaltig „auf dem Holzweg bist...".

74. Der Respekt für andere entsteht aus der Anerkennung unserer Verbindung zu ihnen. Er erleichtert die zwischenmenschlichen Beziehungen und verbessert die Kommunikation.

(Sogyal Rinpoche, tibetischer Buddhist)

Ist dir auch schon aufgefallen, dass der Begriff „Respekt" in der jüngeren Vergangenheit immer häufiger auftaucht? Sowohl in vielen Sportveranstaltungen, als auch in unterschiedlichen Situationen unserer Lebenswelt wird zunehmend etwas eingefordert, was doch eigentlich selbstverständlich sein sollte: Respekt vor anderen Menschen.

Es gibt unzählige Situationen im Alltag, die deutlich zeigen, dass es bei vielen Menschen offenbar ein Defizit hinsichtlich des Respekts gibt. Dabei muss es sich gar nicht immer und automatisch um weltbewegende Themen handeln, sondern vielmehr sind es zumeist gewöhnliche Situationen im Alltag, die erkennen lassen, wie respektlos viele Menschen miteinander umgehen.

Allmählich merken auch die letzten Zweifler, dass immer weitere Bereiche des gesellschaftlichen Miteinanders zunehmend durch Respektlosigkeit gekennzeichnet sind.

Lautstarkes und nicht selten unflätiges Anpöbeln, respektlose, niveaulose und oftmals von Hass geprägte Respektlosigkeiten in sog. „Sozialen Netzwerken", wie beispielsweise Facebook & Co., bis hin zu Respektlosigkeiten Menschen gegenüber, die oftmals mit viel Mühe und Engagement wertvolle Arbeit leisten, deren Arbeit eine verdiente Anerkennung verweigert wird, sind leider an der Tagesordnung.

Kurz: Respektlosigkeit hat viele Gesichter. Allen gemein ist jedoch, dass sie sie andere Menschen und deren Arbeit herabwürdigen, und somit aktiv dazu beitragen, dass sich ein zunehmend vergiftetes Klima in weiten Teilen unserer Gesellschaft ausbreitet.

Bedenke: Die Sprache hat – im Guten, wie im Schlechten – eine enorme Kraft. Nur allzu oft verwenden Menschen Sprache völlig gedankenlos, und merken oftmals nicht einmal, wie sehr sie damit andere Menschen verletzen.

Nur zu oft werden dann vorschnell sinnentleerte Worthülsen der Art abgesondert, so nach dem Motto: „Nun stell' dich mal nicht so an, das ist doch nicht schlimm. Sei keine Mimose.".

Aussagen solcher Art, die zumeist reflexhaft und unreflektiert abgesondert werden, zeigen vor allem, dass den betreffenden Leuten nicht klar zu sein scheint, wie verletzend diverse Respektlosigkeiten für die Psyche eines Menschen sein können. Nicht selten ist es so, dass Menschen unter fortgesetzter Respektlosigkeit, die ihnen in unterschiedlichen Lebenssituationen widerfährt, massiv zu leiden haben. Je nach Intensität der erlebten Respektlosigkeiten sind vor allem auch psychische Erkrankungen oftmals eine zwangsläufige Konsequenz für die so betroffenen Menschen.

Ein in diesem Zusammenhang bedenklicherweise oftmals zu hörender Spruch lautet: „In unserer Gesellschaft musst du Stärke zeigen. Du darfst dir keine Blöße geben."

Eine solche Denkart ist, wie sich anhand unzähliger Praxisbeispiele nachweisen lässt, nicht nur in der Sache ausgesprochen dumm, sondern sie trägt maßgeblich dazu bei, dass die Fallzahlen psychischer Erkrankungen, die oftmals auf fortgesetzt erlittene Respektlosigkeiten zurückzuführen sind, seit dem Jahr 2006 um bedenkliche 80 % angestiegen sind.

Richtig ist vielmehr: Menschen, die den Mut und die Offenheit aufbringen, erlebtes Leid in einem vertrauensvollen, geschützten Umfeld anzusprechen, sind alles andere als schwach. Vielmehr zeigen solche Menschen persönliche Stärke, denn es gehören vor allem Mut und Vertrauen dazu, sich einem anderen Menschen anzuvertrauen; vor allem dann, wenn es sich um Themen handelt, die in weiten Teilen unserer Gesellschaft – unsinnigerweise – noch immer tabuisiert werden.

Sobald es dir gelingt eine Kommunikationsebene mit deinen Mitmenschen zu finden, die dein jeweiliges Gegenüber in dessen Ganzheit als Mensch wahrzunehmen versuchst, wirst du erleben, dass sich Kommunikationsmöglichkeiten eröffnen, die du bis dahin womöglich für gänzlich unmöglich gehalten hast.

Bedenke: Letztlich streben nahezu alle Menschen – in unterschiedlicher Intensität und Ausprägung – sehr ähnliche, oftmals sogar gänzlich gleiche Ziele für ihr Leben an. Sobald du das im Kern verstanden hast, wirst du deine Mitmenschen als Lebewesen erleben, die – ebenso wie du – auf der Suche nach dem Sinn des Ganzen sind. Jeder im Rahmen der geschenkten Möglichkeiten.

Bemühe dich vor allem darum die jeweils zugrundeliegenden Motive für beobachtete Denk- und Handlungsmuster zu verstehen. Sehr oft wirst du die Erfahrung machen – sofern du ehrlich zu dir selbst bist – dass es oftmals genau *die* Verhaltensweisen bei anderen Menschen sind, die du kritisierst, die du an dir selbst nicht magst.

Kein Mensch auf dieser Welt – auch du nicht – wurde zuvor gefragt, ob bzw. unter welchen konkreten Umständen sie oder er hier in dieses „Kino" geworfen worden ist?! Von daher solltest du sowohl dir selbst gegenüber, als auch anderen Menschen gegenüber tolerant und verständnisvoll auftreten. Ausnahmslos alles, was du denkst, resultiert letztlich aus deiner ganz spezifischen Biografie. Bedenke, dass es allen anderen Menschen ebenso ergeht.

Du musst nicht Wächterin oder Wächter des Universums sein wollen. Du bist nicht verantwortlich für alles und jedes, was andere Menschen denken. Kümmere dich vor allem zunächst einmal darum, dich und deine Motive zu ergründen. Damit wirst du mehr als genug zu tun haben.

Sei großzügig echten und vermeintlichen Verfehlungen deiner Mitmenschen gegenüber, indem du im besten Sinne des Wortes versuchst, ehrlich verstehen zu wollen.

75. Nur die Menschen, die für die Weisheit Zeit haben, sind frei von Unruhe. Sie allein leben.

(Seneca, ca. 1-65 n. Chr.)

In einer Welt eines permanenten „sich-gehetzt-Fühlens", in der die meisten Menschen wie in einem ständig rotierenden Hamsterrad oftmals zwar „funktionieren", jedoch überwiegend nicht mehr „leben", wundert es nicht, dass sich viele Menschen bedenklicherweise nicht mehr die Zeit für wahrhaft wesentliche Aspekte des Lebens nehmen.

Ein ebenso stereotypes wie zumeist unsinniges Scheinargument, das von sehr vielen Menschen reflexhaft benutzt wird, lautet dann: „Ich habe keine Zeit dafür, um mich mit wesentlichen Weisheitsthemen des Lebens zu befassen. Ich muss mich um meine Arbeit und meinen Haushalt kümmern. Da bleibt keine Zeit für so etwas...".

Eine solche Aussage, wie sie leider weit verbreitet ist in unserer Gesellschaft, ist nicht nur höchst bedenklich, sondern sie ist in den allermeisten Fällen schlichtweg unsinnig.

Warum? Hast du dir vielleicht auch schon mal die Frage gestellt, wer wohl ein zentrales Interesse daran haben könnte, dafür zu sorgen, dass so viele Menschen ganz bewusst in einem perspektivisch krankmachenden Hamsterrad gefangengehalten werden? Wunderst du dich vielleicht auch darüber, dass es – nachweislich – allein schon innerhalb der letzten etwa zehn Jahre eine geradezu inflationäre Steigerung in einer Größenordnung von ca. 80 Prozent hinsichtlich psychischer Erkrankungen gegeben hat, deren Ursachen zunehmend darin zu suchen sind, dass immer mehr Menschen bis über eine noch erträgliche Erschöpfungsgrenze ausgelaugt werden? Glaubst du wirklich, dass das so gut und richtig ist? Hängst du womöglich auch einem indoktrinierten Irrglauben an, dass „das so sein müsse...?!" Wach' auf, und erkenne, dass auch du dich schon längst hast versklaven lassen von einem im Kern geisteskranken Systems, dessen oberste Maxime

lautet: „Mehr – schneller – noch mehr – noch schneller usw."
Ein System, das auf der irrigen Annahme beruht, es könne womöglich immer weiter wachsen, trägt den Keim des Untergangs bereits im Ansatz in sich.

Im gesamten Universum gibt es – aus leicht nachweisbaren Gründen – in keinem wie auch immer gestalteten Zusammenhang konkrete Beispiele dafür, dass ein grenzenloses Wachstum dauerhaft zur Stabilisierung eines Systems beitragen könnte.

Ein plakatives, tragisches Beispiel dafür, dass grenzenloses Wachstum in den sicheren K.O. führt, liefern uns beispielsweise bösartige Krebszellen.

Genau dieses Prinzip, dass ein grenzenloses Wachstum zunächst den jeweiligen Wirt – sprich: Mensch – zerstört, und in der Konsequenz dann ab einem kritischen Zeitpunkt auch sich selbst, schlichtweg deshalb, weil es den zuvor „ernährenden Wirt" zerstört hat, genau dieses Prinzip hat einen universellen Charakter, der im Großen wie im Kleinen im gesamten Universum zu beobachten ist.

Wie sträflich dumm und naiv müssen demnach Menschen sein, ernsthaft zu glauben, dass ein Wirtschaftssystem, das auf einer derart geisteskranken Annahme eines grenzenlosen Wachstums basiert, gut und hilfreich für uns Menschen sein könnte? Ein absurder Gedanke, dessen tragische Konsequenzen schon längst an immer mehr Stellen unseres Lebens zu beobachten sind.

Ein endlicher Planet, wie es auch unsere Erde ist, kann – aus naheliegenden Gründen – nicht beliebig unbegrenzte Ressourcen bereitstellen. Vielmehr ist unsere Erde schon längst in vielfacher Hinsicht nicht nur an ihre natürliche Belastungsgrenze gestoßen, sondern oftmals schon sehr deutlich darüber hinaus geschunden worden.

Und dann gibt es – noch immer – Menschen und Organisationen, die uns allen Ernstes einen solch' offensichtlich ins Verderben führenden Irrsinn als gut und richtig anpreisen möchten...?! Wahnsinn!

Wenn die Menschheit nicht endlich mehrheitlich begreift, dass ein Wirtschaftssystem dessen Maxime – sozusagen systembedingt – ein „grenzenloses Wachstum" propagiert, in den sicheren K.O. führen wird, dann muss man wahrlich kein Prophet sein um zu prognostizieren, dass der folgende „Witz" zur schrecklichen Gewissheit für die gesamte Menschheit wird:

„Unterhalten sich zwei Planeten. Sagt der eine: „Du siehst aber schlecht aus." Darauf der andere: „Ja, mir geht es gar nicht gut." Darauf antwortet der andere: „Was hast du denn?" „Ach, ich habe Menschen". Entgegnet der andere Planet: „Mach' dir keine Sorgen. Das hatte ich damals auch. Das geht vorbei. Ganz sicher."

Wäre es nicht so dramatisch wahr, könnte man über einen solchen „Witz" noch schmunzeln.

Möchtest du dir und der Welt wirklich etwas Gutes angedeihen lassen, dann nimm' dir bitte die Zeit, um zu verstehen, dass auch dein Leben, so, wie du es bisher vermutlich eher ohne kritische Selbstreflexion stereotyp gelebt hast, keineswegs ein unveränderliches Muss darstellt.

Auch dein Tag hat – wie für jeden anderen Menschen – 24 Stunden. Es liegt letztlich an dir, wie du deine Zeit sinnvoll gestaltest. Sobald du verstanden hast, wie unsinnig es ist, nicht einmal ernsthaft hinterfragt zu haben, ob das auch von dir gelebte Hamsterrad zwingend bis ans Ende deiner Tage unverändert so bleiben soll, wirst du ein erhellendes Aha-Erlebnis haben, und dich fragen, wie es wohl sein konnte, dass du schon viel zu lange wie ein fremdbestimmter Bio-Roboter nicht deine wahren Interessen gelebt hast, sondern vorwiegend fremdbestimmte Interessen.

Bedenke: Es ist perfide, Menschen bewusst von wichtigen Erkenntnisprozessen abzuhalten, indem man sie wie zumeist willfährige Erfüllungsgehilfen eines geisteskranken Systems zu missbrauchen versucht, indem man ihnen wertvollen Zeit dadurch stiehlt, indem man sie in ein krankes System einbindet. Habe Mut, und bediene dich deines Verstandes!

76. Die Betrachtung der Zeit ist der Schlüssel für das menschliche Leben.

(Simone Weil, 1909-1943, französische Philosophin)

Die Zeit gehört fraglos zu den merkwürdigsten und rätselhaftesten Phänomenen unseres Universums.

Du kannst sie nicht sehen, nicht fühlen, nicht riechen, nicht schmecken, nicht hören. Und dennoch wirst du mit den höchst konkreten Konsequenzen ihrer (vermeintlichen!) Existenz konfrontiert. Insbesondere der biologische Alterungsprozess, dem auch du unterworfen bist, vermittelt zunächst den Eindruck einer voranschreitenden Zeit, in deren Verlauf sich alles und jedes – so auch du und dein Leben – in jedem weiteren Moment offenbar unaufhaltsam auf einen Zustand zubewegt, der im biologischen Tod enden wird.

Dass das biologische Leben – somit auch dein Leben – im „Meer der Zeit" nicht mehr ist, als ein winziges Aufblitzen in einem scheinbar endlosen Strom der Zeit, das kannst du schon an anderer Stelle in diesem Buch nachlesen.

Entscheidend ist, dass du dich ernsthaft mit einem Gedanken beschäftigst, der zunächst über eine längere Zeit „nur" als ein vermeintlich abwegiger Gedanke wahrgenommen wurde, von dem jedoch Erkenntnisse im Umfeld neuerer Physik bestätigt haben, dass es alles andere als abwegig oder gar unsinnig ist, davon auszugehen, dass es Zeit – zumindest in dem Sinn, wie er wohl von den allermeisten Menschen mangels besseren Wissens in der Alltagssprache benutzt und verstanden wird – so faktisch gar nicht gibt.

Falls du nun irritiert sein solltest, befindest du dich in „guter Gesellschaft". Zugegeben, ein solcher Gedanke mag zunächst ungewöhnlich erscheinen. Doch, das ändert letztlich nichts daran, dass er nachweislich richtig ist.

Interessant ist vor allem auch, dass uralte Weisheitslehren, wie sie beispielsweise auch im Buddhismus gelehrt werden, zunehmend durch neuere Forschungsergebnisse im Umfeld der Physik als korrekt bestätigt worden sind. Im Buddhismus heißt es beispielsweise, dass du dich grundsätzlich darum bemühen solltest im Hier und Jetzt zu leben.

So banal eine solche Empfehlung zunächst auf den ersten Blick auch wirken mag, so unübersehbar ist, dass die meisten Menschen dieser im Kern so weiser Empfehlung zuwider leben.

Warum ist das so? Nun, betrachte bitte einmal selbstkritisch dein eigenes Denken und dein Leben. Dann wirst du – sofern du ehrlich zu dir selbst bist – feststellen, dass auch dein Denken und Handeln maßgeblich durch Fragen geprägt ist, die weniger die jeweils unmittelbare Gegenwart betreffen, als vielmehr die Zukunft oder die Vergangenheit, bzw. das, von dem du denkst, dass es sich dabei um Zukünftiges oder Vergangenes handeln könnte.

Die einzige Möglichkeit, die auch du hast, dein Leben zu gestalten, ist im Hier und Jetzt begründet. Das, was vergangen ist, wirst du durch nichts und niemand auf dieser Welt zurück in deine Gegenwart holen können. Vorbei ist vorbei. Das, was in deiner Zukunft liegt, entzieht sich aus sehr grundsätzlicher Erwägung deinen Einflussmöglichkeiten. Zwar magst du zuweilen den Eindruck haben, dass du deine Zukunft planen könntest, doch ist das – wie sich ebenfalls leicht nachweisen lässt – ein zwar mitunter schöner, jedoch letztlich unsinniger Trugschluss.

Nicht ohne guten Grund heißt es: Der Mensch denkt. Gott lenkt.

Dieser für vermutlich viele Menschen zunächst ungewöhnliche Gedanke, dessen Wahrheitsgehalt jedoch unbestreitbar ist, ist nicht zuletzt entscheidend mit der Idee verknüpft, dass es „Zufall" in dem Sinn, wie ihn die meisten Menschen – fälschlicherweise – in der Alltagssprache verstehen, faktisch gar nicht gibt. Nichts geschieht ohne Grund. Nichts geschieht ohne auslösende Ursache.

77. Meistens belehrt uns erst der Verlust über den Wert der Dinge.

(Arthur Schopenhauer, 1788-1860, deutscher Philosoph)

Ist dir auch schon einmal aufgefallen, dass viele Menschen den wahren Wert von Menschen, Dingen oder Zuständen erst dann zu schätzen wissen, wenn diese verlorengegangen sind?

Mag dies bei materiellen Dingen zumeist noch zu verschmerzen sein, so wird vor allem der Verlust geliebter Menschen nicht selten zu einer persönlichen Zerreißprobe, an der schon viele Menschen zerbrochen sind.

Wie oft zeigt sich, dass manche Menschen den wahren Wert anderer Menschen erst dann zu würdigen wissen, wenn diese beispielsweise infolge einer schweren Krankheit, oder aufgrund eines schrecklichen Unfalls aus diesem Leben geschieden sind. Nicht selten wird vielen Menschen erst im Angesicht des Todes bewusst, wie unachtsam sie bis dahin vielen Menschen gegenüber agiert haben. Doch, dann wird es definitiv zu spät sein.

Anstatt erst rückblickend zu beweinen, wie unachtsam womöglich auch du vielen Menschen gegenüber agierst, allen voran deiner Partnerin / deinem Partner gegenüber, wäre es erheblich klüger und sinnvoller, du könntest schon zu Lebzeiten begreifen, wie unverhältnismäßig viel Kraft und Zeit du des Öfteren dafür ver(sch)wendest, Streitigkeiten vom Zaun zu brechen, die bei näherer Betrachtung zumeist geradezu lächerlich gewesen sein mögen.

Es ist letztlich alles eine Frage deines Blickwinkels, und eine Frage der Prioritäten, die du für dich und dein Leben setzen möchtest.

Ja, sehr wohl könntest du – nicht selten ein Leben lang – immer wieder erneut sehr viel Kraft und Nerven dafür ver(sch)wenden, dich mit allerlei zumeist unnötigen und krankmachenden Streitigkeiten zu belasten. Klug ist das allerdings ganz sicher nicht. Vielmehr solltest du deinen Blick auf das zumeist deutlich überwiegende Gute, Wertvolle und Schöne richten, das dir von vielen Menschen – allen voran von deiner Partnerin / deinem Partner – geschenkt wird.

Auch du wirst – so sehr du es dir vermutlich wünschst – nicht verhindern können, dass auch dein Traum womöglich einmal schneller beendet sein wird, als es dir dann rückblickend lieb sein kann. Vergiss' das bitte nicht. Niemals!

Wenn du durch fortgesetzte Ignoranz erst alles Wertvolle und Schöne zerstört haben wirst, gibt es kein Zurück mehr. Ist es das, was du willst? Möchtest auch du eines womöglich gar nicht mehr so fernen Tages vor den Trümmern deiner schier unerträglich lange praktizierten Ignoranz stehen?

Wohl kaum. Also, bedenke, dass du im Hier und Jetzt entscheidend dazu beitragen kannst, nicht nur dein eigenes Leben sehr viel schöner und entspannter gestalten zu können, sondern auch das Leben der Menschen, die dir etwas bedeuten. Sofern du einen solchen wichtigen Gedanken erst gar nicht an dich heranlässt, beschneidest du dein eigenes Leben und das Leben dir nahestehender Menschen ebenso grundlos wie unsinnig um wertvolle Erfahrungen, die dich und deine Persönlichkeit zu einem wahrlich wertvollen Menschen reifen lassen.

Warte nicht, bis dich die oftmals unerbittliche Realität schneller als du denkst mit finalen Situationen konfrontiert, die du dann auch nicht mehr korrigieren kannst.

Handle zu Zeitpunkten, die dir eine berechtigte und realistische Chance auf positive und hilfreiche Veränderungen deines Lebens ermöglichen. Irgendwann wird es definitiv und unwiderruflich zu spät sein!

Es gibt nichts Gutes, außer du tust es. Jetzt!

78. Auf die Beschaffenheit des Tages selbst einzuwirken, das ist die höchste aller Künste.

(Henry David Thoreau, 1817-1862, US-amerik. Schriftsteller)

Hast du auch zuweilen das Gefühl, dass du nicht richtig lebst, sondern, dass du oftmals eher „gelebt wirst...?!".

Hast auch du den Eindruck, dass ein Tag dem anderen gleicht, und du womöglich zumeist gar nicht mehr spürst, wie eintönig, erlebnisarm und emotional verarmt dein Leben geworden ist?

Falls du dich in einer solchen Beschreibung wiedererkennen solltest, dann bedenke, dass du offenbar bisher viel zu wenig Gebrauch von deinem grundsätzlich möglichen Gestaltungsspielraum gemacht hast.

Nicht die Tage bestimmen dein Leben, sondern du selbst kannst und solltest darauf achten, dass du deine Tage mit möglichst viel wohltuenden, froh machenden und sinnvollen Aktivitäten füllst.

Damit ist keineswegs gemeint, dass du wie ein seelenloser Roboter Tag für Tag nur die dir zugedachte Arbeit verrichtest, sondern vielmehr, dass du erkennen solltest, dass du arbeitest, um zu leben – nicht umgekehrt.

Ist dir schon einmal aufgefallen, dass der weitaus überwiegende Teil zu leistender Arbeit keineswegs eine klassische bezahlte Arbeit ist, sondern vielmehr eine solche, die in unterschiedlichsten Situationen des Lebens zumeist kostenlos geleistet wird?

Wach' auf, und erkenne, dass es sehr wohl eben in deinen Möglichkeiten liegt, darüber zu bestimmen, ob bzw. in welcher Art und Weise du dich und dein Leben fremdbestimmt versklaven lassen möchtest?

Sobald du einmal dich und dein Leben aus einer neutralen Warte betrachtest, wirst du erkennen, dass womöglich auch du einem schleichenden Gift erlegen sein könntest, das dir und deinen Mitmenschen zu suggerieren versucht, dass der zentrale Sinn und Zweck deines Daseins darin besteht, tagein, tagaus wie in einem Hamsterrad fremdbestimmte Interessen zu befriedigen, während du dich und deine wahren Bedürfnisse oftmals gar nicht mehr als solche erkennst.

Sei du selbst Meisterin / Meister deiner Tage, bei denen du allein bestimmst, wie du deine Tage mit möglichst vielfältigen, wohltuenden und schönen Momenten bestücken könntest.

Vielleicht klingt auch in deinen Ohren ein alter Glaubenssatz latent im Hintergrund nach, der sinngemäß besagt: „Erst die Arbeit, dann das Vergnügen...".

Wie unsinnig ein solcher Glaubenssatz schon im Ansatz ist, erkennst du beispielsweise auch daran, dass eine solche Aussage im Subtext die Botschaft transportiert: Arbeit ist kein Vergnügen.

Bei genauer Betrachtung wirst du schnell feststellen, dass Arbeit eben sehr wohl ein Vergnügen sein kann. Nämlich genau dann, wenn du die Sinnhaftigkeit deines Tuns erkennst.

Du selbst kannst maßgeblich dazu beitragen die von dir zu erledigenden Aufgaben mit Sinn zu füllen. Dabei muss es sich nicht automatisch, und schon erst recht nicht zwingend um „großartige" Aufgaben handeln. Vielmehr entscheidend ist, dass du für dich in dem, was du tust, Sinnhaftigkeit zu erkennen vermagst. Das zeigt sich nicht zuletzt auch in vielen Aktivitäten des Alltags.

Gestalte deine Tage so, dass du – rückblickend – wirst sagen können: Ja, ich habe tatsächlich so gelebt, wie ich es mir gewünscht habe. Befreie dich von fremdbestimmten Interessen, wie sie vor allem in der klassischen Arbeitswelt längst unübersehbar geworden sind. Jetzt!

79. Sich selbst zu betrügen, ohne es zu merken, ist ebenso leicht, wie es schwer ist, andere zu betrügen, ohne dass sie es merken.

(François de La Rochefoucauld, 1613-1680, franz. Schriftsteller)

Insbesondere im Bereich psychischer Erkrankungen ist es zumeist so, dass die so betroffenen Menschen gar kein Gespür dafür entwickeln, *dass* sie an einer psychischen Erkrankung leiden.

Das ist ebenso bedenklich, wie tragisch zugleich. Bedenklich ist es vor allem deshalb, weil es somit oftmals äußerst schwierig, teils sogar unmöglich wird, genau solche dringend nötigen therapeutischen Interventionen zum Wohle betroffener Menschen durchführen zu können. Tragisch ist es vor allem deshalb, weil sich psychisch kranke Menschen somit unnötig davon abschneiden, dass man ihnen professionell helfen könnte.

Das zentrale Motiv, das solchen Abwehrmechanismen überwiegend zugrunde liegt, lautet: Angst.

Angst davor, sich den eigenen „Baustellen" stellen zu müssen. Angst davor, dass ein selbst geschustertes Selbstbildnis empfindliche Kratzer bekommen könnte, oder, dass es gar zerstört werden könnte. Angst davor, die eigene Komfortzone verlassen zu sollen. Angst, sich in einem neu ausgerichteten Lebenskonzept womöglich nicht mehr zurechtfinden zu können. Angst davor, erkennen zu müssen, dass eigene Glaubenssätze, die man über viel zu lange Zeit schon kritiklos akzeptiert hat, sich als Fesseln erwiesen haben, die das eigene Leben völlig grundlos und zudem massiv beschränken.

Zudem gibt es ein weiteres, allerdings ebenso schädliches, wie unsinniges Motiv, das oftmals zu beobachtenden Abwehrmechanismen zugrunde liegt: Vorurteile.

Vorurteile der Art, dass zumeist vorschnell und gedankenlos etwas nachgeplappert wird, was nachweislich nur als grober Unfug klassifiziert werden kann – nämlich – das Vorurteil, dass Psychologen oder Psychotherapeuten doch „eh nur Quacksalber seien...".

Eine solche Aussage, wie man sie nahezu ausschließlich von Menschen hört, die offenbar gar nichts verstehen, ist nicht nur ausgesprochen respektlos, sondern sie ist vor allem in der Sache extrem dumm.

Respektlos ist sie vor allem deshalb, weil sich Psychologen und Psychotherapeuten – in der überwiegenden Zahl der Fälle in ehrenwerter Absicht – darum kümmern, eine der komplexesten Strukturen des Universums zu ergründen: die menschliche Psyche.

Dumm ist ein solches Vorurteil vor allem deshalb, weil es – zumeist mangels besseren Wissens – ausblendet, dass Psychologen und Psychotherapeuten nachweislich in vielen Fällen eine außerordentlich wertvolle Arbeit für Menschen leisten, die nicht zuletzt in unserer in so vielfältiger Hinsicht geisteskranken Zeit mitunter massiv unter diversen psychischen Erkrankungen leiden.

Probleme, ganz gleich welcher Art, im Kleinen, wie im Großen, löst du grundsätzlich nicht, indem du deren Existenz penetrant leugnest, sondern einzig dadurch, indem du dich deinen individuellen „Baustellen" offen und ehrlich stellst.

Eine fortgesetzte Verdrängung objektiv vorhandener, und zudem leicht nachweisbarer „Baustellen" führt – wie unzählige Praxisbeispiele belegen – nahezu immer nur dazu, dass sich sowohl die Frequenz, als auch die Schwere erkannter Probleme weiter verfestigen wird. Je intensiver du in den Kreislauf fortgesetzter Verdrängung gerätst, umso schlechter stehen die Chancen, dass du dich jemals wieder daraus aus eigener Kraft befreien kannst.

Menschen neigen ,mehrheitlich dazu, eigene Lügengebäude

irgendwann als wahre Realität zu glauben, sofern nur oft genug – und sei es auch noch so abwegig – eigene „Erklärungen" wiederholt werden, bei denen für jeden bei klarem Verstand befindlichen Menschen sofort klar ist, wie unsinnig und abwegig solche „Schutzbehauptungen" sind, die jedoch für psychisch Erkrankte alles andere als Schutz bieten. Vielmehr führt eine fortgesetzte Ignoranz eigenen „Baustellen" gegenüber geradezu zwangsläufig – sozusagen mit Ansage – dazu, dass ein für Dritte klar erkennbarer Abwärtsstrudel nur noch weiter verstärkt wird.

Glaube nicht, dass die meisten Menschen, mit denen du in Kontakt stehst, nicht sehr wohl merken, dass du in erster Linie dich selbst, in zweiter Linie auch Dritte betrügst, wenn du fortgesetzt Aspekte deines Lebens leugnest, die sich jedoch objektiv gar nicht leugnen lassen. Das ist nicht nur unsinnig, sondern vor allem massiv schädlich für dich und deine weitere Entwicklung deiner Persönlichkeit.

Bedenke: Fehler, bzw. vermeintliche Fehler zu haben, ist absolut menschlich. Stark bist du nicht, indem du offenkundige „Störungen" leugnest, sondern vielmehr stark bist du genau dann, wenn du dich deinen ganz individuellen „Schwachstellen" aktiv und konsequent stellst.

Dass das mitunter unbequem und schwierig sein mag, ist unstrittig. Entscheidend ist allein, dass du die Wirkzusammenhänge als das erkennst, was sie faktisch sind: massive sowie destruktive Bremsklötze, die dein Leben, und das Leben dich schätzender Menschen mitunter extrem belasten.

Du musst nicht mit einer „Maske" durch dieses Leben gehen, indem du anderen Menschen immer wieder etwas vorspielst, was bei näherer Betrachtung erkennbar nicht deinem wahren Selbst entspricht.

Du darfst genau so sein, wie du bist. Das ist völlig in Ordnung. Allerdings solltest du dir selbst gegenüber so ehrlich sein, offenkundige „Baustellen" auch zuzugeben.

80. Das Ich ist das Subjekt des Handelns, die Welt ist das Objekt des Handelns. Wer unterscheiden kann, worauf es beim Handeln ankommt, der erkennt das Wichtigere und das Unwichtigere.

(Lü Bü We, ca. 300-235. v. Chr., chinesischer Kaufmann, Politiker, Philosoph)

Ein zentraler Aspekt, der auch deinen Lebenserfolg maßgeblich bestimmt, ist darin zu sehen, inwieweit du willens und dazu in der Lage bist, Wichtiges von Unwichtigem unterscheiden zu können.

Jeder Mensch, so auch du, legt in seinem Leben – oftmals auch unbewusst – Prioritäten für das fest, was er als wichtig oder als unwichtig empfindet. Daran ist zunächst einmal nichts falsch. Schließlich handelt es sich dabei um sprichwörtlich natürliche Prozesse.

Schwierig bzw. nicht selten sogar bedenklich wird es zumeist dann, wenn es dir nicht gelingt, die für dein Leben entscheidenden Prioritäten zunächst einmal überhaupt als solche zu erkennen, bzw. diese dann möglichst optimal zu wählen.

Persönliche Erfahrungen, individuelle Lebenseinstellungen, erlernte Verhaltensmuster sowie diverse Beziehungsdynamiken werden sehr häufig innerhalb einer Familie an die jeweils nächste Generation weitergegeben.

Bedenke: Auch du hast – zumeist ungewollt – ein „emotionales Erbe deiner Eltern" mit auf deinen Weg bekommen. Im Rahmen psychologischer Beratungen sowie in psychotherapeutischen Sitzungen ist immer wieder zu beobachten, dass es nahezu immer unbewusste „Spielregeln" innerhalb einer Familie gibt sowie Familiengeheimnisse und Tabus, die nicht selten – ja, auch in deinem Fall – womöglich

Schamgefühle sowie seelischen Schmerz auslösen, die du – sofern du dich nicht sehr konsequent von solchen Beschränkungen löst – dein gesamtes Leben ungünstig beeinflussen können.

Je nach Schweregrad der auslösenden Ursachen, die zumeist ebenso unsinnige wie unheilvolle Verstrickungen zutage fördern, wird es dir allein in den meisten Fällen nicht gelingen, eben diese aus eigener Kraft auflösen zu können.

Von daher bist du gut beraten, dir möglichst rechtzeitig eine neutrale, professionelle sowie kompetente Unterstützung in Form eines Psychologischen Beraters oder einer Psychotherapeutin an deine Seite zu holen. Dies zu tun ist – entgegen oftmals zu hörenden, dümmlichen Vorurteilen, keinesfalls eine persönliche Schwäche, sondern vielmehr ein klares Zeichen deines Mutes. Warum? Nun, es gehört viel Mut und Vertrauen dazu, eigene Probleme einem Dritten anzuvertrauen.

Ähnlich, wie das auch schon für diverse physische Erkrankungen gilt, so gilt es erst recht im Rahmen psychischer Erkrankungen: Je eher du dir fachkompetent bei der Lösung deiner womöglich psychischen Probleme helfen lässt, desto besser werden die Chancen sein, dass du dich von latent im Hintergrund quälenden Gedanken wirst befreien können. Im Umkehrschluss gilt: Je länger du dich einer professionellen Therapie verweigerst, um so schlechter werden die Chancen sein, verfestigte Denk- und Verhaltensmuster auflösen zu können.

In der psychologischen Praxis zeigt sich immer wieder, dass es kaum ein weiteres Themenfeld in der psychologischen Beratung gibt, das so dermaßen komplex ist, wie das der Familientherapie.

Das liegt entscheidend daran, dass die Struktur Familie – im Guten, wie im Schlechten – entweder eine starke Kraftquelle für dich sein kann; zugleich aber leider auch ein Ort, der dir womöglich sehr viel mehr belastendes Gepäck mit auf deinen

Lebensweg gegeben hat, als du mitunter auf Dauer ertragen kannst.

Warum ist es so schwierig, familiär bedingte Problemketten zu sprengen? Nun, das liegt entscheidend daran, dass die emotionalen Bindungen innerhalb einer Familie – aus verständlichen Gründen – zumeist sehr intensiv sind; auch und gerade dann, wenn das einige der Beteiligten womöglich abstreiten, oder erst gar nicht bewusst für sich wahrnehmen.

Zu unterscheiden sind ein „genetisches Gepäck" einerseits sowie ein „erlerntes Gepäck" anderseits.

Den ersten Fall betreffend ist es – zumindest gegenwärtig noch – schwierig bzw. unmöglich, darauf gezielt Einfluss nehmen zu können. Im zweiten Fall sieht das schon deutlich anders aus. Warum?

Nun, nichts und niemand auf dieser Welt kann dich davon abhalten, ernsthaft erkennen zu wollen, welche auslösenden Wirkzusammenhänge es – auch in deiner Familie – gibt, die dich, nicht selten bis weit ins Erwachsenenleben hinein – in einer Art und Weise „fesseln". Vermutlich spürst auch du – immer mal wieder – ein mehr oder weniger intensives Unbehagen, kannst es aber oftmals nicht genauer klassifizieren...?!

Genau das ist dann ein geeigneter Zeitpunkt, dass du dir professionelle Hilfe holen solltest. Wie in vielen anderen Lebensbereichen auch – z. B. in der Berufswelt – besteht nachweislich das weithin erforschte und bekannte Phänomen der „Betriebsblindheit".

Menschen, mit denen du zu tun hast, und die dich besser kennen, werden oftmals sehr viel schneller und sehr viel klarer erkennen, wo genau deine „Baustellen" sind, während du selbst sie womöglich noch nicht einmal zur Kenntnis genommen hast; geschweige denn etwas aktiv unternommen hättest, diese nicht zuletzt in deinem eigenen Interesse konsequent aufzuarbeiten.

Sobald es dir gelingt, dich von oftmals über Jahrzehnte hinweg praktizierten Familienregeln bewusst zu lösen, sobald du deren partielle Sinnhaftigkeit ernsthaft infrage stellst, und erkennst, dass du womöglich schon viel zu lange unsinnigen Glaubenssätzen blind und kritiklos zu entsprechen versucht hast, wirst du es wie eine Befreiung erleben, die dir ein völlig neues Lebensgefühl schenken wird.

Nichts und niemand kann dich dazu zwingen, dass du dein Leben lang höchst fragwürdigen Familienregeln anhängen musst, von denen – bei sorgsamer Betrachtung – schon längst klar ist, dass sie dich und dein Entwicklungspotenzial in einer Art und Weise einschränken, die durch nichts gerechtfertigt sein wird.

Gemäß aktueller Studien zeigt sich, dass etwa ein Drittel der Bevölkerung durch familiäre Verstrickungen in einer Art und Weise belastet ist, die dringend einer professionellen Hilfe bedürfen. Bedauerlicherweise nehmen jedoch viele Menschen – auch und vor allem solche, die objektiv dringend psychologische bzw. psychotherapeutische Unterstützung benötigen – eine solche entweder gar nicht, oder leider viel zu spät in Anspruch; nämlich erst dann, wenn der endgültige Zusammenbruch nicht mehr zu übersehen sein wird. Tragisch, aber leider wahr.

Nicht zuletzt werden typische Stress- und Angstdynamiken innerhalb vieler Familien „vererbt". Die so Betroffenen spüren zwar oftmals ein gewisses Unbehagen, fühlen sich jedoch oftmals nicht dazu in der Lage, die tatsächlichen Ursachen für derart belastende „Störungen" sachgerecht therapieren zu lassen. Das ist nicht nur in der Sache unsinnig, sondern es ist vor allem auch sehr traurig, weil sie so betroffene Menschen grundlos selbst daran hindern, dass es ihnen sehr wohl deutlich besser gehen könnte.

Bedenke: Willst du klug und sinnvoll handeln, dann achte darauf, dass du einen wesentlichen Teil deiner Energie primär nicht auf Äußerlichkeiten richtest, deren Halbwertszeit aus naheliegenden Gründen ohnehin extrem kurz sind, sondern vielmehr darauf, dir selbst etwas Gutes zu tun, indem du dich und dein Wesen in der Tiefe deiner Psyche besser zu verstehen versuchst.

Das ist – wie leider vorschnell und unwissend oftmals gesagt wird – alles andere als nebensächlich oder unwichtig. Vielmehr hältst du *den* entscheidenden Schlüssel zu deinem Lebensglück in deinen Händen, wenn es dir gelingt, dich und deine Psyche besser zu kennen, sodass sie dir – wie vermutlich bisher – nicht immer wieder „üble Streiche spielen kann...".

Bedenke: Warum gibt es wohl so viele Menschen, die erkennbar sehr viel mehr Zeit und Energie z. B. auf so allerlei letztlich Nebensächliches ver(sch)wenden, anstatt sich ebenso intensiv mit ihrem wahren Selbst zu befassen?

Nun, zumeist dürfte es daran liegen, dass Menschen schlichtweg Angst davor haben, zu erfahren, wer sie wirklich sind?! Dass es sich hierbei um eine der wohl wichtigsten Fragen des Menschen schlechthin handelt, dürfte dir spätestens dann klar werden, wenn du dich ernsthaft mit dieser Thematik beschäftigst.

Also: Achte bitte darauf, Wesentliches von Unwesentlichem bewusst unterscheiden zu wollen.

81. Böses darf man nicht nur denen zur Last legen, die es tun, sondern auch denen, die es nicht verhindern, obwohl sie dazu in der Lage wären.

(Thukydides, ca. 454-396, griechischer Historiker)

Hast du dich auch schon dabei ertappt, über so manches Böse in dieser Welt zu klagen, ohne zu bedenken, dass du womöglich selbst an der einen oder anderen Stelle nicht aktiv verhindert hast, dass es überhaupt erst dazu hätte kommen können?

Dabei muss es sich erst gar nicht immer um weltbewegende Aspekte des „großen Bösen" handeln, sondern vielmehr um so allerlei Dinge des „kleinen Bösen", die dir im Alltag in vielfältigster Art und Weise begegnen.

Sei bitte mal ehrlich zu dir selbst, und frage dich ernsthaft, was konkret du in deinem Leben aktiv unternimmst, um Böses zu verhindern?

Wie könnte das konkret aussehen?

Nun, du könntest dich beispielsweise in so vielerlei Hinsicht aktiv dafür einsetzen, dass das Böse erst gar keine Chance bekommt, Unheil anrichten zu können.

Du könntest aktiv im Gespräch auf deine Mitmenschen zugehen, um sie in vielerlei Hinsicht zu sensibilisieren, den eigenen Blick achtsamer auf alles das zu lenken, das den Keim des Bösen erkennbar in sich trägt.

Du könntest dich an dafür geeigneten Diskussionsrunden im Internet beteiligen, die es zu allen nur erdenklichen Themen gibt.

Du könntest mit wachen Sinnen durch deinen Alltag gehen,

und immer dann, wenn du Situationen des Bösen wahrnimmst, aktiv dafür sorgen, dass das Böse eingedämmt wird. Damit ist nicht gemeint, dass du dich selbst unnötig in Gefahr bringen sollst, wohl aber, dass du jeweils im Rahmen deiner Möglichkeiten aufmerksam und aktiv handelst.

Du könntest die sog. „Sozialen Medien", wie beispielsweise Facebook & Co. nicht nur – wie es leider schon viel zu viele Menschen machen – für ein inflationäres Absondern geistiger Ausschussware nutzen, sondern vielmehr dafür, wichtige und zentrale Diskussionen anzuregen, die sich konkret darum bemühen, das Böse in dieser Welt zu entlarven, und böswillige „Strippenzieher" zu enttarnen.

Bedenke: Nicht zuletzt eine schleichend vernebelnde Sprache sorgt dafür, dass vor allem das abgrundtiefe Böse zunehmend in wohlklingenden Worten daherkommt, um somit die zumeist schlimmen Absichten zu verschleiern.

Stellvertretend für unzählige andere Beispiele, wie du sie schon längst in unserer Lebenswirklichkeit an vielen Ecken und Enden beobachten kannst, sei folgender Vorfall beschrieben:

Im Sommer 2017 wurde eine arme Rentnerin dafür bestraft, dass sie „unerlaubterweise" Flaschen an einem Bahnhof einsammelte, um sich somit durch das Einlösen des Flaschenpfands einige klägliche Euro zu ihrer menschenunwürdigen Rente hinzuverdienen zu können. Nun gilt sie als vorbestraft.

Da muss man sich ernsthaft fragen: Wer ist hier wohl der wahrhaft Böse? Ist es diese arme Rentnerin, die in einer ohnehin schon menschenunwürdigen Weise Leergut sammeln muss, um überhaupt noch halbwegs über die Runden zu kommen? Oder sind es nicht vielmehr solche seelenlosen und herzlosen Menschen, wie z. B. auch hier führende Leute der xyz, die allen Ernstes darauf bestehen, dass diese arme Frau eine Straftat begangen habe, wegen der sie nun als vorbestraft gilt?

Wie ignorant, geisteskrank und gefühlskalt muss eine Gesellschaft wohl geworden sein, solch einen Irrsinn nicht sehr viel deutlicher als das zu brandmarken, was er faktisch ist: Ein unmenschliches, absurdes und schändliches Beispiel dafür, wie emotional unterkühlt weite Teile unserer Gesellschaft wohl schon sein müssen, hier nicht sehr viel deutlicher aufzuschreien.

Erfreulicherweise gab es auch für diesen menschenunwürdigen Vorfall eine entsprechende Petition im Internet, an der auch du dich hättest beteiligen können.

Oder – da werden Verkäuferinnen in einem Supermarkt, die oftmals als 450 €-Kräfte ausgebeutet werden, dafür bestraft, dass sie womöglich mal einen Bon in einer Größenordnung von wenigen Euro versehentlich „haben mitgehen lassen", mit der vollen Härte des Gesetzes bestraft, oder die sich „erdreistet" haben, ein ohnehin nicht mehr zum Verkauf vorgesehenes Brötchen „illegal" verspeist zu haben...?!

Zugleich gehen skrupellose Manager, die nicht selten komplette Unternehmen in den Ruin gestürzt haben, mit geradezu unverschämten Boni in den „Ruhestand", während unzählige Mitarbeiter*innen ihre Arbeitsplätze verlieren.

Da sollte man sich schon fragen: Wer sind hier wohl diejenigen, die mit der vollen Härte des Gesetzes zur Rechenschaft gezogen werden sollten?

Eine Gesellschaft, die solche offenkundigen Absurditäten wissentlich durch fortgesetzte Untätigkeit auch noch passiv unterstützt, darf und sollte sich nicht darüber wundern, wenn es mehr und mehr Menschen gibt, die dann – was natürlich ebenso fragwürdig ist - „das Recht selbst in die Hand zu nehmen versuchen...".

Also: Komm' bitte aus deiner Komfortzone heraus, und engagiere auch du dich im Rahmen deiner Möglichkeiten, offenkundiges Unrecht als das zu bezeichnen, was es faktisch ist. Gib dem Bösen – im Kleinen, wie im Großen – erst gar keine Chance, indem du dich aktiv in das Große Ganze einbringst. Jetzt!

82. Die Normalität ist eine gepflasterte Straße; man kann gut darauf gehen, doch es wachsen keine Blumen auf ihr.

(Vincent van Gogh, 1853-1890, niederländischer Maler)

Hast du dich vielleicht auch schon sagen hören, dass dies und das doch „normal sei..."? Ertappst du dich auch bei dem Gedanken, Menschen, die einen dir ungewohnten Lebensstil praktizieren, vorschnell als „Spinner" abzuqualifizieren? Bezeichnest du Menschen, die sich offen und klar zu ihren Träumen bekennen, als „verträumte Zeitgenossen", denen der „Sinn für Normalität zu fehlen scheint..."?!

Falls du dich in einer solchen oder ähnlichen Beschreibung wiedererkennst, dann sei gewiss, dass du offenbar bisher noch gar nicht gemerkt hast, wie sehr dich dein Denken und Handeln schon längst in einer borniertren Denkschleife gefangengehalten hat.

Hast du schon einmal ernsthaft darüber nachgedacht, wer oder was eigentlich bestimmt, was als „normal" zu gelten hat?

Bist du dir bewusst, dass es nicht selten alles andere als ehrenwerte Interessen sind, die Menschen dazu verführen wollen, dieses und jenes Denken und Verhalten als Normalität anzuerkennen, obwohl bei genauer Betrachtung nicht selten schnell erkennbar ist, dass so manche „Normalität" alles andere als gut und richtig ist.

Ein plakatives Beispiel möge das sehr drastisch verdeutlichen:

So ist es beispielsweise in unserem Land offenbar eine schon längst nicht mehr ernsthaft hinterfragte „Normalität", dass in jedem Jahr etwa 3000 – 4000 Menschen im Straßenverkehr ums Leben kommen. Und das in der weitaus überwiegenden Zahl der Fälle eben nachweislich nicht aufgrund technischer Defekte, sondern einzig und allein zumeist nur deshalb, weil sich – wie in vielen anderen Lebensbereichen auch – eine unübersehbare Rücksichtslosigkeit im Verkehr Raum verschafft hat.

Obwohl es – allen voran sprichwörtlich „entscheidenden Stellen" schon längst bekannt ist, dass auslösende Ursachen für tödliche Verkehrsunfälle nahezu immer auf das Konto rücksichtsloser und skrupelloser Menschen zurückzuführen sind, und obwohl schon vor vielen Jahren unmissverständliche Briefe an das Verkehrsministerium gerichtet worden waren, die ebenso klar wie unmissverständlich darauf aufmerksam gemacht haben, dass es ein untragbarer, unverantwortlicher und zudem menschenverachtender Zustand ist, nicht endlich sehr viel konsequenter gegen notorisch rücksichtslose Verkehrsteilnehmer*innen vorzugehen, geschieht bis dato absolut gar nichts.

Vielmehr ist immer wieder zu beobachten, dass eine Vielzahl naiver und unsinniger Alibi-Maßnahmen auf den Weg gebracht werden, die dem Volk vorzutäuschen versuchen, man kümmere sich um dieses längst bekannte Problem.

Faktisch sind solche Maßnahmen, wie beispielsweise der immer wieder angepriesene „Blitzmarathon" ebenso unnütz, wie geradezu eine Beleidigung für die Intelligenz vieler Menschen.

Welchen Sinn soll es haben, solche Alibi-Maßnahmen jeweils zuvor groß anzukündigen, mit der Konsequenz, dass sich vor allem *genau solche* rücksichtslosen Verkehrschaoten dann auch noch darauf einstellen können, um anschließend genau so halsbrecherisch weiterzufahren, wie zuvor...?!

Das ist nicht nur absurd, sondern es zeigt überdeutlich, dass es sprichwörtlich „entscheidenden Stellen" erkennbar gar nicht darum geht, tatsächlich und effektiv etwas gegen unübersehbar skrupellose Verkehrschaoten unternehmen zu wollen.

Wirklich überraschend ist das alles nicht, wenn man bedenkt, dass – wie in vielen anderen Bereichen auch – eine enge Verzahnung zwischen Politik und Autoindustrie besteht; so nach dem Motto: „Eine Krähe hackt der anderen kein Auge aus".

Im Klartext bedeuten solche perfiden Kungeleien, dass führende Politiker*innen unseres Landes es wissentlich in Kauf nehmen, nichts gegen unübersehbar skrupellose Verkehrschaoten zu unternehmen, obwohl sie es – kraft ihres Amtes – sehr wohl könnten.

Beispiele solcher Art gibt es unzählige.

Wichtig ist, zu erkennen, dass der Begriff „Normalität" in unserer Sprache oftmals dahingehend missbraucht wird, offenkundig falsche, in Teilen sogar kriminelle Machenschaften sprachlich zu vernebeln, indem etwas Gutes und Richtiges vorgetäuscht wird, was jedoch bei genauerem Hinsehen so gar nicht existiert. Sei wachsam, und lass' dich nicht von wohlklingenden Worthülsen blenden.

Hinterfrage die jeweils hintergründigen Motive derer, die in der einen oder anderen Angelegenheit eine „Normalität" etablieren möchten, die jedoch mitunter alles andere als „normal" ist.

Bedenke: Sprache ist – im Guten, wie im Schlechten – eine starke „Waffe", deren Wirkung nicht zu unterschätzen ist.

Normal ist eben nicht automatisch das, was eine große Mehrheit als normal ansieht, sondern vielmehr das, was auch gut und richtig ist.

Bedenke: Auch wenn beispielsweise 100.000 Menschen etwas Falsches behaupten, dann bleibt es dennoch falsch.

Bediene dich deines eigenen Verstandes, und lass' dich nicht von fremdbestimmten Interessen leiten, die auch und vor allem dir selbst mitunter sehr schaden können.

83. Die Beständigkeit ist oft nur eine Form der Ohnmacht.

(Theodore Simon Jouffroy, 1796-1842, französischer Philosoph; das grüne Heft)

Vielleicht hast du auch schon folgende Lebensweisheit zur Kenntnis genommen, die auf den ersten Blick womöglich widersprüchlich erscheinen mag, es aber bei genauerem Hinsehen definitiv nicht ist:

„Das einzig Beständige ist die Veränderung".

Fundamentale Grundlage allen Lebens – im Kleinen, wie im Großen – ist Veränderung.

Ohne Veränderung gäbe es erst gar kein Leben.

Veränderungen betreffen alle Bereiche des Lebens. Beginnend bei nanoskopisch kleinen Veränderungen, die sich dem direkten Blick entziehen, über sichtbare Veränderungen am Körper, bis hin zu strukturellen Veränderungen im Gehirn, die u. a. auch Denkprozesse betreffen, gibt es auf allen nur denkbaren Ebenen Veränderungen.

Gäbe es solche Veränderungen – z. B. auch innerhalb deines Körpers – nicht, so wärst auch du binnen kurzer Zeit nicht mehr lebensfähig.

Leben, speziell biologisches Leben – und somit zwangsläufig auch menschliches Leben – bietet grundsätzlich und ausnahmslos immer nur eine scheinbare Stabilität auf Zeit.

Keine noch so ausgeklügelten Anti-Aging-Mittel, die zumeist ohnehin nur vom eigentlichen Problemkern so betroffener Menschen ablenken, können und werden den Alterungsprozess auf Dauer aufhalten bzw. umkehren können.

Anstatt womöglich viel Geld und Zeit in letztlich sinnlose

Anti-Aging-Mittel zu investieren, die – wenn überhaupt – allenfalls den Anbietern helfen, wäre es für die betreffenden Menschen klüger und besser, sie richteten den Fokus ihres Denkens vielmehr darauf, verstehen zu wollen, welche grundsätzliche Prozesse das Leben insgesamt auszeichnen.

Jeder Versuch, Alterungs- bzw. Veränderungsprozesse mittels Anti-Aging-Mitteln aufhalten zu wollen, ist schon im Ansatz zum Scheitern verurteilt.

Abgesehen von optisch leicht erkennbaren Veränderungen, die das Leben mit sich bringt, sind es vor allem Veränderungsprozesse im Denken und Handeln von Menschen, die einer besonderen Betrachtung wert sind.

Menschen, die nicht selten krampfhaft daran festhalten, Lebensumstände „konservieren zu wollen", ohne sich zugleich bewusst zu sein, dass es grundsätzlich und ausnahmslos eben nicht möglich ist, Zustände – und seien sie auch noch so schön und angenehm – dauerhaft „festhalten zu können", ignorieren ein elementares Grundprinzip allen Lebens.

Nichts und niemand auf dieser Welt lässt sich dauerhaft „festhalten". Asiatische Weisheitslehren weisen oftmals darauf hin, dass es klug, sinnvoll und hilfreich sei, das „Loslassen zu lernen".

Das bezieht sich sowohl auf materielle Dinge, als auch auf Menschen sowie auf Lebenssituationen.

So zugegeben schwierig es im speziellen Fall auch sein mag, so ist unbestreitbar wahr, dass du dir selbst den größten Gefallen tust, wenn du lernst, „loszulassen".

Loslassen solltest du beispielsweise materielle Dinge in deinem Leben, die bei näherem Hinsehen nur unnötigen Ballast darstellen.

Loslassen solltest du Menschen, die dir erkennbar nicht gut tun.

Loslassen solltest du quälende Gedanken an Situationen in deinem Leben, in denen du vermeintlich etwas falsch gemacht haben könntest.

Immer dann, wenn du dich erneut mit Situationen beschäftigst, die zumeist in deiner Vergangenheit liegen, wühlst du negative und quälenden Gedanken immer wieder aufs Neue auf, indem du solche Gedankenprozesse nicht sehr bewusst schon im Ansatz unterbindest.

Nichts und niemand zwingt dich dazu, belastende Gedanken immer wieder und wieder neu denken zu müssen. Du ganz allein hast die Macht, zu entscheiden, ob bzw. was du jeweils denken möchtest.

Sofern du achtsam mit dir selbst umgehst, wirst du dich mit Sicherheit schon in vielfältigsten, zumeist eher banalen Alltagssituationen dabei ertappen, dass du negative Gedankenketten nicht selten im Sinne eines Automatismus in Gang setzt, indem du schlichtweg keine „Bremse" findest, um negative Gedanken schon im Ansatz abzublocken.

Nein, du musst eben nicht negativ erlebte Situationen deines Alltags dann auch noch abends mit in deinen wohlverdienten Feierabend hinüber schleppen, um dann erneut Kraft und Zeit auf etwas zu verschwenden, was du in diesem betreffenden Moment zumeist ohnehin nicht mehr ändern kannst.

Bedenke: Es gibt grundsätzlich nichts, über das es sich lohnt, sich aufzuregen.

Falls du nun reflexhaft denkst oder sagst, dass das doch „Unsinn sei...", dann denke bitte mal einen Moment über folgende Schlussfolgerungen nach:

Entweder, du kannst eine Situation ändern; dann gibt es keinen Grund, sich aufzuregen. Schließlich kannst du es ja ändern.

Oder, du kannst eine Situation nicht ändern; dann gibt es erst recht keinen Grund, sich aufzuregen, denn durch ein weiteres sich-Ärgern verbesserst du die Situation auf keinen Fall. Vielmehr fühlst du dich anschließend nur noch schlechter.

Also lautet die Schlussfolgerung – ebenso logisch wie klar: Es gibt faktisch gar nichts, über das es sich lohnte, sich aufzuregen.

Womöglich ist ein solcher Gedanke für dich zum gegenwärtigen Zeitpunkt befremdlich?! Das ändert jedoch faktisch nichts daran, dass es eben genau so ist.
Bedenke bei all' deinem Denken und Handeln, dass jede nur denkbare, vermeintliche Beständigkeit grundsätzlich und ausnahmslos immer nur ein „Geschenk auf Zeit ist...". Auch du kannst und wirst nicht verhindern, dass auch dein Leben – und das auf allen nur denkbaren Ebenen – von vielfältigsten Veränderungsprozessen geprägt sein wird.

Hab' keine Angst vor Veränderungen, denn nicht selten wirst du erleben, dass Situationen und Ereignisse, die sich zunächst schlimm und bedrückend anfühlen mögen, im weiteren Verlauf geradezu ein „Sprungbrett" für dich und deinen weiteren Lebensweg sein können.

Je weniger du dich gegen Veränderungen sperrst – die du ohnehin nicht verhindern kannst – desto eher und desto intensiver wirst du erleben, dass sich auch in deinem Leben viele Dinge zum Besseren hin entwickeln werden, die du bis dahin womöglich für unmöglich gehalten haben könntest.

Die Zukunft gehört den Mutigen, und ganz sicher nicht den Angsthasen. Sei mutig, und erkenne das auch in dir angelegte Potenzial.

Umgib dich mit Menschen, die dich in deinem Potenzial konstruktiv und aktiv fördern. Meide Menschen, die vorwiegend nur als Bedenkenträger wie Bremsklötze in deinem Leben wirken. Vorsichtig und achtsam zu sein, ist klug.
Ängstlich und pathologisch gehemmt zu sein, ist hinderlich.

84. Nicht der hat Religion, der an eine heilige Schrift glaubt, sondern der, welcher keiner bedarf und wohl selbst eine machen könnte.

(Friedrich Schleiermacher, 1768-1834, deutscher Philosoph; über die Religion)

Wenn du dich in der Menschheitsgeschichte umschaust, wirst du feststellen, dass es kaum etwas anderes gegeben hat, das so dermaßen viel Leid und Elend über viele Menschen gebracht hat, wie der ebenso absurde wie nicht selten selbstherrliche Anspruch, angeblich zu wissen, welche Religion nun die einzig wahre und seligmachende sei...?!

Jeder halbwegs vernunftbegabte Mensch, dessen Hirn nicht einer indoktrinierenden Hirnwäsche unterzogen wurde, müsste eigentlich schnell erkennen, wie absurd es wohl ist, ernsthaft für sich in Anspruch nehmen zu wollen, zu wissen, dass nun ausgerechnet die eigene Religion die einzig wahre und anerkennenswerte sei.

Kein Mensch, auch du nicht, wurde gefragt, ob bzw. unter welchen konkreten Umständen er hier in diese in weiten Teilen so kranke Welt „geworfen" werden wollte?! Kein Mensch, auch du nicht, hatte einen Einfluss darauf, in welcher geographischen Region er das Licht dieser Welt erblickt hatte? Kein Mensch, auch du nicht, hatte demnach Einfluss darauf, in welchem religiösen Umfeld er in dieser Welt aufgewachsen ist.

Allein schon diese ebenso unwiderlegbaren, wie leicht erkennbaren Fakten sollten eigentlich ausreichen, um erkennen zu können, wie absurd und geradezu anmaßend es ist, ernsthaft davon ausgehen zu wollen, dass nun ausgerechnet die eigene Religion die einzig wahre sei.

Und dennoch zeigt die Menschheitsgeschichte, dass genau ein solcher Anspruch immer wieder von vielen Menschen erhoben worden ist, mit nicht selten schlimmsten Konsequenzen.

Bedenke: Wahrheit ist grundsätzlich unteilbar. Will bedeuten: Entweder sind bestimmte Denk- und Verhaltensweisen grundsätzlich richtig oder falsch, bzw. gut oder schlecht. Dann jedoch gelten sie universell, und unabhängig von Etiketten, die auch von Vertretern vieler Religionsgemeinschaften nicht selten mit abenteuerlichen Pseudo-Argumenten für sich exklusiv in Anspruch genommen werden.

Entweder ist menschliches Verhalten gut oder schlecht; dann jedoch gilt das völlig unabhängig davon, ob der betreffende Mensch einer Religionsgemeinschaft x oder y oder z angehört oder ggf. auch keiner Glaubensrichtung.

Solange Menschen mehrheitlich ernsthaft davon ausgehen, zu wissen, dass nun ausgerechnet nur die eigene Religion eine Daseinsberechtigung habe, und alle anderen Religionen demnach ausgemerzt werden müssten, solange werden Religionen immer wieder dazu beitragen, dass Menschen sich auf der Grundlage absurder und selbstherrlicher Motive mit nicht selten grausamen Kriegen bekämpfen.

Grundsätzlich haben Religionen durchaus eine ebenso sinnstiftende wie wertvolle Daseinsberechtigung. Sie dienen entscheidend dazu, Menschen zu deren Kern zurückführen zu wollen. So weit, so gut.

Bedenklich wird es zumeist genau dann, wenn Menschen einer Religionsgemeinschaft – ganz gleich, unter welchem Etikett sie „firmiert" - für sich in selbstherrlicher und absurder Art und Weise einen Alleinvertretungsanspruch für sich in Anspruch nehmen, mit dem Ziel, andere Menschen „bekehren" zu wollen.

Welch' armseliges Verständnis von Gott müssen wohl Menschen haben, ernsthaft zu glauben, Gott könne es interessieren, ob ein Mensch nun sein Leben auf der Grundlage einer Religion x oder y oder z zu meistern versucht?!

Viel entscheidender ist doch die Feststellung, ob ein Mensch grundsätzlich als „guter Mensch" in dieser so kranken Welt möglichst viel Gutes bewirkt?! Dabei ist es völlig irrelevant, ob ein Mensch nun einer Religion x oder y oder z zuneigt – oder auch nicht.

Entscheidend sind konkrete Taten; weniger absurde und selbstherrliche Anmaßungen.

Wie absurd Glaubenskriege im Ansatz sind, erkennst du beispielsweise auch daran, dass es nicht nur unsinnige Differenzen zwischen verschiedenen Weltreligionen gibt, sondern auch daran, dass sich sogar Glaubensrichtungen innerhalb einzelner Weltreligionen mit nicht selten üblen Maßnahmen wechselseitig bekämpfen.

Da bekämpfen sich beispielsweise innerhalb des Christentums Katholiken, Protestanten und diverse Freikirchen untereinander, obwohl sie sich letztlich auf gleiche Wurzeln ihres Glaubens berufen. Absurd!

Da gibt es innerhalb des Islams unterschiedlichste Glaubensrichtungen, von denen jede einzelne mehr oder weniger für sich in Anspruch nimmt, die „Wahrheit gepachtet zu haben". Absurd!

Da gibt es „Bemühungen", vordergründig großzügig erscheinende „Annäherungen" zwischen verschiedenen Weltreligionen voranbringen zu wollen, bei denen sich jedoch bei genauerem Hinsehen schnell zeigt, dass es letztlich doch wieder nur darum geht, „das eigene Ding durchziehen zu wollen...". Absurd!

Kurz: Wirklich gut sind Menschen genau dann, wenn sie eigenes Handeln an dem ausrichten, was als universell gut gelten darf; völlig unabhängig von der Frage, ob der betreffende Mensch einer Religion x oder y oder z angehört.
Im Kern geht es auch bei Glaubenskriegen letztlich immer nur darum, anderen Menschen den eigenen Willen aufzwingen zu wollen. Daran ändern auch keine noch so schöne Worte im Kern etwas!

85. Die Seele ist das Zentrum der Person, der "Ort", wo sie bei sich selbst ist.

(Edith Stein, 1891-1942, deutsche Philosophin)

Vielleicht ist dir auch schon einmal aufgefallen, dass es viele Begriffe in der Alltagssprache gibt, die nicht selten wie selbstverständlich verwendet werden, obwohl kaum ein Mensch dazu in der Lage ist, deren tatsächliche Bedeutung klar und nachvollziehbar beschreiben zu können.

Zu dieser Art Begrifflichkeiten zählen sicher auch die Begriffe „Seele" und „Person".

Hast du schon einmal ernsthaft darüber nachgedacht, wer oder was die Seele ist? Oder hast du dir schon einmal überlegt, wo genau deine Seele räumlich verortet sein könnte? Wer oder was genau ist eigentlich eine Person?

Fragen dieser Art sind erheblich schwieriger zu beantworten, als es dir womöglich auf den ersten Blick erscheinen mag.

Der Begriff Seele taucht in vielen großen Weltreligionen auf. Abgesehen von zuweilen marginalen Interpretationsunterschieden, wird im Kern davon ausgegangen, dass die Seele so eine Art „Extrakt einer Person" ist, die deren Wesenskern umfasst.

Entscheidend ist dabei der Gedanke, dass eine Seele nicht exklusiv an eine bestimmte materielle Form – wie beispielsweise einen Menschen – gebunden ist, sondern dass es sich dabei vielmehr um etwas handelt, das letztlich raum- und zeitunabhängig existiert.

Sofern du dich erstmalig mit solchen Themen beschäftigst, wird es dir vielleicht seltsam erscheinen, solche Fragen zu stellen. Dennoch wirst auch du – ob du es nun wahrhaben magst, oder nicht – nicht drum herum kommen, anzuerkennen, dass auch du in diese gigantische Konstruktion eingebunden bist, die sich Leben nennt.

Der zentrale Kerngedanke einer Seele ist, anzunehmen, dass es sich dabei um einen „Ort" handelt, der sich gänzlich von der Art Ort unterscheidet, wie er in der Alltagssprache verwendet wird.

Vielmehr geht es darum, zu verstehen, dass sich Seelen in einer Art und Weise verstehen lassen, die nicht automatisch und schon erst recht nicht zwingend an biologische Trägermedien gebunden sind, sondern, dass es sich dabei um strukturelle Komponenten handelt, die letztlich unabhängig von einer wie auch immer gearteten Materie existieren, um somit vor allem auch raum- und zeitunabhängig sein zu können.

Alle materiellen Konstruktionen, ganz gleich auf welchem Trägermedium sie auch basieren, unterliegen grundsätzlich und ausnahmslos einem materiellen Zerfall bzw. einer Neustrukturierung, die sich zwingend aus dem Lauf der Zeit ergibt. Insofern kann und wird materielles Leben – somit auch menschliches Leben – ohne Ausnahme immer nur innerhalb geradezu nanoskopisch kleiner Zeitfenster existieren.

Materielle Systeme, somit auch Menschen, unterliegen permanenten, nicht zu stoppenden Neustrukturierungsprozessen, an deren Ende grundsätzlich und ausnahmslos immer der biologische Tod steht.

Geht man von dem Gedanken aus, dass der Wesenskern eines Menschen, der letztlich auch dessen Persönlichkeit beschreibt, den biologischen Tod überdauert, muss es sich bei einer Seele um etwas handeln, das nicht den biologischen Zerfallsprozessen unterliegt, um somit im Fluss unendlicher Zeit überdauern zu können.

Nicht zuletzt interdisziplinäre Forschungsergebnisse legen den Gedanken nahe, dass es sich bei einer Seele um eine abstrakte Zahlenstruktur handelt, die weder an Raum noch an Zeit gekoppelt ist.

Zugegeben, ein solcher Gedanke mag dir zunächst merkwürdig oder gar abwegig erscheinen. Doch ändert das faktisch nichts daran, dass es sehr wohl ernstzunehmende Hinweise darauf gibt, die genau einen solchen Gedanken als wahrscheinlich erscheinen lassen.

Einen derart fundamentalen sowie höchst komplexen Gedanken ausbreiten zu wollen, sprengte hier den Rahmen dieses kleinen Büchleins. Interessierte Leser*innen seien an dieser Stelle auf die einschlägige Fachliteratur verwiesen, die es mittlerweile in großer Zahl gibt.

Eines solltest du jedoch an dieser Stelle sehr achtsam bedenken:

Die mögliche Tatsache, dass dir ein solcher Gedanke derzeit womöglich abwegig oder merkwürdig erscheint, belegt nicht, dass es sehr wohl so sein könnte. Vielmehr deuten vorschnelle und zudem sachunkundige Ablehnungen eher darauf hin, dass der betreffende Mensch entweder nicht über den notwendigen fachlichen Hintergrund zur Beurteilung solcher Fragen verfügt, oder – was recht häufig zu beobachten ist – dass der betreffende Mensch eine mehr oder weniger diffuse Scheu davor hat, sich selbst in seinem Wesenskern erkennen zu wollen. In einem solchen Fall handelte es sich primär um ein psychologisches Phänomen, das zumeist nur mittels fachkundiger Hilfe durch kompetente Psychologische Berater, Psychologen oder Psychotherapeuten therapiert werden kann.

Je intensiver du dich mit solchen Fragen beschäftigst, umso faszinierter wirst du davon sein, zu erkennen, in welch' gigantische Konstruktion auch du und dein Leben in diesem Kosmos eingebunden sind.

Sofern du eine offene und vorurteilsfreie Neugier lebst, wirst du geradezu zwangsläufig zu der Erkenntnis kommen, dass nahezu alle alltäglichen (vermeintlichen) Ärgernisse im Vergleich zum großen Ganzen geradezu lächerlich klein sind, und es sich von daher nicht lohnt, unnötig Kraft und Zeit darauf zu verschwenden. Die Entscheidung liegt bei dir.

86. Steht dir ein Schmerz bevor oder hat er dich bereits ergriffen, so bedenke, dass du ihn nicht vernichtest, indem du dich von ihm abwendest! Sieh' ihm fest ins Auge!

(Ernst Freiherr v. Feuchtersleben, 1806-1849, österr. Philosoph)

Zunächst einmal gilt es grundsätzlich zu unterscheiden zwischen physischen Schmerzen und psychischen Schmerzen.

Erstgenannte sind nicht selten allein schon aus optischen Gründen gut zu erkennen, weil die betroffenen Menschen ihrem physischen Schmerz durch teils unübersehbare Gesten Ausdruck verleihen.

Letztgenannte sind nicht selten die sehr viel schlimmere Variante, da so betroffene Menschen oftmals still in sich hinein leiden.

Während physische Schmerzen zumeist durch geeignete Maßnahmen der Schulmedizin gelindert bzw. beseitigt werden können, ist dies bei psychischen Schmerzen mitunter erheblich schwieriger.

Ein gebrochenes Bein beispielsweise lässt sich im Rahmen einer orthopädischen Behandlung zumeist ebenso gut wie erfolgreich behandeln.

Bei einer gebrochenen Seele ist dies zumeist erheblich schwieriger.

Bedauerlicherweise ist in weiten Teilen unserer Gesellschaft noch immer das ebenso unsinnige wie traurige Vorurteil präsent, das psychische Erkrankungen, wie beispielsweise Depressionen, nicht „gesellschaftsfähig" seien, und dass man sie bei den so betroffenen Menschen am besten komplett totschweigen sollte.

Menschen, die vorschnell solche oder ähnliche Urteile über psychische Erkrankungen fällen, beweisen damit allenfalls, dass sie absolut gar nichts verstanden haben.

Kein Mensch wurde gefragt, ob er unter der einen oder anderen psychischen Erkrankung leiden möchte? Neben genetischen Dispositionen sind es nicht zuletzt konkrete Rahmenbedingungen im Leben von Menschen, die das Auftreten einer Depression „begünstigen".

Glücklicherweise lassen sich viele psychische Erkrankungen heutzutage erfolgreich therapieren. Voraussetzung dafür ist allerdings, dass die so betroffenen Menschen fachkompetente Hilfsangebote auch möglichst rechtzeitig in Anspruch nehmen.

Bedauerlicherweise ist es bei den meisten psychischen Erkrankungsformen so, dass die Betreffenden selbst gar kein Gespür dafür entwickeln, dass sie ernsthaft erkrankt sind.

Vielmehr werden zumeist entsprechende Hinweise vorschnell und unreflektiert abqualifiziert, sodass dringend nötige Hilfsmaßnahmen entweder gar nicht, oder viel zu spät eingeleitet werden.

Entscheidendes Motiv für solche vorschnellen und zudem in der Sache unsinnigen Verhaltensweisen ist – wie so oft – Angst. Angst davor, als „verrückt" abgestempelt zu werden. Angst davor, ausgegrenzt zu werden.

Wenn überhaupt, dann müssten vielmehr solche Menschen als „verrückt" bezeichnet werden, die solche ebenso unsinnigen wie verantwortungslosen Vorurteile psychisch kranken Menschen gegenüber absondern.

„Verrückt" sind demnach oftmals nicht die psychisch Kranken, sondern vielmehr diejenigen, die zumeist aus Gründen eigener Feigheit anderen Menschen suggerieren möchten, dass es abwegig sei, psychologische bzw. psychotherapeutische Hilfe in Anspruch nehmen zu wollen.

Ganz gleich, in welcher Form dir Schmerzen in deinem Leben begegnen – früher oder später wird sich das auch in deinem Fall nicht gänzlich verhindern lassen – so bist du gut und klug beraten, dich dem jeweiligen Schmerz offen und aktiv zu stellen.

Schmerzen, die objektiv vorhanden sind, zu leugnen, kann und wird – wenn überhaupt – nur über einen jeweils sehr kurzen Zeitraum Linderung verschaffen können.

Klüger und besser ist es, wenn du auftretenden Schmerzen gegenüber aktiv und konsequent handelnd entgegentrittst.

Weder bei physischen, noch bei psychischen Schmerzen wird es im Regelfall so sein, dass diese durch fortgesetzte Ignoranz verschwinden, sondern vielmehr durch aktives, konsequentes und zielsicheres Handeln.

Sei tapfer, und sieh deinen Schmerzen ins Auge. Handle klug und aktiv. Desto schneller wirst du Linderung verspüren.

Bei physischen Schmerzen helfen dir u. a.: Orthopäden, Internisten, Allgemeinmediziner, Chirurgen usw.

Bei psychischen Schmerzen nimmst du am besten professionelle Hilfe von Psychologischen Beratern, Psychologinnen oder Psychotherapeut*innen in Anspruch.

Sowohl physische, als auch psychische Schmerzen sind grundsätzlich Ausdruck davon, dass bei dir etwas „nicht stimmt".

Es ist keine Schande, bei physischen Schmerzen ärztliche Hilfe in Anspruch zu nehmen.

Ebenso wenig ist es eine Schande, bei psychischen Schmerzen psychologische oder psychotherapeutische Hilfe zu nutzen.

Bedenke: Beides hat seine Berechtigung, und ist weder merkwürdig noch abwegig. Handle. Jetzt.

87. Dankbarkeit als Charaktereigenschaft ist wie der Duft der Blumen. Mag ein Mensch noch so gelehrt oder tüchtig in seiner Arbeit sein, er ist ohne jene Schönheit des Charakters, die eine Persönlichkeit auszeichnet, wenn ihm die Dankbarkeit fehlt. Wenn wir jede kleine Tat der Freundlichkeit wahrnehmen, sie in Dankbarkeit würdigen, entwickeln wir in uns mehr und mehr den Geist der Dankbarkeit.

(Hazrat Inayat Khan, 1882-1927)

Ist dir auch schon aufgefallen, dass es viele Menschen gibt, die einerseits über allerlei – mehr oder weniger berechtigte – Dinge des Lebens klagen, andererseits zugleich aber jede Form von Dankbarkeit vermissen lassen?

Nicht selten wird über zumeist geradezu lächerliche Ärgernisse geklagt, die einerseits Kraft und Zeit, andererseits auch Nerven kosten. Da regen sich Menschen über „ach so schreckliche Alltagsmissgeschicke" auf, die bei genauerem Hinsehen nicht selten völlig harmlos, oftmals geradezu lächerlich sind.

Zugleich mangelt es vielen Menschen an einem klar erkennbaren Gespür für Dankbarkeit. Viel zu viele Aspekte des Lebens werden für selbstverständlich gehalten.

Sofern du offen und ehrlich zu dir selbst bist, wird dir vielleicht auffallen, dass auch du vielen Dingen deines Lebens nicht die ihnen eigentlich gebührende Dankbarkeit gegenüber zeigst. Besonders bedenklich ist es, wenn du deinen Mitmenschen gegenüber Dankbarkeit vermissen lässt, die auch diese – ebenso wie du – so dringend empfinden möchten.

Bedenke: Diese Welt könnte in weiten Teilen sehr viel schöner, harmonischer, menschlicher und lebenswerter sein, gäbe es mehr Menschen, die eine bewusst praktizierte Dankbarkeit offen und klar erkennbar lebten.

Auch du bekommst an jedem neuen Tag vielfältigste Gelegenheiten geschenkt, um deiner Dankbarkeit Ausdruck verleihen zu können.

Insbesondere Menschen gegenüber, die dir persönlich nahe stehen, solltest du deine Dankbarkeit zeigen. Dabei muss es sich nicht immer um große Gesten handeln. Vielmehr ist wichtig, dass du im täglichen Allerlei bewusst danach Ausschau hältst, wie du deine Dankbarkeit Menschen und Dingen gegenüber zeigen kannst. Gelegenheiten dazu gibt es mit Sicherheit sehr viele; du musst sie nur aktiv wahrnehmen wollen.

Es ist schon irgendwie paradox: Wir leben hier in einem der reichsten Länder dieser Erde. Wir führen – zumindest (noch) mehrheitlich ein Leben auf einem Niveau, von dem der überaus überwiegende Teil der Weltbevölkerung nur träumen darf. Wir leben in einem Land, das – noch immer – vergleichsweise sicher ist. Wir leben in einem Land, in dem selbst die ärmsten Schichten – relativ betrachtet – um Größenordnungen besser leben können, als das in vielen Teilen dieser Welt möglich ist.

Und dennoch ist nicht zu übersehen, dass ungewöhnlich viele Menschen mit mürrischen Gesichtern, gebückter Körperhaltung sowie einem insgesamt diffus unbefriedigten Gefühl durch die Straßen laufen.

Freundlichkeit sucht man nicht selten vergeblich in unterschiedlichsten Lebenssituationen: Unfreundliches Personal in Geschäften, launische Dienstleister, hektisch agierende Menschen, denen offenbar jedes Gespür dafür zu fehlen scheint, zu erkennen, dass der weitaus überwiegende Teil erlebten Stresses vorwiegend selbstinduziert ist.

Du kannst es besser machen. Mache dir bewusst, wie enorm viel Gutes und Schönes dir dein bisheriges Leben schon geschenkt hat. Sieh dich achtsam um, und du wirst feststellen, dass es vor allem Menschen sind, die dir wohlgesonnen sind, die dich – teils auch subtil – darin unterstützen, dass du einen guten und schönen Lebensweg gehen kannst.

Achte im Alltag bewusst auf Situationen, in denen du deine Dankbarkeit offen bekunden kannst.

Ebenso wie du dich vermutlich darüber freust, freundlich behandelt zu werden, so solltest auch du dich aktiv darum bemühen, gelebte Dankbarkeit zu praktizieren.

Du wirst merken, dass du mit einer solchen Strategie nicht nur anderen Menschen etwas Gutes tust, sondern vor allem schenkst du dir selbst damit ein gutes und sich angenehm anfühlendes Gefühl.

Auffällig ist, dass vor allem solche Menschen aktive Dankbarkeit leben, denen es vergleichsweise – wirtschaftlich betrachtet – weniger gut geht. Studien haben bewiesen, dass Menschen, die selbst weniger gut begütert sind, relativ betrachtet deutlich mehr verschenken, als Menschen, denen es wirtschaftlich auffällig gut geht.

So ist beispielsweise ein gespendeter Euro eines Hartz-4-Empfängers relativ betrachtet ein sehr viel größeres Geschenk, als beispielsweise eine vielleicht fünfstellige Spende eines Millionärs.

Bedauerlicherweise richtet sich der öffentliche Fokus zumeist auf solche vermeintlich „ach so großzügigen Spenden" von Menschen, die oftmals gar nicht merken, dass sich deren fettes Bankkonto um einen vergleichsweise mickrigen Betrag reduziert hat. Vielmehr wäre es sinnvoll, den Blick dafür zu schärfen, dass es für wirtschaftlich arme Menschen relativ betrachtet erheblich „schmerzlicher" sein wird, beispielsweise „nur" einen Euro zu spenden. Doch das lässt sich natürlich nicht so medienwirksam vermarkten, wie die unzähligen sog. Wohlfahrtsgalas, wie sie in jedem Jahr zum Jahresende hin stattfinden.

Schon auf den ersten Blick ist oftmals zu erkennen, dass es vielen der „ach so großzügigen" SpenderInnen weniger darum geht, objektiv vorhandene Not zu lindern, als vielmehr darum, selbst im Rampenlicht stehen zu wollen.

Heuchelei in Reinkultur. Ätzend!

88. Für das Maß seiner Begabung ist der Mensch nicht verantwortlich, wohl aber dafür, wie er die ihm verliehenen Gaben ausgebildet und benutzt hat.

(Daniel Sanders, 1819-1897, deutscher Autor)

Kein Mensch, auch du nicht, wurde zuvor gefragt, ob bzw. unter welchen konkreten Rahmenbedingungen er auf diese Welt kommen möchte...?

Niemand, auch du nicht, hat Einfluss darauf nehmen können, mit welchen Begabungen sie oder er in diese Welt eingetreten ist.

Von daher solltest du froh und dankbar dafür sein, wenn dir das Leben gute Startvoraussetzungen geschenkt hat, die du dir im Vorfeld durch nichts hast verdienen können.

Solltest du zu den Glücklichen gehören, denen das Leben ein reichhaltiges Fundament hinsichtlich diverser Begabungen mit auf den Weg gegeben hat, solltest du achtsam und dankbar damit umgehen.

Nutze die dir geschenkten Begabungen nicht nur für dich und dein Wohlergehen, sondern bedenke, dass du deine Begabungen auch zum Wohl anderer Menschen einsetzen solltest, denen das Leben womöglich weniger gute Startvoraussetzungen geschenkt hat.

Ganz gleich in welchen Bereichen deine Begabungen auch liegen mögen, so betrachte sie als ein unverdientes Geschenk, mit dem du grundsätzlich achtsam, sorgsam und zielführend umgehen solltest. Begabungen, die dir das Leben geschenkt hat, von denen du auch weißt, die du womöglich nicht nutzt, wären eine große Vergeudung menschlichen „Kapitals". Vom daher solltest du die dir geschenkten Begabungen konsequent nutzen, um somit nicht zuletzt auch das Allgemeinwohl zu fördern.

89. Die meisten Menschen haben Angst vor der Wahrheit. Wahrheit ist unbequem, deshalb wird sie gerne verdrängt.

(Monika Minder)

Vielleicht kennst du aus deiner Kindheit auch noch den Spruch: „Lügen haben kurze Beine."?!

So kurz und knapp dieser Spruch auch erscheinen mag, so sehr thematisiert er eine menschliche Grunderfahrung, vor der sich letztlich niemand dauerhaft verstecken kann.

Gründe dafür, dass Menschen Unangenehmes oder oftmals auch nur vermeintlich Unangenehmes verdrängen, gibt es deren viele. Nahezu immer lauert im Hintergrund jedoch das menschliches Grundmotiv „Angst".

Ängste gibt es in vielfältigster Form. Die psychologische Praxis zeigt ganz klar, dass der weitaus überwiegende Teil diffuser Ängste objektiv unbegründet ist.

In sehr vielen Fällen sind vor allem Erziehungsfehler im Kern dafür verantwortlich, dass Menschen eine „Angst vor der Wahrheit" ausbilden. Noch immer gibt es bedauerlicherweise viele Menschen, die es unsinnigerweise als persönliche Schwäche ansehen, wenn sie objektiv erkennbare Fehler auch klar und ohne Umschweife als solche zugeben.

Beispiele dafür gibt es unzählige. Schon von kleinauf lernen viele Kinder, dass sie gemachte Fehler auf gar keinen Fall zugeben dürfen, um nicht als schwach zu gelten. Tarnen und täuschen lautet leider das Motto vieler Erziehungsformen. Das ist nicht nur unnötig, sondern vor allem schädlich und unsinnig.

Was genau sollte schon schlimm daran sein, offen und klar zuzugeben, in der einen oder anderen Situation einen Fehler gemacht zu haben? Eben, nichts ist schlimm daran. Schlimm ist vielmehr, wenn Menschen irgendwann gar nicht mehr merken, dass sie sich mit einem permanenten Verdrängungsmechanismus mehr und mehr auf eine ebenso unsinnige, wie perspektivisch schädliche „Schiene" begeben, bei der die Wahrheit zunehmend geleugnet und verbogen wird.

Sehr viel klüger und effektiver dagegen ist es, wenn du der Wahrheit offen und frei gegenüber trittst. Hab' keine Angst davor Fehler oder vermeintliche Fehler offen einzugestehen. Genau das ist nämlich – ganz im Gegensatz zu einer weitläufig verbreiteten Meinung – alles andere als ein Zeichen von Schwäche. Vielmehr zeugt es von einem gesunden Selbstbewusstsein, gemachte Fehler ohne falsche Winkelzüge offen und klar einzugestehen.

Persönliche Schwäche zeigen dagegen Menschen mit einem gestörten Selbstbewusstsein, das sich nicht zuletzt aus einer oftmals diffusen Angst vor vermeintlicher Bestrafung speist.

Über kurz oder lang wirst auch du grundsätzlich niemals verhindern können, dass auch unbequeme Wahrheiten ans Licht kommen.

Anstatt nicht selten über sehr lange Zeit unverhältnismäßig viel Kraft und wertvolle Lebenszeit damit zu verschwenden, unbequeme Wahrheiten mit allerlei Tricks verdrängen zu wollen, solltest du vielmehr unbequemen Wahrheiten mutig und entschlossen gegenüber treten. Je schneller du agierst, um so eher wirst du sich ungut anfühlende Belastungen aus deinem Leben streichen können.

Bedenke: Nichts kostet auf die Dauer mehr Kraft und Nerven, als Dritten gegenüber eine vernebelnde Maske vermeintlicher Selbstsicherheit vorgaukeln zu wollen; und das alles zumeist nur deshalb, um unbequemen Wahrheiten nicht ins Auge sehen zu müssen. Eine solche Strategie kostet nicht nur unverhältnismäßig viel psychische Kraft, sondern sie ist in der Sache schlichtweg unsinnig. Gib dir bitte selbst die Chance, unbequeme Wahrheiten gelassen anzunehmen, um sie dann auch im Rahmen deiner Möglichkeiten konstruktiv lösen zu können. Dauerhafte Verdrängung *löst* keine Probleme, sondern *schafft* deren perspektivisch immer wieder neue.

90. Den meisten Menschen vergeht das Leben in der ständigen Erwartung des Zeitpunktes, an dem sie nun eigentlich zu leben anfangen.

Hast du dich auch schon dabei ertappt, wichtige Dinge deines Lebens immer wieder und wieder verschoben zu haben, in der Erwartung, es könnte noch einen besseren Zeitpunkt zur Erledigung oder Realisierung derselben geben?!

Schiebst du des Öfteren zu erledigende Aktionen deines Alltags auf die lange Bank, um dann mit an Sicherheit grenzender Vorhersehbarkeit einige Zeit später ärgerlich darüber zu sein, dass du dies und das immer wieder verschoben hast?

Stellst du vielleicht selbstkritisch fest, dass du die eine oder andere schöne Urlaubsreise immer wieder verschoben hast, um dann womöglich irgendwann frustriert feststellen zu müssen, dass „der Zug endgültig abgefahren ist...“?

Wünschst du dir schon seit langer Zeit schöne Veränderungen in deinem Privatleben, erfindest aber immer wieder leicht zu durchschauende Scheingründe dafür, nicht endlich „in die Gänge zu kommen...!?

Bedenke: Für alles und jedes lassen sich bis zum Sankt Nimmerleinstag „Gründe" dafür (er)finden, entscheidende Veränderungen deines Lebens nicht aktiv anzugehen. Allerdings ist dann vorhersehbar, dass du immer wieder geradezu sträflich wertvolle Lebenszeit ungenutzt verstreichen lässt. Die ebenso logische wie zumeist traurige Konsequenz wird sein, dass du perspektivisch immer unzufriedener mit dir und deinem Leben sein wirst, weil du nämlich tief in deinem Inneren sehr wohl ein Gespür dafür haben wirst, zu erkennen, dass *du ganz allein* dafür verantwortlich bist, unzählige Gelegenheiten nicht konkret und aktiv genutzt zu haben, die dir dieses Leben schenken möchte.

Die aus fernöstlichen Weisheitslehren bekannte Aussage, dass es elementar wichtig sei, im Hier und Jetzt zu leben, weist klar und unmissverständlich darauf hin, wie enorm wichtig es ist, eigene Gedanken nicht übermäßig auf eine Vergangenheit oder eine Zukunft zu richten, sondern vielmehr auf das jeweilige Hier und Jetzt.

Die Begründung für diese kluge Empfehlung ist ebenso klar wie unwiderlegbar. Das, was in deiner Vergangenheit geschehen ist, wirst du unter keinen Umständen mehr verändern können. Das, was in deiner persönlichen Zukunft liegt, magst du dir vielleicht hinsichtlich bestimmter Aspekte wünschen, doch... konkreten Einfluss darauf wirst du definitiv nicht haben.

Das Einzige, was du aktiv und konkret tun kannst, ist im Hier und Jetzt zu leben.

Diese Erkenntnis ist nicht zuletzt mit dem Begriff der Achtsamkeit gekoppelt. Dabei handelt es sich keineswegs, wie so manche Menschen vorschnell und unkundig denken, um einen esoterisch angehauchten Aspekt. Vielmehr ist schon längst nachgewiesen, wie enorm wichtig und hilfreich gelebte Achtsamkeit im Leben von Menschen ist.

Insbesondere solche Menschen, die vorschnell bestreiten, dass solche Eigenschaften wie beispielsweise Achtsamkeit, Gelassenheit, Langmut usw. für sie von Interesse seien, zeigen durch solche vorschnellen, unreflektierten und zudem in der Sache dümmlichen Kommentare, dass *gerade sie selbst* genau solche Eigenschaften am allernötigsten haben.

Je eher du begreifst, wie wichtig und hilfreich es auch für dein Leben ist, Achtsamkeit, Gelassenheit, Langmut usw. als einen wichtigen Bestandteil in dein tägliches Denken und Handeln zu integrieren, um so eher wirst du viele „Früchte" einer solchen Lebenseinstellung ernten dürfen.

Hektik und Panik *lösen* keine Probleme, sondern sie *schaffen* vielmehr permanent deren immer wieder neue.

91. Deine Einstellung verwandelt die Atmosphäre. Achte auf Deine Einstellung, und du wirst große Veränderung erfahren. Deine guten sanften Gedanken lösen sie aus.

(Chankara)

Vielleicht kennst du den klugen Spruch von Aristoteles, der sinngemäß besagte: „Du kannst den Wind nicht ändern, wohl aber die Segel anders setzen."

Ein kluger und wichtiger Spruch, den auch du in deinem Leben beherzigen solltest.

Ja, es gibt vielfältige Situationen in deinem Leben, auf die du – so sehr du dir es vielleicht auch wünschen magst – kaum bzw. gar keinen aktiven Einfluss hast.

Sehr wohl aber kannst du dich entscheiden, wie du mit der einen oder anderen Situation umgehen möchtest.

Nicht zuletzt die psychologische Forschung belegt, dass in der weitaus überwiegenden Zahl aller Fälle es *nicht* objektiv schlimme Situationen sind, die Stress bei Menschen auslösen, sondern vielmehr die Art und Weise, *wie* Menschen mit Stress umzugehen gelernt haben.

In den allermeisten Fällen des Alltags handelt es sich um selbstinduzierten Stress, der sich zumeist nicht durch objektiv schlimme Tatbestände begründen lässt, sondern vielmehr dadurch, dass Menschen oftmals nicht gelernt haben, selbstinduzierten Stress als eben solchen zu erkennen.

Du selbst kannst durch dein aktives Handeln, durch deine Persönlichkeit sehr konkret dazu beitragen, eine Atmosphäre des Wohlwollens, der Gelassenheit, der Freundlichkeit, der Achtsamkeit und des Friedens entstehen zu lassen.

Unterschätze niemals die Kraft deiner Gedanken, denn sie bergen – im Guten, wie im Schlechten – enorme Kräfte in sich.

92. Die Grausamkeit der meisten Menschen ist Fantasielosigkeit und ihre Brutalität Ignoranz.

(Kurt Tucholsky, 1890-1935)

Zu den schlimmsten Verfehlungen, die du sowohl dir selbst, als auch deinen Mitmenschen antun kannst, gehören Fantasielosigkeit und Ignoranz.

Hörst du dich womöglich auch des Öfteren sagen, dass es doch unmöglich sei, die eine oder andere Idee in die Tat umzusetzen; und das vor allem mit der nicht selten ebenso unsinnigen wie gedankenlosen Schein-Begründung, dass „das doch so nicht möglich sei, weil das so nicht gehe, und überhaupt sei das doch Unsinn..."?!

Bedenke: Auch wenn sehr viele Menschen sagen, dass die eine oder andere neue Idee nicht realisierbar sei, bedeutet das noch lange nicht, dass das so auch richtig sein muss. Vielmehr plappern viel zu viele Menschen nicht selten einfach nur das nach, was ihnen ein oftmals vernebelnder Mainstream als vermeintliche Wahrheit vorgegaukelt hat. Benutze deinen eigenen Verstand, und lass' dich nicht einlullen von Schein-Argumenten, die bei näherer Betrachtung oftmals allenfalls zeigen, wie fantasielos viele Menschen sind.

Eine besonders schlimme und oftmals menschenverachtende Form von Brutalität besteht darin, Ignoranz gegenüber offenkundigen Sorgen und Nöten von Mitmenschen zu zeigen.

In einer Zeit, wie der unsrigen, muss man mit pathologischer Blindheit geschlagen sein, um nicht klar erkennen zu können, dass es zum Himmel schreiende Ungerechtigkeiten auf dieser Welt gibt.

Wie extrem verlogen entscheidende Debatten oftmals geführt werden, zeigt sich z. B. auch im Zusammenhang mit der sog. „Flüchtlingsthematik". Da reden sich zumeist genau solche Leute die Köpfe heiß, die – bei unvoreingenommener

Betrachtung – entscheidend dafür verantwortlich sind, *dass* es überhaupt zu immer gigantischeren Flüchtlingsströmen kommt. Da wird schier endlos und gebetsmühlenartig davon gefaselt, man wolle „die Fluchtursachen bekämpfen...", obwohl jedem nicht gänzlich unwissenden und ignoranten Menschen schon längst klar sein sollte, dass solche Sprechblasen nahezu durchweg auf der Grundlage geheuchelten Problemlösewillens abgesondert werden.

Wollte man tatsächlich und ehrlich entscheidende Fluchtursachen bekämpfen, müssten entscheidende Leute in der Politik zunächst einmal den klaren Willen erkennen lassen, den zu einer schlimmen Gewohnheit mutierten Irrsinn von Waffenlieferungen sofort und konsequent einzudämmen.

Doch genau das geschieht erkennbar nicht. Warum wohl? Nun, das ist im Grunde genommen sehr leicht zu beantworten: Wie so oft im Leben setzen sich eben nicht geheuchelte moralische Maßstäbe durch, sondern vielmehr bestimmen nicht selten kriminelle Lobbyinteressen richtungsweisende Entscheidungen in der Politik und andernorts.

Wie naiv und sträflich dumm muss man wohl sein, einerseits u. a. ausgerechnet gigantische Waffenlieferungen an genau solche Regime zu liefern, von denen unübersehbar klar ist, dass sie nicht selten menschenverachtende Praktiken betreiben, um sich dann anschließend darüber zu wundern, dass mehr und mehr Menschen aus solchen Ländern ihr Lebensglück in anderen Ländern dieser Welt suchen?

Wie verlogen und skrupellos muss man wohl sein, einerseits aktiv dafür zu sorgen, dass auch in vielen Ländern Afrikas die dortige lokale Wirtschaft systematisch zerstört wird, sodass die dort lebenden Menschen in immer größerer Zahl nach Europa – ins „gelobte Land" - auswandern, andererseits dann durch allerlei Alibi-Maßnahmen so zu tun, als wolle man den Menschen dort vor Ort echte und ehrliche Hilfe leisten?

Ein absurdes, perfides und widerwärtiges Schmierentheater, an dem sich in unterschiedlichen Ausprägungsgraden nahezu alle im Bundestag vertretenen Parteien – mehr oder weniger offensichtlich – beteiligen.

Politiker*innen, wie z. B. auch die ebenso kluge wie sachkundige Frau Dr. Wagenknecht, die sich nicht davor scheuen, klar und deutlich „die wahrhaft auslösenden Ursachen beim Namen zu nennen", werden nicht selten reflexhaft von ebenso dümmlichen wie intellektuell unterbelichteten „Wadenbeißern" diskreditiert.

Es wird allerhöchste Zeit, dass deutlich mehr Menschen endlich begreifen, dass eine Politik des „immer-schön-weiter-so" ein Weg in den Abgrund für uns alle sein wird.

Schier endlose Alibi-Maßnahmen, die – wenn überhaupt – nur vordergründig Problemlösungen anzubieten vortäuschen, denen jedoch eine ehrliche und nachvollziehbare Grundlage fehlen, *lösen* keine Probleme, sondern *schaffen* deren perspektivisch immer nur neue Probleme, die wie ein unheilvoller Berg immer unüberwindbarer werden.

Es wird allerhöchste Zeit, dass auch und gerade im sog. Mainstream mehr Menschen erkennen, dass wir alle miteinander von einer vergleichsweise kleinen, aber viel zu mächtigen Clique skrupelloser, verlogener und selbstverliebter Leute auf das Übelste manipuliert werden. Es sind nicht deine Interessen oder die Interessen deiner Lieben, die viele Politiker*innen im Sinn haben, sondern vielmehr oftmals – mehr oder weniger gut getarnt – eigene, machtgeile Gelüste, denen es letztlich völlig gleichgültig ist, ob auch du womöglich in einer gar nicht mehr fernen Zukunft auch zu denen gehören könntest, auf die du vielleicht heute noch ignorant herabschauen magst...?!

Bedenke: Es gibt unzählige Situationen auch in deinem Alltag, die so dermaßen überdeutlich zeigen, dass die Not vieler Menschen immer größer wird.

Schon klar, es kostet Überwindung, soziale und menschliche Schicksale offen und ungeschminkt an sich heran zu lassen.

Nur zu gern verdrängen Menschen unschöne Situationen, wie sie uns heute täglich an vielen Ecken und Enden im Alltag begegnen. Anstatt wegzuschauen, sollten wir uns ernsthaft fragen, warum es überhaupt dazu kommt, dass immer weitere Teile unserer Gesellschaft unübersehbar einem immer schlimmeren Erosionsprozess unterliegen?

Es ist schließlich kein Naturgesetz, zu akzeptieren, dass materieller Reichtum in immer dekadenteren Größenordnungen auf eine geradezu lächerlich kleine Gruppe geldgeiler, skrupelloser und menschenverachtender Leute konzentriert wird, während immer mehr Menschen systematisch in den Abgrund gedrängt werden.

Nicht zuletzt immer weitere Teile der sog. Mittelschicht, die sich – noch immer – mehrheitlich „sicher fühlt", erkennt allmählich, dass die Konsequenzen fortgesetzter Ignoranz auch an ihnen nicht mehr spurlos vorübergehen werden.

Psychologische Studien belegen – leider – klar, dass die meisten Menschen – wenn überhaupt – erst dann „aufwachen", wenn die eigene „Hütte brennt...", doch dann wird es endgültig zu spät sein.

Bedenke: Verdrängen löst keine Probleme, sondern verschärft diese immer mehr, und schafft deren neue.

Konsequenz: Wach' auf, und erkenne, dass auch du sehr wohl im Rahmen deiner Möglichkeiten konkret und aktiv etwas dazu beitragen kannst, mehr Menschen davon zu überzeugen, dass ein Wirtschaftssystem, dessen Maxime ein „immer mehr, immer weiter, immer schneller..." lautet, den Kern des eigenen Untergangs bereits in sich trägt.

Erkenne, wie unsinnig und menschenverachtend zugleich es ist, bewusst immer wieder ignorant gegenüber offensichtlichen Problemen zu sein, zu deren Lösung du bisher womöglich aus purer Bequemlichkeit noch nichts konkret und aktiv beigetragen hast.

Warte nicht, bis dir eine sich schon längst unübersehbar abzeichnende Realität harte Fakten präsentieren wird, die du dann auch nicht mehr ändern kannst. Die Zeit zum Handeln ist jetzt!

93. Sind die Kinder klein, müssen wir ihnen helfen Wurzeln zu fassen. Sind sie aber groß, müssen wir ihnen Flügel schenken.

(Indisches Sprichwort)

Eine der ebenso wichtigsten, wie schwierigsten Lernerfahrungen, die du in deinem Leben machen kannst, besteht darin, „loszulassen".

Loszulassen von belastenden Situationen, loszulassen von materiellen Dingen, loszulassen von quälenden Gedanken sowie – das ist zumeist die schwierigste und schmerzvollste Erfahrung – loszulassen von Menschen, die dir etwas bedeuten.

In asiatischen Weisheitslehren, allen voran im Buddhismus, ist der Gedanke des Loslassens ein sehr zentraler.

Für Menschen, die sich bisher noch niemals ernsthaft mit der besonderen Bedeutung des Loslassens befasst haben, mag es zunächst befremdlich, nicht selten sogar unsinnig erscheinen, zu akzeptieren, dass die Fähigkeit bewussten Loslassens nicht nur ausgesprochen hilfreich ist, sondern, dass sie vor allem geradezu segensreich wirkt.

Beispiele, anhand denen du das Loslassen konkret üben kannst, bietet dir jeder neue Tag. Beginnend bei vergleichsweise banalen Alltagsaktivitäten, bis hin zu der wohl schwierigsten Übung, liebe Menschen loszulassen, gibt es ein weites Spektrum, das auch dein Leben – ob du das nun magst oder nicht – geradezu zwangsläufig begleiten wird.

Menschen, die tatsächlich den Wesenskern und die besondere Bedeutung des Loslassens internalisiert haben, wirken auf andere Menschen nicht selten „wie von einer anderen Welt". Warum? Nun, entscheidend deshalb, weil sie gelernt und verstanden haben, dass sie sich selbst den größten Gefallen tun, gelassen mit Lebenssituationen umzugehen, die sie ohnehin nicht ändern können.

Sieh dich einmal achtsam um, und du wirst feststellen, dass sehr viele Menschen unfassbar viel wertvolle Zeit und Energie darauf ver(sch)wenden, endlose Gedankenkarussells zu aktivieren, die sie in der Sache keinen einzigen Schritt konstruktiv voran bringen, sondern vielmehr immer wieder unverhältnismäßig viel Kraft und Zeit vergeuden.

Oftmals ist es so, dass Menschen auch bei vorhandenem Veränderungswillen es nicht ohne professionelle Hilfe schaffen, sich aus quälenden Gedankenspiralen zu befreien.

Solltest du das womöglich auch in deinem Fall verspüren, solltest du dir eine neutrale, professionelle Unterstützung suchen, die solche Erkenntnisprozesse kompetent und zielorientiert begleitet. Ideale Ansprechpartner*innen findest du im Umfeld von Psychologischen Beratern oder Psychotherapeut*innen.

Ein Klassiker, der deutlich zeigt, wie schwierig das Loslassen oftmals sein kann, betrifft den Moment, den wohl alle Eltern mehr oder weniger schmerzvoll erlebt haben bzw. noch erleben werden. Sobald die Kinder das elterliche „Nest" verlassen, sobald sie flügge werden, stellt sich für alle liebenden Eltern zwangsläufig die Erfahrung des Loslassens ein.

Die Motive, Kinder nicht loslassen zu können, sind nicht selten im Kern von egoistischer Natur. Daran ändert auch nichts, dass es manche Eltern geradezu meisterhaft verstehen, eigenen Kindern ein schlechtes Gewissen einreden zu wollen, wenn diese zu gegebener Zeit das elterliche Zuhause verlassen, um ein eigenes Zuhause aufzubauen.

Eltern, die sich in entscheidenden Phasen der Kindererziehung nach besten Kräften darum bemüht haben den eigenen Kindern eine solide Basis für das eigene Leben vermittelt zu haben, dürfen und sollten darauf vertrauen, dass solche „Keime" dann im weiteren Verlauf auch viele der erhofften

Früchte tragen werden.

Wenn Kinder das elterliche Zuhause verlassen, um ein eigenes Leben aufbauen zu wollen, bedeutet das im Regelfall ja nicht, dass somit die Verbindung zu den Eltern gänzlich und plötzlich abgebrochen wird, sondern vielmehr, dass ein sprichwörtlich „normaler" Lebensprozess eingeleitet wird, der aus guten Gründen auch seine Berechtigung hat.

Je eher beide Seiten – sowohl die Eltern, als auch die Kinder – das begreifen, desto entspannter und schöner lässt sich der weitere Kontakt dann auch konkret leben.

Eltern, die schier endlos klammern, die nicht loslassen können, leisten somit weder ihren Kindern, noch sich selbst, einen guten und sinnvollen Dienst.

Leben bedeutet – und zwar auf allen Ebenen – ständige Veränderung. So sehr aus menschlicher Sicht der Wunsch besteht, schöne Momente konservieren zu wollen, so sehr belehrt uns die Realität, dass sich kein Moment, und sei er auch noch so schön gewesen, dauerhaft „einfrieren" lässt.

Von daher gilt auch hier: Die einzige Chance dafür, dass du dein Leben genießen kannst, besteht darin, dass du im Hier und Jetzt lebst. Verschwende keine unnötige Energie auf Vergangenes, das du – so sehr du dir es vielleicht auch wünschen magst – nicht mehr ändern kannst. Vergeude keine unnötige Energie dafür, zu grübeln, was dir die Zukunft wohl bringen mag? Es kommt eh alles genau so, wie es auch kommen soll. Einzig im Hier und Jetzt hast du die Chance, dich lebendig zu fühlen. Nutze deine Chance. Jetzt!

94. Obwohl sie nicht hundert Jahre alt werden, bereiten sich die Menschen Sorgen für tausend Jahre.

(Fernöstliches Sprichwort)

Kennst du das auch – womöglich sogar bei dir selbst – dass du dir um alles und jedes Sorgen machst, was den vermeintlichen Verlauf deines weiteren Lebens betrifft?

Versuchst du womöglich dich und dein Leben gegen alle nur erdenkliche „Fälle des Lebens" absichern zu wollen, indem du so allerlei Versicherungen abschließt, die dich oftmals sehr viel Geld kosten?

Ertappst du dich auch dabei, dass du vor lauter Sorge um deine Zukunft dein Leben im Hier und Jetzt aus den Augen verlierst? Merkst du überhaupt, wie viel Zeit und Energie du damit verschwendest, ernsthaft zu glauben, du könntest dich gegen alle nur erdenklichen Widrigkeiten des Lebens absichern?

Dann sei gewiss, dass dem mitnichten so wird.

Das, was in deinem Leben bei genauer Betrachtung wirklich wichtig ist, kannst du durch keine noch so teure Versicherung absichern. Sicher ist nur eines: Die Menschen, die dich glauben machen wollen, du könntest dich und dein Leben im Sinne eines Rund-um-sorglos-Paketes absichern, haben in aller Regel ganz sicher nicht dein persönliches Wohl im Sinn, sondern wohl zumeist eher die in Aussicht gestellten Provisionen, die genau dann fällig werden, wenn mal wieder ein leichtgläubiger Mensch „auf den Leim gegangen ist...".

Anstatt dass du dir viel zu viele Sorgen um Dinge machst, die erfahrungsgemäß zumeist ohnehin nicht eintreten, solltest du deine Zeit und Energie vor allem darauf verwenden, dein Leben im Hier und Jetzt zu genießen. Denn genau das ist die einzige Zeit, während der du das tun kannst, was du wirklich möchtest. Nicht gestern, nicht morgen sondern jetzt!

95. Wer sich nicht bewegt, spürt auch seine Fesseln nicht.

(Deutsches Sprichwort)

Hast du dich womöglich in einer vermeintlich sicheren Komfortzone eingerichtet, in der du dich vordergründig sicher fühlst?

Beschleicht auch dich mitunter das Gefühl, dass das wahre Leben irgendwie an dir vorbei zieht, ohne erkennen zu können, dass du hinsichtlich wesentlicher Aspekte aktiv daran teilnimmst...?!

Dann wird es Zeit, dass du endlich aufwachst!

Sieh dich achtsam um, und du wirst erkennen, dass eine übergroße Mehrheit in unserer Bevölkerung schon längst in ein Hamsterrad eingebunden ist, das den Betreffenden oftmals jede Möglichkeit nimmt, ernsthaft darüber nachzudenken, ob ein solches Leben im Hamsterrad überhaupt gewünscht wird?

Bedenke: Du solltest niemals soviel Arbeit haben, dass du keine Zeit mehr hast über die wirklich wichtigen Fragen des Lebens nachzudenken.

Stell' dir bitte mal die entscheidende Frage: Wer hat wohl ein zentrales Interesse daran, dass so unglaublich viele Menschen wie ferngesteuerte Bio-Roboter durch dieses Leben ziehen, ohne überhaupt zu merken, dass sie nach Strich und Faden durch fremdbestimmte Interessen manipuliert werden?

Befreie dich von solchen Zwängen, und du wirst erleben, dass du einen gänzlich anderen Blick auf dieses Leben bekommst. Sorgen und Nöte, die womöglich bisher auch dein Denken bestimmt haben, relativieren sich schlagartig ab dem Moment des Begreifens und Durchschauens manipulativen Erlebens, das mit hoher Wahrscheinlichkeit auch dich und dein Leben betrifft.

96. Fünf Minuten Hilfe sind besser als zehn Minuten Mitleid.
(Armenisches Sprichwort)

In anderen Worten könnte man auch sagen:

Es ist besser den Menschen zu helfen, als sie nur zu bemitleiden.

Durch Mitleid allein werden sich schlimme und quälende Situationen zumeist nicht lösen lassen. Vielmehr ist entscheidend, dass jeder Mensch – ja, auch du – im Rahmen seiner Möglichkeiten aktiv und konsequent dazu beiträgt, offenkundiges Leid auf dieser Welt zu lindern.

Mittel und Wege dazu gibt es viele. Wichtig ist vor allem, dass du mit wachem Verstand und bewusst praktizierter Achtsamkeit durch dein Leben gehst. Dann wirst du unzählige Situationen erleben, die auch dir vielfältige Optionen zu aktiver und konsequenter Hilfe anbieten.

Es liegt an dir, zu entscheiden, ob du lieber ignorant agieren möchtest, oder ob du vor dem Hintergrund bewusst praktizierter Demut und Dankbarkeit mit dazu beitragen möchtest, offenkundiges Leid auf dieser in weiten Teilen so kranken Welt zu lindern.

Dabei muss es sich nicht zwingend immer um weltbewegende Aktionen großen Ausmaßes handeln. Vielmehr geht es im Kern darum, überhaupt einen wachen und offenen Blick für die Sorgen und Nöte Deiner Mitmenschen zu entwickeln.

Sobald du – sofern nicht bereits geschehen – mit offenen Augen und einem Gefühl von Offenherzigkeit durch diese Welt gehst, wirst du unzählige Gelegenheiten bekommen, dich und deine dir geschenkten Fähigkeiten auch für das Allgemeinwohl einbringen zu können.

Nutze sie. Jetzt!

97. Die Sklaven von heute werden nicht mit Peitschen, sondern mit Terminkalendern angetrieben.

(John Steinbeck, 1902-1968, US-amerikanischer Schriftsteller, Literaturnobelpreis 1962)

Sieh dich aufmerksam um in deinem Umfeld, und du wirst zunehmend Menschen erleben, die sich wie Getriebene durch dieses Leben bewegen.

Bedenke, dass der Begriff „Sklaverei" in einer Zeit wie der unsrigen mit anderen Mitteln befüllt wird, als das noch zu Zeiten typischer Sklaverei im Amerika vergangener Tage der Fall war.

Heutzutage sind es nicht mehr Ketten und Fesseln, mit denen Menschen in nicht selten entwürdigender Art und Weise zu Tätigkeiten angetrieben werden, die sie eigentlich gar nicht machen möchten, sondern vielmehr Terminkalender, die oftmals so dermaßen dicht sind, dass den Menschen gar keine Zeit mehr bleibt, ernsthaft und kritisch zu reflektieren, welches geradezu irre System sie durch eigenes Tun permanent auch noch weiter befeuern.

Schon Kinder haben heutzutage nicht selten Terminkalender, die denen von Managern entsprechen. Neben schulischen Aktivitäten werden viele Kinder mit so allerlei zusätzlichen Terminen belastet bzw. überlastet, die diese aus nachvollziehbaren Gründen kaum bzw. gar nicht zu leisten vermögen.

Oftmals sind es überehrgeizige Eltern, die schon kleine Kinder in unzählige „Maßnahmen" zwängen, in der irrigen Annahme, man täte den Kindern damit etwas Gutes.

Nicht selten jagt ein Termin den nächsten, und es bleibt oftmals kaum mehr Zeit für eine kind- und altersgerechte Entwicklung.

Bedenke: Auch an dieser Stelle gilt: „Weniger ist oftmals mehr".

Was ist das nur für ein geisteskrankes System, das schon kleine Kinder zu willenlosen, überzüchteten Bio-Robotern heranzüchtet, die vor allem nur einem Ziel dienen, das da lautet: „Sicherstellen des Fortbestandes eines längst als destruktiv erkannten Wirtschaftssystems, das Menschen in einer perfiden und menschenverachtenden Art und Weise missbraucht".

Das Zauberwort lautet: Entschleunigung.

Nichts und niemand kann und darf dich dazu zwingen einem System Vorschub zu leisten, von dem schon längst klar ist, dass es nicht nur immer mehr Menschen in den Abgrund treibt, sondern bei dem völlig klar ist, dass mehr und mehr unverzichtbare Lebensgrundlagen wissentlich und mutwillig zerstört werden.

Möchtest du verantwortungsbewusst handeln? Dann sage dich los von diesem „Zirkus der Wahnsinnigen", die perspektivisch uns alle in den sicheren K.O. führen werden.

Lass' nicht zu, dass fremdbestimmte Terminkalender dein Leben in einer schleichenden, jedoch perfide zielsicheren Art und Weise in den Abgrund führen.

Niemand wird es dir danken, wenn du eines Tages endgültig am Boden liegen wirst, niedergestreckt durch einen lebensbedrohlichen Burnout, der sich früher oder später bei jedem Menschen geradezu zwangsläufig zeigen wird, der überdeutliche Warnsignale über lange Zeit penetrant ignoriert.

Erkenne, wer und was in deinem Leben wirklich wichtig sind.

Nicht volle Terminkalender werden dir im Fall der Fälle zur Seite stehen, sondern vielmehr Menschen, denen du etwas bedeutest. Wach' auf, und lass' dich nicht länger versklaven durch fremdbestimmte Interessen. Jetzt!

98. Ja sagen und Nein denken = Stress!

Kaum etwas kostet auf lange Sicht gesehen so dermaßen viel Kraft, als wenn du immer wieder – zumeist unbewusst – ein Spannungsfeld produzierst, das dadurch entsteht, indem du oftmals Ja sagst, obwohl du im Grunde genommen eher Nein meinst.

Beginnend bei vergleichsweise trivialen Alltagssituationen, bis hin zu lebensentscheidenden Weichenstellungen, schaffen sich viele Menschen ein Klima extremer Ambivalenz, indem Sie nach außen hin etwas anderes sagen, als sie innerlich tatsächlich wollen.

Dieser Effekt korreliert auffällig damit, dass sehr viele Menschen Dritten gegenüber Masken aufsetzen. Damit sind nicht etwa Karnevalsmasken oder ähnliche Verkleidungen gemeint, sondern vielmehr „mentale Masken", die anderen Menschen – oftmals auch unbewusst – einen Eindruck von der eigenen Person vermitteln sollen, der den tatsächlichen Befindlichkeiten oftmals in keiner Weise entspricht.

Schon längst hat die psychologische Forschung nachgewiesen, dass es auf die Dauer unverhältnismäßig viel Kraft kostet, anderen Menschen gegenüber ein geschöntes Selbstbildnis vermitteln zu wollen, das in wesentlichen Punkten oftmals nicht den objektiven Gegebenheiten entspricht.

Bedenklich wird es immer dann, wenn ein solches Vortäuschen falscher Tatsachen wesentliche Persönlichkeitsmerkmale betrifft, die nicht zuletzt auch die Kommunikation mit anderen Menschen mitunter empfindlich negativ belasten.

Abgesehen davon, dass es unsinnig und unehrlich ist, Dritten gegenüber eine Schein-Persönlichkeit vorgaukeln zu wollen, so ist es vor allem für die betreffenden Menschen selbst ausgesprochen schädlich. Warum? Nun, immer wieder wird unnötig sehr viel Energie dafür benötigt, eine selbst geschusterte Scheinwirklichkeit der eigenen Persönlichkeit aufrecht erhalten zu können.

In der Konsequenz führt ein solch unsinniges Verhalten geradezu zwangsläufig dazu, dass Menschen mehr und mehr Tendenzen zu schizophrenem Verhalten sowie auch zu bedrohlichen Depressionen entwickeln, da sie beim Überschreiten eines kritischen Zeitpunktes selbst gar nicht mehr dazu in der Lage sind, zu erkennen, *dass* sie längst in einer kokonhaften Scheinwelt leben.

Sehr viel klüger, ehrlicher, besser und gesundheitsförderlicher ist es, wenn du dich konsequent darum bemühst, Dritten gegenüber dein wahres Selbst zum Ausdruck zu bringen.

Bedenke: Es ist definitiv kein Zeichen persönlicher Schwäche, Dritten gegenüber die eigene Befindlichkeit ungeschönt zu vermitteln. Vielmehr ist es ein Zeichen persönlicher Stärke, eigene – oftmals auch nur vermeintliche – Schwächen ohne Umschweife ungekünstelt zuzugeben. Dies mag zu Beginn für viele Menschen eine neue und ungewohnte Erfahrung darstellen, ist jedoch auf lange Sicht gesehen sehr viel besser, als wie ein „Maskenmensch" zu kommunizieren.

Bedenklich ist eine solch' unsinnige Strategie nicht zuletzt deshalb, weil solche Menschen irgendwann tatsächlich glauben, dass ihr selbst geschustertes – allerdings falsches – Selbstbildnis den tatsächlichen Fakten entspricht; was zumeist eben objektiv nicht der Fall ist. Getreu dem Motto: Man muss eine unsinnige Aussage nur oft genug wiederholen; irgendwann glaubt man dann den eigenen Lügen.

Das ist irre!

Zudem ist das Thema „Stress" ein höchst zentrales im Leben vieler Menschen. Faktisch ist es so, dass in der weitaus überwiegenden Zahl aller Fälle es definitiv *nicht* objektiv schlimme Umstände sind, die berechtigten Anlass zu Stressreaktionen geben, *sondern* vielmehr eine immer wieder zu konstatierende Unfähigkeit vieler Menschen, situationsgerecht und angemessen auf vermeintliche Stresssituationen zu reagieren.

Ganz gleich, ob es sich um erlebte Situationen mit Menschen oder sonstigen Umständen handelt, fast immer ist es so, dass der Stress in Menschen vor allem dadurch ausgelöst wird, indem Menschen völlig unangemessen mit objektiv eher harmlosen Situationen umgehen.

Oftmals lösen banalste Situationen bedenkliche Stresskaskaden mit hohem Eskalationspotenzial nur deshalb aus, weil die betreffenden Menschen keinerlei Gespür für wichtige Prioritäten im Umgang mit unterschiedlichsten Situationen entwickeln.

Ohne es selbst in den betreffenden Momenten zu merken, geraten vor allem pathologisch ängstliche Menschen immer wieder sehr schnell in Situationen, bei denen sie binnen kürzester Zeit völlig ihre Selbstkontrolle verlieren.

Abgesehen davon, dass das nicht nur für das jeweilige Umfeld belastend und nervig ist, schaden sich solche Menschen massiv selbst. Warum? Nun, es ist längst eine weithin anerkannte Binsenweisheit, dass derartig motivierter Stress auf die Dauer extrem gesundheitsgefährdend ist. Bedauerlicherweise ist es oftmals so, dass Menschen, die sich schon über eine viel zu lange Zeit in einem solch unsinnigen Verhaltensmuster eingerichtet haben, keinerlei Einsicht mehr zeigen, erkennen zu können, *dass* sie eben diesbezüglich völlig unsinnig agieren.

Davon klar zu unterscheiden sind Formen des sog. Eustress. Dabei handelt es sich um eine positiv erlebte Form von Stress, die sich eher gesundheitsförderlich auswirkt.

Bedenke: Stress entsteht nahezu immer eben *nicht* durch objektiv schlimme Situationen, *sondern* vielmehr durch die Art und Weise, wie du gelernt hast, angemessen damit umzugehen. Entscheide selbst, ob dich krankmachender Stress irgendwann zu Boden bringen wird, oder ob du konstruktiv etwas an deinem Verhalten ändern möchtest.

99. Wunder kommen zu denen, die an sie glauben.

(Französisches Sprichwort)

Zunächst einmal ist es wichtig, zu klären, was genau Menschen unter einem Wunder verstehen?

Zumeist möchten Menschen damit zum Ausdruck bringen, es mit einer Situation oder einer Entwicklung zu tun zu haben, deren konkrete Ursachen sie sich nicht erklären können.

Ein Hoffen auf ein Wunder kann sehr unterschiedlich motiviert sein.

Im Fall einer schweren Krankheit werden Menschen in dem Sinn auf ein Wunder hoffen, dass sich ein womöglich lebensbedrohlicher Krankheitsverlauf unerwartet besser entwickelt, als es beispielsweise aus schulmedizinischer Sicht prognostiziert worden ist.

Im Fall zu erwartender Glücksmomente werden Menschen in dem Sinn auf ein Wunder hoffen, dass sich persönliche Träume und Wunschvorstellungen realisieren werden.

Beiden Vorstellungen gemeinsam ist, es mit Situationen zu tun zu bekommen, bei denen konkrete Ursachen für das Eintreten eines „Wunders" nicht klar erkennbar sind.

Faktisch bedeutet das aber eben nicht, dass wir es bei Wundern mit Ereignissen zu tun haben, die grundsätzlich und gänzlich unerklärlich sind, sondern vielmehr mit Situationen, zu denen den meisten Menschen sprichwörtlich das Verständnis fehlt, nachvollziehen zu können und / oder zu wollen, wie ein „Wunder" ursächlich zustande gekommen sein mag...?!

Nicht ohne guten Grund heißt es: „Die meisten sog. Wunder sind bei näherer Betrachtung das Ergebnis einer zuvor über lange Zeit geleisteten Arbeit."

Von daher ist auch der auf den ersten Blick paradox erscheinende Spruch „Wer nicht an Wunder glaubt, ist kein Realist.", alles andere als unsinnig. Vielmehr dokumentiert er eine nicht zu leugnende Grunderfahrung des Lebens. Nämlich, dass „Wunder" zu unserer Realität gehören.

In aller Regel ist der Begriff „Wunder" positiv besetzt. Zumeist werden „Wunder" mit Entwicklungen in Zusammenhang gebracht, die von den betreffenden Menschen als gut und schön wahrgenommen werden.

Philosophisch interessant ist in diesem Zusammenhang auch die Frage, wer oder was letztlich sog. „Wunder" ursächlich bewirkt...?!

Vordergründig könnte man meinen, dass es die Menschen selbst sind, die auslösende Ursachen für das Geschehen von „Wundern" setzten.

Bei genauerer Betrachtung stellt sich jedoch die zentrale Frage: Wer oder was initialisiert denn auslösende Ursachen, von denen Menschen denken, sie allein seien die auslösende Quelle...?!

Das führt zu der Frage: Wer oder was induziert auslösende Gedanken in menschlichen Gehirnen? Einerseits gibt es – nicht zuletzt durch neuere Erkenntnisse in der Hirnforschung – die Idee, dass Ideen und menschliches Bewusstsein geradezu zwangsläufig ab einer gewissen Komplexität menschlicher Gehirne entstehen. Andererseits greift ein solcher Denkansatz deutlich zu kurz. Warum? Nun, es müsste vor allem die sehr viel grundsätzlichere Frage gestellt werden: Wer oder was hat ursächlich diese gesamte „Maschinerie", in der wir alle – so auch du – eingebunden sind, ursächlich „ins Leben gerufen...?!"

Dies zu erörtern, sprengte hier den Rahmen dieses kleinen Büchleins. Interessierte Leser*innen seien deshalb auf entsprechende Fachliteratur verwiesen, die es in großer Auswahl in gut sortierten Buchhandlungen gibt.

100. Es ist leichter zu reden, als etwas zu sagen.

(Ukrainisches Sprichwort)

Eine der übelsten, oftmals unterschätzten Formen schlimmer Umweltverschmutzung, ist darin zu sehen, dass unsere Welt übervoll ist mit dummem Geschwätz.

Sieh dich achtsam um, und du wirst unzählige Beispiele dafür finden, bei denen Menschen zwar schier endlos reden, ohne jedoch in der Sache etwas Brauchbares zu sagen.

Exemplarisch für diese Form schädlicher Umweltverschmutzung ist beispielsweise auch das, was wir täglich bei einer übergroßen Zahl unserer Politiker*innen erleben.

In unzähligen Talkshows reden sich zumeist immer wieder die gleichen „Verdächtigen" die Köpfe heiß, ohne jedoch in der Sache entscheidend kluge und hilfreiche Impulse folgen zu lassen.

Viel zu oft geht es sehr vielen Leuten – nicht nur Politikerinnen und Politikern – vor allem darum, rhetorisch gestylte Worthülsen abzusondern, um selbst möglichst gut wahrgenommen zu werden. Konkrete Inhalte bleiben oftmals auf der Strecke.

Es ist schon erstaunlich und bedenklich zugleich, zu sehen, dass viele Leute schier endlos texten, ohne in der Sache klare und nachvollziehbare Aussagen zu machen.

Nun ja, wirklich überraschend ist das alles nicht, wenn man bedenkt, dass in vielen Bereichen des Lebens inzwischen Menschen bewusst dahingehend trainiert werden, vernebelnde Sprechtechniken anzuwenden, um die jeweils wahren Beweggründe für nicht selten perfides, unsinniges und mitunter gar kriminelles Handeln verschleiern zu können.
Lug und Betrug, wohin wir auch schauen...

101. So wie man die Strahlen der Sonne nicht zudecken kann, so kann man auch das Licht der Wahrheit nicht auslöschen.

(Arabisches Sprichwort)

So sehr sich manche Menschen auch darum bemühen, unbequeme Wahrheiten mit allerlei Manövern des Tarnens und Täuschens zu verschleiern, so sicher ist, dass sich schlussendlich „die Wahrheit" immer durchsetzen wird.

Zwar wird es mit mehr oder weniger geschickten Methoden möglich sein, Wahrheit zu verbiegen oder zu unterdrücken, doch wird dies aus grundsätzlicher Erwägung heraus immer nur ein „Tarnen und Täuschen auf Zeit" sein können. Und das ist auch gut so! Letztlich ist Wahrheit unteilbar!

Diese ebenso fundamentale wie unbestreitbare Tatsache sollten vor allem all jene bedenken, die nicht selten fundamentalistischen Glaubensrichtungen anhängen.

In der gesamten bisherigen Menschheitsgeschichte gibt es wohl kaum ein anderes Phänomen, das so unermesslich viel Leid über viele Menschen gebracht hat, wie das Ausleben fundamentalistisch motivierter Religiosität.

Wie intellektuell verblendet müssen Menschen sein, nicht erkennen zu können, dass es geradezu absurd ist, ernsthaft davon auszugehen, dass nun ausgerechnet *die* Religion, die zum Zeitpunkt der eigenen Geburt an genau dem eigenen Geburtsort vorherrschend war, die einzig Wahre sei?!

Da helfen auch keine mitunter schönen Worthülsen, die über den tatsächlichen Kern solch unsinnigen Denkens hinwegzutäuschen versuchen, indem selbst absurdeste und krudeste Theorien so hingebogen werden sollen, dass man ihnen einen ernstzunehmenden Anspruch zubilligen sollte.

Irrsinn bleibt Irrsinn – so oder so.

102. Wer dir von andern schlecht spricht, spricht auch vor andern schlecht von dir.

(Deutsches Sprichwort)

Beteilige Dich nicht an Klatsch und Tratsch.

Früher oder später wirst du selbst Opfer gemeiner und schädlicher Nachrede werden, wenn du dich erst einmal in den Sog dümmlichen Geschwätzes begeben hast.

Menschen, die in deinem Beisein schlecht über andere Menschen sprechen, werden dies mit an Sicherheit grenzende Wahrscheinlichkeit dann auch im Kontakt mit anderen Menschen tun, indem sie auch über dich und deine Eigenarten verächtlich herziehen werden.

Abgesehen davon, dass es schlichtweg unfair ist in Abwesenheit von Dritten schlecht über sie zu sprechen, vergiftet ein solches Verhalten ganz grundsätzlich eine vertrauensvolle Atmosphäre zwischen Menschen.

Bedenke: Von daher beherzige folgende Lebensweisheit, die besagt: „Es ist besser und klüger *mit* den Menschen zu sprechen, als *über* sie zu sprechen."

Damit ist nicht gemeint, dass du dich nicht sehr wohl über das Verhalten anderer Menschen konstruktiv austauschen solltest; jedoch – und genau das ist grundsätzlich *der* entscheidende Punkt – sollte dies ausnahmslos in respektvoller, und vor allem in nicht wertender Art und Weise geschehen.

Genau dieser zentrale Aspekt wird leider täglich in der Kommunikation sehr vieler Menschen sträflich missachtet. Immer wieder ist zu beobachten, dass Menschen vermeintliches „Fehlverhalten" nach eigenen Maßstäben in einer Art und Weise disqualifizieren, die nicht selten in der Sache völlig abwegig ist.

Wenn du anderen Menschen ernsthaft helfen möchtest, offenkundiges Fehlverhalten kritisch zu reflektieren, so sollte das grundsätzlich und ausnahmslos in einer respektvollen Art und Weise geschehen.

Zugegeben, insbesondere im Umgang mit psychisch auffälligen Menschen gleicht es mitunter einer Herkulesaufgabe, Ruhe und Gelassenheit zu üben, nämlich genau dann, wenn objektiv unsinnige Denk- und Verhaltensmuster von den Betreffenden nicht als solche erkannt bzw. anerkannt werden.

Doch genau eine solche pathologische Uneinsichtigkeit in eigenes Fehlverhalten ist – leider – eine ebenso unbestreitbare, wie immer wieder zu beobachtende Grunderfahrung im Umgang mit sehr vielen Erkrankungsformen im psychisch motivierten Umfeld.

„Normale" Menschen sind – und das aus ebenso nachvollziehbaren wie guten Gründen – zumeist hoffnungslos damit überfordert, angemessen auf so allerlei Wunderlichkeiten psychisch gestörter Menschen reagieren zu können.

Beteilige dich nicht an oftmals sinnlosem sowie zudem menschlich verletzenden Geschwätz, sondern bemühe dich grundsätzlich und ernsthaft darum, Menschen – im besten Sinne des Wortes - „verstehen zu wollen".

Je verständnisvoller Menschen insgesamt miteinander umgehen, umso schöner und friedlicher könnte diese Welt sein.

Es liegt also nicht zuletzt auch an dir, ob auch du im Rahmen deiner Möglichkeiten aktiv und konsequent etwas zum Gelingen beitragen wirst.

Du hast die Wahl.

Jetzt!

103. Wer verstehen kann, kann auch verzeihen.

(Anonym)

Ja, es ist sicher unbestritten, dass es Situationen im Leben gibt, bei denen es dir schwer oder gar unmöglich erscheinen mag, verzeihen zu können.

Völlig klar.

Je nach Schweregrad eines erlebten Ereignisses wird es aus verständlichen Gründen sehr schwer sein, verzeihen zu können.

Das betrifft durchaus nicht automatisch und ausnahmslos nur andere Menschen, sondern sehr wohl auch dich selbst.

Viele Menschen hadern mit sich selbst, indem sie eigene Entscheidungen, dies sie getroffen haben, im Nachhinein als falsch erkennen, und sich dann schier endlos grämen.

Abgesehen davon, dass ein schier endloses Grämen hinsichtlich echter oder ggf. auch nur vermeintlicher Fehlentscheidungen enorm viel Kraft kostet, ist es vor allem in der Sache ausgesprochen unsinnig.

Warum? Nun, Entscheidungen, die du getroffen hast, die sich im Nachhinein als ungünstig oder gar falsch herausgestellt haben, dienen vor allem dazu, dass du daraus für dein zukünftiges Denken und Handeln etwas Sinnvolles lernen kannst.

Ein schier endloses Grämen und „sich-selbst-nicht-verzeihen-können" ist weder hilfreich noch klug.

Bedenke: Bemühe dich grundsätzlich darum, verstehen zu wollen, warum sich bestimmte Aspekte deines Lebens so entwickeln, wie sie sich entwickeln. Das ist besser und klüger, als schier endlos zu hadern.

104. Genies beherrschen das Chaos, nur Dumme halten Ordnung.

(Albert Einstein)

Um es gleich vorweg zu sagen:

Damit ist nicht gemeint, dass du dein Leben in dem Sinne chaotisch gestalten sollst, dass alles und jedes in einem unübersichtlichen Wust von Unordnung unterzugehen droht.

Vielmehr spricht Albert Einstein hier eine unwiderlegbare Grunderkenntnis an, die auch du nicht ernsthaft leugnen kannst; schlichtweg deshalb, weil sie Fakt ist.

Konkret: Die meisten Menschen denken beim Begriff „Chaos" sogleich an die Assoziation „Unordnung". Doch genau das ist mit dem Begriff „Chaos" - wie wir inzwischen wissen – im Kern eben *nicht* gemeint.

Vielmehr handelt es sich bei chaotischen Systemen um solche, die zwar einerseits hochkomplexe Strukturen aufweisen, die jedoch – und das ist hier *der* entscheidende Aspekt – anderseits grundsätzlich eben sehr wohl geordnet sind.

Wie nun das? Nun, damit ist gemeint, dass eine hochkomplexe Ordnung zwar für sehr viele Menschen zunächst als ungeordnet erscheinen mag, sie es aber bei näherer Betrachtung gar nicht ist.

Vielmehr zeichnen sich chaotische Systeme wesentlich dadurch aus, dass sie sich durch äußerst komplexe Gleichungssysteme beschreiben lassen, zu deren Verständnis den meisten Menschen – aus nachvollziehbaren Gründen – schlichtweg hinreichende Kenntnisse fehlen.

Merke: Die Tatsache allein, dass viele Menschen ein System als chaotisch im Sinne von ungeordnet wahrnehmen, bedeutet definitiv nicht, dass wir es mit einem „ungeordneten" System zu tun haben. Vielmehr beweisen solche vorschnellen Aussagen, dass es den so reflexhaft kommunizierenden Menschen entscheidend an wichtigen Erkenntnissen mangelt, die in der Fachwelt längst als richtig erkannt worden sind.

Wie so oft im Leben, so gilt auch hier:

Extreme – ganz gleich welcher Art – sind nahezu immer schädlich.

Übertragen auf den Ordnungsbegriff beschreibt die andere Seite dieser Medaille das Thema Anankasmus.

Dabei handelt es sich um eine anerkannte psychische Störung, die dadurch gekennzeichnet ist, dass so betroffene Menschen eine krankhaft übertriebene Ordnungsliebe an den Tag legen.

Im Rahmen einer solchen psychischen Erkrankung fällt auf, dass so „gestörte" Menschen geradezu panisch reagieren, wenn schon banalste Dinge des Alltags, über die sich kein psychisch gesunder Mensch ernsthaft aufregte, in eine vermeintliche „Unordnung" geraten.

Angefangen bei trivialsten Alltagsaspekten (z. B. falsch einsortierte Gabeln im Besteckfach, winzige Krümmel auf dem Tisch, angeblich unreine Handtücher usw.) bis hin zu zentralen, richtungsweisenden Aspekten des Lebens (z. B. Unfähigkeit zum Treffen klarer Entscheidungen), gibt es eine weite Palette höchst wunderlicher Absonderlichkeiten, die psychisch kranke Menschen zeigen, die unter einer anankastischen Störung leiden.

Um solchen Menschen ehrlich helfen zu wollen, ist es elementar wichtig, streng und konsequent darauf zu achten, objektiv unsinnige Denk- und Verhaltensmuster nicht auch noch durch eigenes Angleichen an solchen Irrsinn zu fördern.

Einzig behutsames und konsequentes Handeln bietet eine realistische Chance auf Besserung. Permanentes Verdrängen dagegen löst keine Probleme, sondern schafft deren neue.

Bedenke: Die wichtigste und wertvollste Ordnung, die du in deinem Leben konsequent leben solltest, besteht weniger darin mitunter krankhaft auf eine äußere Ordnung zu achten, sondern vielmehr darin, Ordnung in deinen Gedanken zu haben.

Unzählige Beispiele aus der psychologischen Praxis belegen ganz klar, dass es viele Menschen gibt, die vordergründig eine nicht selten pathologische Ordnungsliebe im Außen aufrecht zu erhalten versuchen, während im Inneren, sprich in deren Gedanken, völlige Unordnung herrscht.

Die psychologische Forschung zeigt klar auf, dass ein übertriebenes Ordnungsbedürfnis im Außen nahezu immer durch eine auffällige Unordnung im Inneren bedingt wird.

Menschen, die beispielsweise anankastische Störungen zeigen, versuchen durch übertriebene Ordnungsliebe ihre innere Unordnung zu kompensieren.

Das ist nicht nur unsinnig, sondern es ist vor allem für die Betreffenden perspektivisch schädlich. Warum? Nun entscheidend deshalb, weil somit eine objektiv klar als psychische Störung zu diagnostizierende Absurdität immer weiter verfestigt wird, anstatt Mittel und Wege zu deren konstruktiver Beseitigung aktiv einzuleiten.

Bedenke: Die Dosis macht das Gift. Das gilt auch für das Thema „Ordnung halten".

Bis zu einem gewissen Grad ist es sinnvoll und unverzichtbar, Ordnung zu halten. Krankhaft wird es genau dann, wenn du womöglich gar nicht mehr merkst, dass du sowohl dich selbst, als auch dich umgebende Mitmenschen mit unbehandelt anankastischen Störungen an den Rand des Wahnsinns treibst.

Das ist weder sinnvoll, noch akzeptabel!

Nachwort

Liebe Leserin, lieber Leser,

falls Sie dieses kleine Buch nun vollständig und sorgsam gelesen haben, werden Sie vermutlich die Erfahrung gemacht haben, dass Sie einigen Interpretationen zustimmen können, anderen gegenüber eine eher neutrale Haltung einnehmen, und einer dritten Gruppe mit Widerspruch begegnen.

Das ist gut so.

Wie eingangs schon gesagt, war und ist es nicht das Ziel gewesen, Interpretationen kluger Gedankensplitter anzubieten, die für sich in Anspruch nehmen „der Weisheit letzter Schluss zu sein".

Vielmehr ist entscheidend, Sie und andere Leserinnen und Leser dazu anzuregen, sich überhaupt mit wichtigen Gedankensplittern zu befassen.

Einerseits deshalb, um Ihren eigenen Horizont zu erweitern. Andererseits auch deswegen, um somit ein klein wenig aktiv dazu beizutragen unsere Erde zu einem lebenswerten Ort im Kosmos werden zu lassen.

Nutzen Sie die Kraft und die Weisheit der hier präsentierten Gedankensplitter, indem Sie für sich prüfen, welche der hier vorgestellten Ideen auch Ihr Leben konstruktiv bereichern könnten.

Angebote gibt es ganz sicher.

Sie haben die Wahl.

Buchempfehlungen:

IQ-Training für Kinder (2019) –
3. verbesserte Neuauflage
ISBN-13: 9783749422692
Aribert Böhme
Erscheinungsdatum: April 2021
Erhältlich als Buch und als eBook.

IQ-Training für Kinder 2020
ISBN-13: 9783750411272
Aribert Böhme
Erscheinungsdatum: 09.03.2020
Erhältlich als Buch und als eBook.

IQ-Training für Kinder 2021
ISBN-13: 9783752627466
Aribert Böhme
Erscheinungsdatum: 20.10.2020
Erhältlich als Buch und als eBook.

Gedichte & Interpretationen in Symbiose
Denkimpulse für wachsame Geister
Aribert Böhme & Raimundo Germandi
ISBN-13: 9783752832143
Erhältlich als Buch und als eBook.

Begleitende Videoliste zum Buch:
http://www.aribertboehme.de/Videoliste_2018.
pdf

Siehe bitte auch folgende Internetseite:
Raimundo Germandi (Dichter & Denker)
http://raimundo-germandi.de/

Kontakt zum Autor:

Psychologische Beratung, Aribert Böhme

Psychologischer Berater (SGD-Dipl.) & Lerncoach

DV-Kfm. & EDV-Dozent & Autor

Mitglied im Who-is-Who Deutschland & Europa

E-Mail: Psychologische_Beratung_Boehme@gmx.de

Internet: www.aribertboehme.de

Notizen

Notizen